Bad Language :
Introduction aux
gros mots anglais

Bad Language : Introduction aux gros mots anglais

G.F. Darragh

Scallywag Books

ISBN : 978-2-9554065-0-2

Table des matières

Introduction

Ce livre est destiné aux étudiants en anglais langue étrangère. Et même très étrangère. Il traite de l'anglais qu'on n'apprend pas à l'école et qui ne figure jamais au programme.

Avant d'aller plus loin, une mise en garde s'impose : beaucoup de termes choquants et injurieux apparaissent dans cet ouvrage. Son but n'est pourtant ni de choquer ni d'injurier, cela va de soi. Force est néanmoins de constater que la plupart des mots et expressions énoncés, discutés et cités en exemple tout au long de ces pages sont de nature à choquer, scandaliser et offusquer certains. Vous en faites peut-être partie ? Certes, si vous êtes fondamentaliste religieux, arabe, juif, homosexuel, ou encore flagorneur, homme ou femme de mauvaise vie ou tout simplement une nullité crasse et méprisable, vous risquez fort de ne pas apprécier la manière dont ce livre parle de vous. Et si vous êtes de nature exceptionnellement délicate, vous n'aimerez pas beaucoup la manière dont il parle des autres sujets non plus.

De quoi s'agit-il ?

Choquant et injurieux sont loin d'être les seuls épithètes possibles. De la même manière que le français parle de langue grossière, ordurière, osée, verte, cochonne, obscène, salace, sale, méchante, vulgaire, etc. – chaque adjectif signifiant le degré de tolérance admis – l'anglais décrit ce genre de langue comme étant *strong, foul, picturesque, earthy, rough, salty, colourful, profane, adult, dirty, filthy, vulgar, taboo...* et bien d'autres choses encore. Mais quel que soit l'adjectif choisi ou l'attitude qu'il implique, les Anglais (et les Américains encore davantage) savent tous qu'il s'agit de *bad language*. C'est un terme, soit dit en passant, qui n'est jamais utilisé pour décrire un langage stylistiquement déficient.

Mais *bad* par rapport à quoi ? « As opposed to good ? » demande sarcastiquement un personnage du film *Reservoir Dogs* de Quentin Tarantino. Pour l'instant, contentons-nous de constater qu'est *bad* ce qui ne serait pas accepté ou approprié dans la conversation dite polie ou dans le discours officiel. Le *bad language* consiste en ces mots et expressions que vous ne devriez pas utiliser devant les enfants, les vieilles demoiselles, les ecclésiastiques, les monarques en exercice, les employeurs éventuels, les professeurs ou la commission des libérations conditionnelles qui se penche sur votre cas. J'irai jusqu'à dire qu'en tant qu'étudiant en anglais, vous ne devriez pas utiliser de *bad language* devant qui que ce soit. Vous ne devriez pas l'utiliser du tout. Et pas seulement parce que ça pourrait être choquant ou injurieux à l'égard des autres, mais parce que dans votre bouche cela sonnera inévitablement faux. Pour des raisons liées aux noyaux gris centraux (nous en parlerons dans un instant), cela paraîtra peu naturel, voire forcé ou affecté.

Autre facteur important : ce genre de langage indique souvent l'appartenance à un groupe. En général, les gens ne jurent pas quand ils parlent à des étrangers ou à de simples connaissances. Ils jurent en compagnie de personnes qu'ils connaissent bien et avec qui ils ont de proches relations ou des liens solides : les soldats, les mafiosi, les collègues, ceux qui appartiennent au même groupe socio-économique ou au même groupe d'âge. Ceci explique pourquoi les enfants ne jurent pas devant les adultes et pourquoi les adultes, au moins de temps en temps, ne jurent pas devant les enfants. Par le simple fait d'utiliser des gros mots, vous pouvez sembler réclamer l'appartenance à un groupe dont vous ne faites pas partie. Un groupe qui ne veut pas forcément de vous.

Jurer convenablement demande plus d'habileté qu'on ne le croit, même pour ceux qui jurent dans leur langue maternelle. Les gros mots sont régis par de mystérieuses règles tacites, règles qui affichent une tolérance zéro envers ceux qui ne les respectent pas. Or, ces règles diffèrent d'une communauté à l'autre. Elles varient en fonction de la situation, du genre de discours, du sexe et de l'âge des interlocuteurs, de l'appartenance à un groupe et de maints autres facteurs très subtils. L'étudiant qui croit qu'à Rome il doit (ou peut) jurer comme les Romains risque gros.

Pourquoi l'étudier ?

Alors, vous allez dire que si tel est le cas, pourquoi s'embêter avec un livre comme celui-ci qui vous propose justement d'étudier le sujet ? Question pertinente, à laquelle on peut offrir plusieurs réponses. D'abord, parce que le *bad language* est disséminé partout dans la culture anglophone moderne : à la télévision, au cinéma, dans les pièces de théâtre et les romans, dans les paroles des chansons, à la radio, sur Internet. Sans oublier la vie réelle, bien sûr.

Les journalistes du magazine en ligne *Slate* en ont d'ailleurs fourni des preuves, pour autant qu'elles s'avéraient nécessaires. Entre minuit du 2 septembre et minuit du 6 septembre 2013, ils ont conduit une expérience ingénieuse. En se servant d'un outil de développement Facebook qui calcule le nombre de fois qu'un mot particulier apparaît dans des mises à jour des statuts FB, ils ont cherché à déterminer quels jurons étaient utilisés le plus souvent par sexe, par groupes d'âges et par les habitants de divers endroits, y compris les États-Unis, le Royaume-Uni, le Canada et l'Australie. Quelle que soit la catégorie, les résultats étaient remarquablement similaires. Dans l'ensemble, les jurons les plus populaires étaient, en ordre descendant : *shit*, *fuck*, *damn*, *bitch* et *crap*. Mais bien plus surprenant que les mots eux-mêmes était la fréquence avec laquelle ils se produisaient. Sur cette période de 72 heures et en tenant compte uniquement des interactions américaines sur Facebook, le logiciel a enregistré le nombre de fois que chaque mot était utilisé : *shit* 10,5 millions ; *fuck* 9,5 millions ; *damn* 6,3 millions ; *bitch* 4,5 millions ; *crap* 2 millions.

Si ces chiffres ne vous ont pas convaincu de l'omniprésence des jurons dans le langage parlé quotidien, vous pouvez toujours mener votre propre enquête. Essayez une recherche sur Google de quelques jurons anglais, ainsi que je viens de le faire. Dans une période de deux minutes trente secondes, je suis parvenu aux résultats suivants : *shit* 278 millions ; *fuck* 384 millions ; *damn* 262 millions ; *bitch* 187 millions ; *crap* 169 millions ; *cock* 188 millions ; *pussy* 189 millions ; *slut* 167 millions ; *cunt* 48 millions ; *nigger* 14 millions. Le volume faramineux de *bad language* en ligne est tout simplement époustouflant.

Mais les discussions sur Internet ne font que refléter la manière dont communiquent les gens dans leur vie quotidienne. Et les recherches confirment que les jurons sont bien plus fréquents dans la langue courante qu'on ne le croyait jusqu'à présent. L'analyse de conversations enregistrées à l'aide de machines à activation électronique montre qu'en moyenne cent mots prononcés chaque jour sont des jurons et que ces mots, souvent répétés au cours d'une journée, représentent 0,5 % de tous les mots parlés. À titre de comparaison, les pronoms et l'adjectif de la première personne du pluriel (*we*, *us*, *our*) représentent environ 1 % de tous les mots prononcés[1]. Bref, les gens jurent beaucoup, et d'une manière beaucoup plus publique qu'à aucun autre moment de notre histoire récente.

Comme la plupart des choses dans l'Histoire, le *bad language* est soumis à la mode. Les contemporains de Shakespeare, ainsi que la littérature de l'époque l'atteste, connaissaient et se servaient d'une abondance incroyable de jurons, bien plus que nous. Mais quelques années plus tard, les Puritains ont pris le pouvoir. Des pénalités sévères apparurent pour tout ce qui touchait au langage inapproprié (c'est-à-dire, essentiellement blasphématoire à l'époque). Les gens prudents devinrent donc plus mesurés dans leurs paroles. Avec la restauration de la monarchie en 1660, les mœurs se libèrent et le *bad language* revient en force...

Historiquement, le dernier mouvement du pendule en faveur de la permissivité linguistique – certains diraient d'excès de permissivité – est assez récent. En effet, il correspond à la révolution sexuelle qui a commencé, selon Philip Larkin, en 1963 :

> *Between the end of the Chatterley ban*
> *And the Beatles' first LP* [2].

La référence a trait, bien entendu, au roman de D.H. Lawrence, *Lady Chatterley's Lover*, publié en 1928, en Italie, et immédiatement interdit en Angleterre et aux États-Unis à cause de ses *filthy words and passages*. Les mots dégoûtants en question étaient *fuck* et ses dérivés (utilisés 26 fois), *cunt* (7 fois), *cock* (3 fois), *arse* (6 fois), *balls* (8 fois), *shit* (6 fois) et *piss* (3 fois). Quand la maison d'édition Penguin Books Ltd. annonça en 1960 son intention de publier la première édition non expurgée du livre en Angleterre, des poursuites criminelles ont été engagées contre elle. Au cours du procès, le procureur demanda au jury de tester l'obscénité du livre en répondant à ces simples, mais aujourd'hui célèbres, questions : *Is it a book you would have lying around your house? Is it a book that you would wish your wife or your servants to read*[3]? Un verdict d'acquittement fut prononcé.

---

1. Jay, Timothy : *Utility and Ubiquity of Taboo Words*, dans *Perspectives on Psychological Science* (Mars 2009)
2. Larkin, Philip: *High Windows* (Faber, 1974)
3. S'agit-il d'un livre que vous laisseriez traîner chez vous ? S'agit-il d'un livre que vous permettriez à votre femme ou à vos domestiques de lire ?

Depuis, nous (et sans doute nos domestiques aussi) avons beaucoup évolué. Pour mentionner un seul cas : en 1994, James Kelman a remporté le prix littéraire le plus prestigieux du Royaume-Uni, le Booker Prize, avec *How Late It Was, How Late*, un roman qui contient quelque 4000 utilisations du mot *fuck* et de ses dérivés. (Une des jurés, scandalisée par la décision de ses collègues, est sortie en fulminant du jury, déclarant « *Frankly, it's crap[4]!* »

Un vent de renouveau soufflait dans le cinéma de la période aussi. Des scènes de nudité, de copulation simulée et de violence extrême côtoyaient désormais un langage de plus en plus cru. La comédie noire de Robert Altman, *M*A*S*H*, fut le premier film produit par un studio important à utiliser le mot *fuck*. C'était en 1970. Mais les choses sont allées très vite depuis avec des films comme *The Godfather*, *Apocalypse Now*, *Full Metal Jacket*, *GoodFellas*, *Trainspotting* et *Pulp Fiction* (le mot *fuck* prononcé 217 fois), et tant d'autres, chacun relevant la barre un peu plus haut. Au moment d'écrire ces lignes, *The Wolf of Wall Street* de Martin Scorsese, sorti en 2014, détient le record pour le plus grand nombre de *fuck* (506) mais il est peu probable qu'il le conserve encore longtemps. Pendant ce temps des séries télévisées telles que *The Sopranos*, *The Wire*, *Breaking Bad* et *Deadwood* établissent leur propres records dans le domaine.

Pourquoi ne l'enseigne t-on pas ?

Si vous vous intéressez un tant soit peu à la culture anglo-saxonne, vous allez obligatoirement vous rendre vite compte de ce matraquage. Même si vous étiez résolu à éviter à tout prix le *bad language*, vous vous trouveriez dans l'impossibilité d'y parvenir. Donc, d'une manière ou d'une autre, vous vous devez de l'apprendre comme vous le feriez pour tout autre aspect du langage courant. Le paradoxe, bien sûr, est que malgré leur fréquence, les gros mots n'apparaissent pas dans les manuels et ne sont pas enseignés officiellement. La raison en est simple : plus la situation est formelle, plus le discours requiert de la circonspection. Pendant vos études, il est donc peu probable que vous ayez appris beaucoup de jurons de la part de vos professeurs. Même les professeurs des écoles de langues privées, bien que généralement plus décontractés, s'efforcent d'éviter les jurons, hormis les plus bénins. Les mots tabous liés aux sujets comme le sexe, l'excrétion, la religion, l'homophobie et la race sont par définition des mots qui

---

4. Franchement, c'est de la merde !

ne peuvent pas, voire ne doivent pas être mentionnés. Utiliser ces mots dans certains cadres, y compris la salle de classe, c'est courir un risque élevé d'embarras et de détresse.

La lecture de ce livre vous épargnera ces désagréments tout en vous armant du vocabulaire requis pour apprécier en toute connaissance de cause, et en VO, les derniers films de Tarantino ou Scorsese ainsi que les chefs d'œuvre de la littérature moderne par des auteurs comme Roth, Updike, Vonnegut et DeLillo.

Mais en ai-je vraiment besoin ?

Le moment est peut-être venu d'évaluer si vous avez besoin d'un tel enseignement ou si vous maîtrisez déjà suffisamment l'anglais familier pour vous en dispenser. Voici un test simple. Vers la fin du célèbre roman de William Styron, *Le Choix de Sophie*, l'un des protagonistes dit gaiement à un autre que ce dernier possède un *nice schlong*. Ce qui donne lieu au dialogue suivant:

– *Thank you... Down South we call it something else...*
– *What do you call it in the South?*
– *Sometimes we call it a pecker... In parts of the upper South they call it a dong or a tool. Or a peter.*
– *I've heard Nathan call it his dork. Also, his putz.*

En l'espace de quelques lignes, sept noms apparaissent qui veulent dire la même chose. D'ailleurs, ce sont tous des noms relativement courants aux États-Unis. De quoi pensez-vous qu'ils parlent ? Choisissez la réponse correcte – *a*, *b*, *c* ou *d*.

      a) une perruche domestique
      b) un ustensile de cuisine ou de jardin
      c) un vêtement
      d) le nez du second protagoniste

Peut-être voulez-vous un indice ? Si les personnages du roman de Styron avaient pu consulter le livre de Mark Morton, *The Lover's Tongue*, ils auraient pu poursuivre leur dialogue dans le même ordre d'idées pendant fort longtemps. En effet, Morton établit une stupéfiante liste de 1300 noms pour l'objet de leur conversation. Ainsi donc, cela ne peut être que quelque chose de très commun. Son nez, bien sûr !

Et bien non. Et la vérité, c'est que ce test est totalement injuste. D'abord, parce que vous n'avez pas eu droit au contexte dans lequel le dialogue s'est déroulé. Cela vous aurait donné une idée assez claire du sens des mots. Ensuite, parce que j'ai triché : le fait est qu'aucune des réponses proposées n'est correcte. Là où je veux en venir, cependant, c'est que sans un dictionnaire moderne spécialisé, l'étudiant en langue anglaise moyen restera profondément perplexe devant ces sept mots.

Le passage présente des problèmes pour le traducteur également. Voici comment Maurice Rambaud, traducteur de Styron en France, fait face au défi :

– Tu as un beau *schlong*, Stingo...
– Merci... Nous, dans le Sud, on appelle ça autrement.
– Comment est-ce que vous dites dans le Sud?
– Parfois on dit une bitte... Plus au nord, dans certain coins, ils disent une trique, ou un engin. Ou une pine.
– J'ai entendu Nathan dire son zob. Et aussi son *putz*[5].

On peut noter en passant qu'aucun des deux protagonistes n'est choqué ou offensé par cette concentration de références phallocentriques. Pourquoi donc ? Si vous avez lu le livre de Styron, vous savez que c'est en partie parce qu'ils ont bu du whisky (une bouteille à deux), nagé nus dans la mer et sont à présent sur le point de faire l'amour sur la plage. Chacun a donc toutes les raisons d'être convaincu que l'autre ne lui veut que du bien. De telles circonstances favorisent l'ouverture d'esprit et la tolérance dans l'usage des mots. Si une des fonctions des gros mots est de marquer l'appartenance à un groupe, Stingo et Sophie, nos deux protagonistes, sont membres d'un groupe de deux personnes, le groupe le plus intime et le plus permissif qui soit. Le contexte et l'intention sont cruciaux ici. Aucun n'essaie de choquer ou d'offenser l'autre. Au contraire, leur dialogue est manifestement celui de deux sémanticiens qui utilisent les mots appropriés d'une façon référentielle et sans émotion particulière. Leur discussion est factuelle, instructive, presque académique. Peut-être que, dans des circonstance analogues, quelques personnes pourraient vraiment se parler de cette façon. Mais admettons-le, ce n'est probablement pas ainsi qu'on utilise le plus fréquemment les gros mots.

---

5. Styron, William : *Le Choix de Sophie* (Gallimard, 1981)

En quoi est-ce difficile ?

Le psychologue cognitif Steven Pinker identifie cinq façons d'utiliser les gros mots, y compris celle dont nous venons de parler. Selon Pinker, nous les utilisons de manière descriptive ou référentielle mais aussi cathartique (*Fuck!*), insultante (*Fuck you, you fucker!*), emphatique (*This is fucking wonderful!*) et idiomatique (*This is totally fucked up!*). Et nous pourrions peut-être y ajouter une sixième façon : parfois les gens jurent de manière rabelaisienne, simplement pour s'amuser. En tout cas, Français et Anglais se rejoignent ici. Ils jurent pour les mêmes raisons et, grosso modo, à propos des mêmes sujets. Mais, et c'est là tout le problème, ils ne le font que rarement avec les mêmes mots.

Pour l'étudiant en langues, les termes descriptifs sont les plus faciles à maîtriser. Dans le champ sémantique étroit du sexe et des excréments, chaque langue présente généralement un mot pour chaque élément. Et en fait, ainsi que nous l'avons déjà constaté dans le dialogue de Styron, il y a souvent une vaste sélection de mots pour chaque élément. Si je souhaite vous dire, par exemple, comment les gens du Sud appellent les testicules, je peux jongler en anglais avec *balls*, *stones*, *marbles*, *cobblers*, *nuts*, etc., et en français, avec *couilles*, *roustons*, *burnes*, *billes*, *noisettes* et ainsi de suite. Que ce soit en anglais ou en français, aucun de ces mots n'est particulièrement élégant mais ils ont tous à peu près le même poids, du point de vue linguistique, et sont donc plus ou moins interchangeables.

Mais il faut toujours se méfier. Même s'ils se ressemblent beaucoup, même s'ils sont apparentés, certains mots sont toutefois très différents en ce qui concerne leur utilisation, leur puissance et leur effet. Le meilleur exemple à cet égard est fourni par la célèbre paire de même origine : le français *con* et l'anglais *cunt*. Tous deux viennent du latin *cunnus*, voulant dire vagin. Tous deux peuvent aussi, par extension, être utilisés pour désigner d'une manière méprisante un certain genre d'individu peu apprécié. Mais tandis que *con* est devenu un terme presque quotidien en français, *cunt* (qu'il s'en réfère au sexe de la femme ou à un homme ou une femme désagréable) est considéré le mot le plus choquant et le plus injurieux de la langue anglaise.

Ce qui nous amène à nos noyaux gris centraux. Ceux-ci sont constitués par un groupe de structures liées au thalamus, à la base du cerveau. Pour simplifier drastiquement la thèse de Pinker, disons que le sens littéral des mots (leur dénotation) est concentré dans la partie pensante du cerveau, le néocortex, surtout dans l'hémisphère gauche. Les jurons, par contre, et leurs connotations négatives, apprises durant l'enfance, sont enregistrés en gros pans de mémoire dans l'hémisphère droit, plus particulièrement dans les noyaux gris centraux. Comme preuve à l'appui, Pinker cite le rôle important que jouent les anomalies des noyaux gris centraux dans le syndrome de Tourette, une condition neurologique dont le symptôme le plus connu est de ne pas pouvoir s'empêcher de proférer des obscénités.

Quelle est l'importance de tout cela pour l'étudiant en anglais langue étrangère ? Ceci. Vous pouvez apprendre les jurons anglais mais vous ne pourrez pas *les ressentir* de la même manière qu'une personne de langue maternelle anglaise. Vous n'avez pas les bonnes connections aux noyaux gris centraux. En fait, en anglais, vous n'avez aucune connexion aux noyaux gris centraux. Vous pouvez *talk the talk*, selon l'expression américaine, mais émotionnellement vous ne pouvez *walk the walk*[6]. Cela explique pourquoi nous sommes tous plus naturels, plus spontanés et plus convaincants quand nous jurons dans notre propre langue. Cette incapacité à ressentir la puissance primitive de certains mots soulève un autre danger pour les étudiants : une tendance à sous-estimer la sévérité des jurons dans la langue étrangère. Et par conséquent, de mal juger l'effet que ces mots produiront sur les autres. C'est le moment d'insérer un bref récit édifiant, ce que les Anglais appellent un *cautionary tale*.

Il y a des années, la société pour laquelle je travaillais m'a transféré à son agence de Paris. Là je me trouvais dans l'obligation d'apprendre le français que j'avais soigneusement évité d'apprendre à l'école. Le soir, à la sortie du travail, je me rendais souvent au cinéma. L'un de ces soirs, j'entendis Jean Rochefort prononcer une réplique qui provoqua l'hilarité générale dans la salle. Il s'agissait d'un drame historique, dans lequel Rochefort incarnait un abbé, en costume ecclésiastique complet[7]. Les mots qui occasionnèrent l'hilarité générale étaient : « Nom de dieu de bordel de merde ! » J'avais saisi les mots mais pas du tout ce qui les rendait si drôles. *Name of God of brothel of shit?* Pour mes oreilles d'Anglo-Saxon, l'absurdité prenait nettement le pas sur l'obscénité. Quand, quelques jours plus tard, je

6. Faire semblant oui, concrétiser non.
7. *Que la fête commence* de Bertrand Tavernier

fus invité avec mon patron à une soirée chez l'un de nos clients, et qu'il y eut une pause dans la conversation, je me dis que moi aussi je pourrais provoquer l'hilarité générale. Il suffisait, sous un prétexte quelconque, d'énoncer les mots dits par Jean Rochefort. L'embarras aigu et prolongé qui s'ensuivit reste encore avec moi, presque quarante ans plus tard. C'est quelque chose à garder en tête si vous vous décidez à ignorer mon conseil précédent, à savoir de restreindre vos jurons en anglais.

Choquant à quel point ?

Notre langue maternelle nous apprend vite que les jurons ne sont pas tous aussi choquants les uns que les autres. Les dictionnaires les cataloguent pourtant sans distinction comme étant « vulgaires » mais le degré de vulgarité de quelques uns d'entre eux est nettement supérieur à celui des autres. David Crystal parle d'un continuum de mots anglais qui s'étend des explétifs les plus légers, les euphémismes du genre *heck* [zut] ou *darn* [punaise], jusqu'aux jurons les plus tabous, *fuck* et *cunt*[8]. Mais comment savoir où situer un terme sur cette échelle mobile de la sévérité quand les experts eux-mêmes n'arrivent pas à s'entendre sur ce qui constitue un *four-letter word*.

Notons que ce terme, synonyme de juron, est entré dans l'anglais en 1928, à l'époque du scandale de la publication de *Lady Chatterley's Lover*. Ce livre contenait la plupart des mots en quatre lettres identifiés (en 1937) par Eric Partridge dans son *Dictionary of Slang and Unconventional English* : *arse* [cul] ; *ball(s)* [couilles] ; *cock* [bite] ; *cunt*, *quim* et *twat* [con] ; *fart* [pet] ; *fuck* [foutre] ; *piss* ; et *shit* [merde]. Tous ces mots ont trait aux parties les plus intimes du corps humain et de leurs fonctions excrétoire et sexuelle.

Cependant, savoir quels mots inclure dans la liste reste sujet à débat. Il apparaît évident que le mot de trois lettres *tit(s)* [nichons], par exemple, est un terme au moins aussi fort et aussi vulgaire que *fart*. Les mots de sept à douze lettres comme *bastard* [salaud], *cocksucker* [enculé] et *motherfucker* [enculé de ta mère] méritent d'obtenir au moins une adhésion honorifique au club. Et que dire de *puke* [vomi] et *snot* [morve] ? Non seulement ils ont le nombre de lettres requis mais ils s'en réfèrent aussi aux effluves du corps humain. Ne devraient-ils pas faire partie de la liste ? Pas si l'on en croit les dictionnaires, qui les

8. Crystal, David : *The Cambridge Encyclopedia of Language* (Cambridge, 1987)

étiquettent comme de simples « familiers ». *Turd* [étron], par contre, est « vulgaire ».

En 2000, la BBC, la Broadcasting Standards Commission (BSC), l'Independent Television Commisssion et l'Advertising Standards Authority (ASA) ont effectué une enquête commune pour décider de la sévérité respective de plusieurs explétifs telle qu'elle est perçue par le public britannique[9]. Ils ont présenté aux participants à l'étude une liste de 28 termes et leur ont demandé de noter chacun de ces termes selon sa sévérité : « très sévère », « assez sévère », « modéré », « pas un juron ». Ils ont ensuite dressé une liste des jurons, basée sur les résultats, et selon leur capacité à offenser. Si vous pensez que votre anglais tient la route, vous pourriez tenter l'exercice vous-même. Voici les 28 termes, par ordre alphabétique et avec traduction – très sommaire – en bas de page[10]. Quel serait votre *top ten* des jurons les plus insultants classés selon leur force. Vous connaissez le numéro un puisque nous en avons déjà parlé. Mais les neuf autres ?

			Votre Top 10
Arse[1]	Fuck[11]	Shag[21]	1) cunt
Arsehole[2]	God[12]	Shit[22]	2)
Balls[3]	Jesus Christ[13]	Slag[23]	3)
Bastard[4]	Jew[14]	Sodding[24]	4)
Bloody[5]	Motherfucker[15]	Spastic[25]	5)
Bollocks[6]	Nigger[16]	Twat[26]	6)
Bugger[7]	Paki[17]	Wanker[27]	7)
Crap[8]	Piss off[18]	Whore[28]	8)
Cunt[9]	Pissed off[19]		9)
Dickhead[10]	Prick[20]		10)

Voici comment les participants à l'étude ont répondu, les termes étant classés en ordre descendant de sévérité perçue. Les chiffres attenants

---

9. Millwood-Hargrave, Andrea : *Delete Expletives?* Disponible en ligne à www.ofcom.org. uk/static/archive/itc/uploads/Delete_Expletives.pdf
10. 1 cul ; 2 trou du cul ; 3 couilles ; 4 salaud ; 5 foutu ; 6 couilles ; 7 sodomiser ; 8 merde ; 9 con ; 10 tête de nœud ; 11 baiser ; 12 Dieu ; 13 Jésus Christ ; 14 juif ; 15 enculé ; 16 nègre ; 17 bougnoul ; 18 foutre le camp ; 19 fâché ; 20 bite ; 21 baiser ; 22 merde ; 23 trainée ; 24 foutu ; 25 spastique ; 26 moule ; 27 branleur ; 28 putain

à chaque terme indiquent le pourcentage de participants ayant estimé que le terme était « très sévère ». (Pour établir ces classements, les autres catégories, « assez sévère » et « modéré », ont également été prises en compte. Ceci explique pourquoi *wanker*, par exemple, avec 37 %, est classé au-dessus de *nigger*, avec 42 %.)

Cunt (83)	Shag (27)	Bugger (9)
Motherfucker (79)	Whore (26)	Balls (11)
Fuck (71)	Twat (26)	Jew (20)
Wanker (37)	Piss off (18)	Sodding (7)
Nigger (42)	Spastic (32)	Jesus Christ (14)
Bastard (33)	Shag (19)	Crap (5)
Prick (26)	Shit (16)	Bloody (3)
Bollocks (25)	Dickhead (16)	God (10)
Arsehole (22)	Pissed off (14)	
Paki (34)	Arse (10)	

Alors, votre liste ressemble-t-elle à celle du grand public britannique ? Bien que certains jurons à potentiel élevé soient absents de la liste – *cock* et *cocksucker*, par exemple – les médailles d'or, d'argent et de bronze ne sont guère surprenantes. Les trois médaillés distancent largement les autres concurrents. Dans la liste des dix meilleurs, on trouve quatre références au corps humain (*cunt, prick, bollocks, arsehole*), trois au sexe (*motherfucker, fuck, wanker*), deux à la race (*nigger, Paki*) et un outsider (*bastard*). Notons d'abord que les insultes raciales sont de plus en plus tabous. Que 42 % et 34 % des participants à cette enquête trouvaient que *nigger* et *Paki* (de *Pakistani*) étaient des termes « très sévères » veut certainement en dire long sur notre société. Dans des études périodiques menées en Nouvelle Zélande[11] entre 1999 et 2013, études similaires à celle dont nous discutons ici, *cunt* était toujours estimé être le terme le plus choquant à la télévision mais *nigger* arrivait invariablement en seconde position. Notons également que chaque terme dans ce *top ten*, référentiel ou non, peut être utilisé au vocatif pour insulter quelqu'un directement : *You motherfucker! You fuck! You wanker!* Et même, *You bollocks!*

Un coup d'œil au reste de la liste nous confirme, d'abord, le déclin des convictions religieuses, reflété dans les classements de *Jésus Christ* et *God*, aux 25e et 28e places. Les assemblées des églises anglaises

---

11. *What Not to Swear - The Acceptability of Words in Broadcasting* est disponible en ligne à www.bsa.govt.nz.

diminuent depuis un certain temps et on ne peut donc pas vraiment s'en étonner. Ce qui surprend, en revanche, c'est que 60 % des participants ont classé *God* dans la catégorie « pas un juron » et 46 % en ont fait de même pour *Jesus Christ.*

Enfin, peut-être vous étonnez-vous que 32 % des participants aient placé le terme *spastic* dans la catégorie « très sévère ». Peut-être êtes-vous sidéré par la présence même de ce mot dans une liste de jurons ? L'histoire récente de ce terme illustre bien comment peut naître un tabou. À l'origine, le mot *spastic* était, comme son équivalent français, un terme strictement médical qui décrivait toute personne souffrant de paralysie cérébrale. Ainsi, en 1981, l'Année internationale des personnes handicapées, quand un enfant souffrant de cette maladie parut dans une émission populaire de télévision britannique pour enfants, il fut présenté, tout à fait correctement, comme un *spastic.* Mais le mot a été largement repris par les enfants – souvent sous la forme tronquée de *spaz* – et utilisé comme un terme d'abus signifiant une personne stupide ou physiquement maladroite. C'est en grande partie à cause de ce phénomène que la *UK Spastic Society* changea de nom en 1994 et s'appelle maintenant *Scope.* De nos jours, ainsi que le souligne l'*Oxford English Dictionary*, « l'utilisation du mot *spastic*, comme nom ou adjectif, froisse trop souvent et il est préférable d'utiliser à sa place des phrases telles que *une personne souffrant de paralysie cérébrale* ».

Quand, comme dans ce cas, les mots deviennent tabous, ils engendrent souvent des euphémismes, des termes qui représentent la même chose mais d'une manière moins directe. Des euphémismes pour certaines parties et fonctions de leur corps sont parmi les premiers mots acquis par les enfants. Des termes comme *willy* et *todger* pour le pénis, *bottom* ou *bum* pour les fesses, *Katie, cootchie* et *tutu* pour le vagin, *pee* et *tinkle* pour uriner, *poop* et *do a Number Two* pour déféquer, *poo* et *poo-poo* pour les excréments. Les adultes en quête d'effet humoristique peuvent continuer à se servir de ces termes. En même temps, on ajoute constamment de nouvelles strates au masque pour dissimuler une réalité trop crue : *go to the bathroom* ou *powder one's nose.* Et encore une fois plusieurs degrés de vulgarité s'affrontent : entre *taking a leak* et *using the men's room*, il y a déjà un bond en avant, mais rien d'aussi grossier que *going for a piss.*

Quel mot faut-il utiliser?

C.S. Lewis commenta il y a fort longtemps sur cette caractéristique de la langue anglaise : il n'existe pas de termes neutres. Dès que la conversation tourne au sexe (ou aux excréments), « vous devez automatiquement choisir entre la langue de la pouponnière, celle des égouts ou celle du cours d'anatomie[12]. » La terminologie médicale, qui dérive souvent du latin, vient naturellement aux Français, mais pour les Anglo-Saxons un effort est requis. *Micturate, defecate, fundament, pudendum, copulate, fellatio, cunnilingus*, etc., même *penis* et *vagina*, ne sont jamais les premiers mots à venir à l'esprit de l'Anglo-Saxon moyen. Hélas, ceux qui lui viennent à l'esprit ne sont pas nécessairement plus faciles à utiliser. Courtney Weaver évoque le problème de façon parlante :

When he reached down and eased off my panties, I purred, 'What do you think of my —?'
Sudenly I stopped. What word to use? 'Pussy' was on the tip of my tongue. But perhaps he found that offensive. Cunt? No, that was worse. Snatch? Beaver? Hole? No, no, and no. Plain old vagina? No, he wasn't my gynecologist. I sighed.
(*Salon*, 16/9/96)

Quand sa main descendit et m'enleva la culotte, je me mis à ronronner. « Que penses-tu de ma... ? »
Tout à coup, je me suis arrêtée net. Quel mot utiliser ? J'avais « chatte » au bout de la langue mais peut être qu'il trouvait ce mot choquant. Con ? C'était pire. Minou ? Barbu ? Fente ? Non, non, non. Alors, le bon vieux vagin. Mais non, il n'était pas mon gynécologue. J'ai poussé un soupir.

De nos jours, n'importe quels termes sexuels, aussi explicites soient-ils, peuvent être imprimés. Mais cela ne veut pas dire que tout le monde souhaite les utiliser. La plupart des gens n'emploieront pas le terme *fuck*, verbe transitif, voulant dire *have sex with*, mais préféreront toujours des formules euphémistiques comme *make love with, go to bed with, make out with, have it away with*, etc. *Have sex with* est en soi un euphémisme.

L'élément de dissimulation et de camouflage véhiculé par l'euphémisme n'a pas de meilleur exemple que celui fourni par le verbe prépositionnel *sleep with*, infiniment plus reposant que le brutal *fuck*. Mais si on peut utiliser *fuck* de bien des façons et avec maintes

---

12. Cité en Hughes, Geoffrey : *Swearing: A Social History of Foul Language, Oaths and Profanity in English* (Blackwell, 1991)

acceptions différentes, comme *fuck about, fuck up, fuck off, fuck over, fuck with*, etc., il est toutefois vrai qu'on l'utilise relativement rarement de nos jours dans son sens d'origine, descriptif et sexuel, qui reste encore socialement inacceptable. Hugh Rawson décrit les euphémismes comme étant la *lingua non franca* de base de la société : « En tant que tels, ils sont les signes extérieurs visibles de nos angoisses, conflits, peurs et hontes intimes[13]. »

La dissimulation qu'offre l'euphémisme s'émousse cependant au fil du temps dans un processus continu d'usure. À ce moment-là, l'euphémisme peut devenir trop direct ou trop explicite. Il faut donc le remplacer. Les mots qui étaient à l'origine des substituts du terme tabou deviennent à leur tour des termes tabous. De nombreux synonymes habituels de *fuck* sont tombés dans cette catégorie : *screw, hump, ball, bang, shag, shtup*, etc. Peut-être sont-ils légèrement moins offensants que le terme de départ mais ils en restent néanmoins offensants. Tous sont beaucoup plus agressifs que les termes gentillets tels que *sleep with* ou *make love with* et sont pour cette raison peu acceptables socialement.

Comment ce livre m'aidera-t-il ?

Peut-être vous demandez-vous à ce moment comment vous êtes censé savoir ce qui est acceptable et ce qui ne l'est pas ? Quand *eat out* veut-il dire aller au restaurant, quand veut-il dire autre chose ? Et que signifie vouloir dire autre chose ? À quel moment un *bone* représente quelque chose qu'on donne à son chien et pas à sa petite amie, ou vice versa ? Quand donc *fairy* signifie-t-il un petit personnage aux ailes translucides et aux pouvoirs magiques et quand devient-il un terme désobligeant désignant un homosexuel ? Quand *coon* cesse-t-il d'être le nom familier d'un mammifère américain à la tête de renard et à la queue en anneaux pour devenir une insulte susceptible de conduire à la violence ? Comment savoir quels sont les mots et expressions qu'on peut utiliser en toute sécurité et ceux qu'il vaut mieux fuir ? C'est simple : sauf avis contraire, tous les mots dont nous discutons dans ce livre doivent être maniés avec la plus grande prudence.

Le livre passe du plus simple au plus compliqué. Les premiers chapitres présentent le vocabulaire de base des termes liés au corps humain et à ses fonctions excrétoires. Nous élargissons ensuite notre champ de

---

13. Rawson, Hugh : *A Dictionary of Euphemisms & Other Doubletalk* (Crown, 1981)

réflexion en passant aux termes liés à l'activité sexuelle. De multiples expressions discutées dans les quatre premiers chapitres sont aussi utilisées comme injures ou termes de vitupération et font donc partie des couches de sens supplémentaires ajoutées par la suite. Chapitre 6 présente les expressions puisées dans la religion. Nous avons déjà vu que celles-ci ont perdu beaucoup de leur force au cours des dernières décennies, mais il existe toujours des régions du monde anglophones ou l'invocation de Dieu ou de Jésus Christ ne peut se faire à la légère. Chapitre 7 traite des mots basés sur les différences raciales, un sujet qui engendre de nos jours les termes les plus toxiques de tous ainsi que les seuls vrais tabous existants (c'est-à-dire les mots qui ne doivent être prononcés en aucune circonstance). Les deux derniers chapitres, sur les usages emphatiques et idiomatiques, traitent de l'aspect plus créatif du *bad language*.

Toutes les catégories de gros mots que vous vous apprêtez à étudier s'entremêlent et se chevauchent et sont, à cet égard, purement artificielles. Leur existence est rarement si pure dans la nature. Beaucoup d'exemples d'usage prouveront bien que ceux qui jurent dans un des registres, jurent aussi dans les autres registres et souvent simultanément. Jugez-en avec ce sergent instructeur qui interroge une nouvelle recrue :

– Where the hell are you from anyway, private?
– Sir, Texas, sir.
– Holy dogshit! Texas? Only steers and queers come from Texas, Private Cowboy, and you don't look much like a steer to me, so that kinda narrows it down. Do you suck dicks?
– Sir, no, sir! (*Full Metal Jacket*)

– D'où diable viens-tu, soldat ?
– Chef, du Texas, Chef.
– Bon dieu de merde ! Le Texas ? Les seuls à venir du Texas sont les vaches et les pédés, Engagé Cowboy ! Et tu ne ressembles pas vraiment à une vache, je trouve. Alors ça réduit les possibilités. Est-ce que tu suces des bites?
– Chef, non, Chef !

Ce langage est tantôt sacrilège, tantôt scatologique, homophobe, sexuel et anatomique, sans parler des effets de rhétorique et de la grossièreté constante. Essayer de placer cet extrait dans une seule des catégories mentionnées plus haut lui serait injuste. Mais cela peut se justifier par des considérations pédagogiques. Ainsi, le livre vous présentera un terme à la fois mais il vous exposera en même temps à d'autres termes, via les exemples. Puis ces autres termes vous seront à leur tour dévoilés quelques chapitres plus loin entraînant un effet cumulatif. Cela dit, vous n'êtes bien entendu pas tenu d'assimiler et de garder en mémoire chaque terme présenté.

Vous allez apprendre essentiellement par l'exemple, ou plutôt par les exemples, car les pages qui suivent en regorgent. Plutôt que d'inventer ces modèles d'usages, il m'a paru opportun de les chercher aux endroits où vous seriez susceptible de les rencontrer vous-même : dans les livres, les revues, les pièces de théâtre, les films, etc. Ceci dit, pour le choix des citations, je me suis limité aux sources de bonne réputation. À la différence de beaucoup des participants aux forums d'Internet, où le *bad language* prolifère, tous les auteurs cités dans ce livre savent manier leurs gros mots à bon escient.

La traduction des citations, par contre, a souvent posé des problèmes, principalement parce qu'Anglais et Français jurent de manière si différente. Aucun mot français d'une intensité similaire ne s'approche de la versatilité sémantique ou syntactique de l'omniprésent *fuck*. Si *fuck* signifie l'acte de copulation (mais c'est rarement le cas, comme nous l'avons vu il y a quelques instants), ou s'il implique quelque dommage irréparable, on le traduit généralement par *baiser*. En tant que verbe emphatique qui implique quelque sévice non spécifié (*Fuck the royal family !*), on peut le traduire par quelque construction avec *faire foutre*. Si son rôle dans une phrase est celle d'un intensificateur universel, il apparaît le plus souvent sous ses formes adjectivales (*fucking* ou *motherfucking*) et il faut donc chercher du côté des mots qui remplissent le même but en français (*putain de*, par exemple). Plus l'usage sera idiomatique, plus le traducteur devra s'éloigner de l'original s'il veut transmettre le sens et l'intensité émotionnelle.

Enfin, dans la mesure où il y a un sens. Les jurons sont souvent utilisés pour leurs seules connotations négatives et leur pouvoir de choquer ou blesser, c'est-à-dire sans dénotation aucune. Si, dans de tels cas, il m'a fallu choisir entre sens et effet, ma préférence a généralement été pour le premier. Dans un ouvrage qui se veut pédagogique, la compréhension prime.

Notons aussi que ce livre est, ainsi que l'indique son sous-titre, une introduction : il ne vise en rien à l'exhaustivité. Je peux toutefois vous garantir que si vous le lisez de bout en bout, vous connaîtrez autant de *bad language* que l'anglophone moyen de souche. À propos, ce personnage mythique, l'anglophone moyen de souche, est censé être britannique, américain, australien ou de toute autre nationalité dont l'anglais est la langue maternelle. Ou, pour être encore plus clair, la grande majorité des gros mots que j'ai inclus sont, grâce au miracle des communications modernes, compréhensibles partout, même s'ils ne sont pas utilisés partout. Un exemple évident en est *arse* (UK) et *ass* (US). Les deux se réfèrent à la même partie de notre anatomie et sont compris par tout le monde. Un exemple moins évident est *fanny* (US), synonyme inoffensif de *ass*, et *fanny* (UK), synonyme déplaisant de *pussy* (US). Les lettres entre parenthèses indiquent le lieu où le terme est le plus souvent utilisé.

Ce genre de langage a-t-il un avenir ?

De nouveaux jurons sont inventés et consignés tous les jours. Mais peu d'entre eux, peut-être n'y en a-t-il aucun, parviendront à égaler la longévité et la réputation des augustes *four-letter words*, si souples, si adaptables, en service depuis des siècles. De nouveaux euphémismes apparaissent aussi et jouissent parfois d'un succès local de taille. Dans les années 1970, le comédien australien Barry Humphries fit adopter l'expression *point Percy at the porcelain* [littéralement, viser la porcelaine avec Popaul, c'est-à-dire uriner], expression qui est toujours reconnue dans toute la Grande-Bretagne. Mais dans l'ensemble, j'ai exclu de tels termes, quoiqu'ils soient souvent assez drôles. Je les ai écartés justement parce qu'ils ont été créés pour faire rire. À la différence des vrais euphémismes, leur fonction n'est pas de cacher les vilaines réalités de la vie mais au contraire de braquer le doigt dessus tout en feignant de faire autre chose. Et certaines nouvelles expressions, d'une opacité brillante, sont hélas bien trop exotiques pour avoir la moindre chance de survie :

Who would have guessed, for instance, that 'vote for Tony Blair' is now defined as 'to rush enthusiastically into the cubicle expecting big things, only to get a pathetic little fart?' (*Guardian*, 28/9/02)

Qui aurait pu imaginer, par exemple, que « voter pour Tony Blair » se définit à présent comme « se ruer dans les toilettes avec l'espoir de se soulager très sérieusement mais devoir se contenter d'un minable petit pet ? »

Toutefois, le champ sémantique du *bad language* est celui de l'invention constante et de la créativité. Certes, il peut se situer en marge de l'approbation de la société mais il a également un aspect ludique, voire festif. Comme le carnaval, jurer bouleverse l'ordre établi des choses. C'est une transgression, évidemment (l'enfant de trois ans le sait au moment même de prononcer son premier « pipi-caca »), mais cela ne l'empêche pas d'avoir aussi des pouvoirs positifs : « pouvoir de libérer des tensions, de l'agressivité, pouvoir de permettre l'affirmation de soi face à autrui[14]. » Profondément enraciné dans le psychisme humain, les gros mots ne risquent pas de disparaître de sitôt. Raison de plus pour que l'étudiant curieux (ou *cunning linguist*, selon la vieille blague) se mette à l'œuvre et découvre ce qu'est le *bad language*.

---

14. Rouayrenc, Catherine : *Les Gros Mots* (Presses Universitaires de France, 1996)

Une note sur le texte

SOURCES

Les sources des citations apparaissent sous trois formes.

• Quand la source de la citation est un livre ou une pièce de théâtre, le nom de l'auteur s'inscrit entre parenthèses avec le titre de l'œuvre, par exemple : (Joseph Wambaugh, *The Choirboys*).

• Si un simple titre est noté après la citation – par exemple : (*The Wolf of Wall Street*) – la citation vient d'un film. Les films sont souvent écrits par plusieurs personnes et fréquemment tirés des sources littéraires. Afin d'éviter que le texte ne soit surchargé de longues listes d'auteurs et de sources, les scénaristes des films cités et autres informations pertinentes sont répertoriés dans une annexe à la fin du livre.

• Les exemples d'usages issus des journaux et des revues sont suivis par le nom de la publication et la date à laquelle l'article concerné a paru, par exemple : (*Guardian*, 20/9/2015). Noter aussi que les dates apparaissent toujours sous leur forme britannique, c'est-à-dire jour/mois/année.

PONCTUATION

De nombreux exemples d'usage se présentent sous la forme de dialogues – de films, de pièces de théâtre, de romans – ponctués de diverses manières. Dans un souci de lisibilité, j'ai préféré, quand cela était possible, utiliser des tirets plutôt que des guillemets pour différencier les interlocuteurs. Dans les citations venant de la fiction, j'ai aussi souvent éliminé du texte qui n'était pas nécessaire pour la compréhension de l'exemple. Ces suppressions appartiennent principalement au genre *he said / she said* mais sont parfois plus longues. Là où les mots sont omis, l'ellipse prend la forme de trois points liés au mot qui les précède. Trois points qui ne sont pas liés à un mot indique leur présence dans le texte d'origine. Dans les citations issues des pièces de théâtre et des scénarios de films, j'ai supprimé les noms des interlocuteurs, ceux-ci n'étant pas nécessaires à la compréhension du texte.

ORTHOGRAPHE

L'orthographe du texte principal est britannique. L'orthographe d'origine a été conservée dans les citations, qu'elle soit britannique ou américaine, ainsi que les orthographes souvent singulières des auteurs. Ceci explique pourquoi un terme comme *son of a bitch,* par exemple, puisse apparaître également comme *son-of-a-bitch* ou *sonofabitch* ; ou pourquoi *nooky* devient *nookie* ; ou *fuck up, fuck-up* ou *fuckup*. Les sigles (où chaque lettre est prononcée) sont imprimés en majuscules sans point : *SOB* ou *WTF*, par exemple. En revanche, les acronymes, prononcés comme des mots normaux, apparaissent en lettres minuscules : *snafu*, par exemple, ou *fubar*.

TRADUCTIONS
Sauf indication contraire, toutes les traductions des citations ont été réalisées par l'auteur en collaboration avec Françoise Le Rest et Dominique Bernatas, y compris dans les cas rares où les documents sources avaient déjà été traduits en français.

ABRÉVIATIONS
Si l'on fait abstraction de *UK* et *US*, seulement deux abréviations apparaissent dans le texte : *OED* pour *Oxford English Dictionary* et *CRS* pour *Cockney Rhyming Slang*. Ce dernier est une manière particulière de construire des phrases argotiques. Dans un premier temps, on remplace un mot par une expression ou un nom propre avec lequel il rime. Par exemple, le mot *wank* [branlette] est remplacé par le nom *J. Arthur Rank* (un célèbre ponte du cinéma des années 1940 et 1950). Le mot qui rime est alors enlevé, ce qui, dans notre exemple, laisse le terme *J. Arthur* comme synonyme CRS de *wank*. Le *rhyming slang* [argot à rimes] est toujours précédé par l'adjectif *Cockney*, référence à ses origines dans l'est de Londres. Mais il est largement compris dans le monde anglophone, pas seulement à Londres.

Les parties du corps

1.1 Arse / ass – *cul*

Quelqu'un a dit : *excuses are like arses, everybody has one* [les excuses, c'est comme le cul, tout le monde en a un]. Ce qui me paraît une excuse suffisante pour entamer ce tour sélectif du corps humain par cette partie de l'anatomie. *Arse* est un vieux mot anglais dont la lignée remonte bien au-delà des mille dernières années. Chaucer s'en servit (faisant, comme d'habitude, peu de cas de l'orthographe) dans l'un des incidents les plus mémorables des *Contes de Cantorbéry*. Un jeune homme, Absalon, à la recherche d'un baiser, est amené par ruse à poser ses lèvres au mauvais endroit :

Derk was the nyght as pich, or as the cole, / And at the window out she put her hole, / And Absalon, hym fil no bet ne wers, / But with his mouth he kiste hir naked ers / Ful savourly...	Noire était la nuit comme poix ou charbon, / et à la fenêtre elle montra son trou, /et Absalon, ne lui advint ni pire ni mieux / qu'avec sa bouche d'embrasser son cul nu / en se délectant...

Des siècles plus tard, le mot émigra vers l'Amérique où, pour des raisons inconnues, il finit par perdre son *r* et devint *ass*. Celle-ci reste la forme la plus fréquente aux États-Unis bien que *arse* soit encore occasionnellement utilisé. Juste avant la première Guerre du Golfe, par exemple, le président George Bush Sr. déclara, *Saddam is going to get his arse kicked* [on va botter le cul de Saddam].

Mais en règle générale, *arse* représente l'usage britannique standard et *ass* l'usage américain. La différence principale entre les deux formes est qu'en Grande-Bretagne *arse* est considéré comme étant un juron légèrement plus fort que ne l'est *ass* aux États-Unis.

The truth is that I've had a long-standing problem with heroin addiction. I've been known to sniff it, smoke it, swallow it, stick it up my **arse** and inject it into my veins. (*Trainspotting*)	En fait, il est vrai que j'ai un problème d'addiction à l'héroïne depuis bien longtemps. Je l'ai sniffée, fumée, avalée. Je me la suis enfoncée dans le cul et injectée dans les veines.

You're so ugly, when you were born, the doctor looked at your face and looked at your **ass** and said, 'It's twins.' (Stephen Pinker, *The Stuff of Thought*)

Tu étais si laid à ta naissance que le docteur a regardé ton visage, puis ton popotin, et a déclaré, « Ce sont des jumeaux. »

Parmi les nombreux synonymes, les plus courants sont *bum* (UK), *butt* (US, une abréviation de *buttocks*), *can* (US), *tail* (US), *keister* (US), *booty* (US) and *fanny* (US). D'autres substituts euphémistiques indiquent les directions : *bottom, backside, behind, posterior, rear* and *derrière* (en français dans le texte). Tous sont inoffensifs et plus ou moins interchangeables.

Urgent action is required to prevent an endangered turtle that breathes through its **bottom** from being wiped out... The turtle is perhaps most notable for its ability to breathe via its anus. The process, known as cloacal respiration (or more colloquially as '**bum** breathing'), allows the turtles to extract oxygen directly from the water. (*Guardian*, 28/11/14)

Un sauvetage urgent s'impose pour empêcher qu'une tortue qui respire par son derrière et qui est en voie d'extinction ne soit anéantie. Cette tortue est sans doute particulièrement connue pour sa capacité à respirer via son anus. Le procédé, qu'on appelle la respiration cloacale (ou, plus familièrement, « respiration par le cul ») permet aux tortues d'extraire l'oxygène directement de l'eau.

When women get pregnant, LPL activity increases on their **butts** and hips; this is where they store the calories they'll need later to nurse their babies. (Gary Taubes, *Why We Get Fat*)

Quand les femmes tombent enceintes, l'activité de la lipopro-téine lipase (LPL) augmente sur leur fion et leurs hanches. C'est là qu'elles accumulent les calories dont elles auront besoin plus tard pour s'occuper de leur bébé.

Monica Lewinsky seduced the most powerful man in the world with a flash of her thong-clad **can**. (*Salon*, 29/9/98)

Monica Lewinsky a séduit l'homme le plus puissant du monde avec un flash de son cul vêtu d'un string.

This beautiful, exquisite young woman, was merrily teasing them on, grinding her **booty** and project-ing her breasts, and touching the top of the fly of her jeans with both hands, as if at any moment she

Cette belle et exquise jeune femme leur faisait gaiement des avances en jouant de son derrière et projetant ses seins vers l'avant. Elle toucha le haut de sa braguette avec ses deux mains comme si elle

was about to unzip them, slip them down off her hips. (Tom Wolfe, *A Man in Full*)

s'apprêtait à défaire sa fermeture éclair et à laisser glisser son jean le long de ses hanches.

Geoff is working his **tail** off, the electricians are running, everyone's trying his hardest. (Sidney Lumet, *Making Movies*)

Geoff travaille comme un fou. Les électriciens courent partout et tout le monde fait de son mieux pour finir à temps.

Doris said, 'You know what I have under this cushion? A thirty-two caliber pistol.' She wiggled her **fanny** to show Carl where the pistol was. (Elmore Leonard, *The Hot Kid*)

Doris lui dit : « Est-ce que tu sais ce qu'il y a sous ce coussin ? Un pistolet de calibre trente-deux. » Elle tortilla ses fesses pour montrer à Carl où était le pistolet.

Rappelez-vous que *fanny* (US), terme inoffensif, n'a rien à voir avec *fanny* (UK), synonyme choquant de *cunt,* qui est hautement tabou. Deux autres synonymes bénins sont les noms pluriels *buns* et *cheeks,* qui décrivent les deux moitiés du fondement.

– She still running?...
– Who? Oh ... Joanne? Yeah, she's out there running her little **buns** off. (Ann Rule, *Possession*)

– Elle court toujours ?
– Qui donc ? Oh, Joanne ? Ouais, elle est encore dehors à courir comme une dingue [littéralement, à faire fondre ses petites miches].

I've got frost-bite. The ten fingers of my hands, the ten toes of my feet, and the two **cheeks** of my backside. If I stay out there one minute longer, I'll have a frost-bitten cock. (John McGrath, *Events While Guarding the Bofors Gun*)

Je suis gelé. Que ce soient les dix doigts de mes mains, les dix orteils de mes pieds ou les deux fesses de mon postérieur. Si je reste dehors une minute de plus, ma pine sera gelée.

You shudder and shift your weight from left **cheek** to right on the derrière-numbing bench. (Tom Robbins, *Half Asleep in Frog Pajamas*)

Sur ce banc à transir les derrières, vous frissonnez, et répartissez votre poids de la fesse gauche vers la fesse droite.

Notons en passant l'utilisation métonymique de *arse* et *ass* pour indiquer la personne en entier et non seulement la partie sur laquelle elle s'assied. D'où :

I could see in Stacy's eyes that nothing would give her more pleasure than suing my **arse** for every penny she could. (Benjamin Daniels, *Confessions of a GP*)

J'ai vu dans les yeux de Stacy que rien ne lui procurerai plus de plaisir que de me faire un procès pour récolter tout ce qu'elle pouvait, jusqu'au dernier sou.

God was here before the Marine Corps! So you can give your heart to Jesus, but your **ass** belongs to the Corps! (*Full Metal Jacket*)

Dieu était là avant les Marines ! Vous pouvez donc donner votre cœur à Jésus, mais votre petite personne appartient aux Marines !

1.2 Arsehole / asshole – *trouduc*

Vu l'abondance de termes utilisés pour le derrière, la pénurie relative de noms pour l'ouverture anale est surprenante. Toujours est-il que *arsehole* et *asshole* ont le quasi-monopole du marché. À noter : les deux mots sont employés aussi en tant qu'insultes personnelles.

I leave my **arsehole** ... to the Faculty of Philosophy... so that each New Year's Day, the senior professor may blow through it, uttering a rich, fruity note, as my salute to the world of which I now take leave, in search of the Great Perhaps. (Robertson Davies, *The Rebel Angels*)

Je lègue mon troufignon à la faculté de philosophie. Le professeur principal pourra ainsi, à chaque Nouvelle Année, souffler dedans pour en dégager une note riche et fruitée. Celle-ci sera mon adieu au monde que je quitte maintenant à la recherche du Grand Peut-Être.

Around the toilet seat was a band of paper... This loop of paper guaranteed Dwayne that he need have no fear that corkscrew-shaped little animals would crawl up his **asshole** and eat up his wiring. (Kurt Vonnegut, *Breakfast of Champions*)

Une bande de papier entourait le siège des toilettes. Grâce à cette bande ronde, Dwayne était certain de ne pas craindre l'intrusion de petits animaux en forme de tire-bouchons qui remonteraient par son trou de balle et dévoreraient ses tripes.

En argot, *hole* [trou] signifie la bouche ainsi que l'anus. Vous devez donc être particulièrement attentif au contexte (*Shut your hole!* intime toujours l'ordre de se taire). Dans l'exemple qui suit, il n'y a aucun doute sur l'orifice impliqué. Le susceptible batteur d'un groupe de rock met en garde le chanteur :

If yeh ever call me a fuckin' eejit again you'll go home with a drum-stick up your **hole**. The one yeh

Si tu m'appelles un putain d'idiot encore une fois, je te renvoie chez toi avec une baguette enfoncée don't sing ou' of. (Roddy Doyle, *The Commitments*)

dans le cul [littéralement, dans le trou par lequel tu ne chantes pas].

On utilise fréquemment *arse, ass, arsehole* et *hole* en même temps que *stick, stuff, shove* ou d'autres verbes de ce type – plus ils sont violents, mieux c'est – pour signifier le rejet emphatique d'une idée, suggestion, plan ou offre. Ainsi :

You know what you can do with your fucking job, don't you? You can ram it up your **arsehole**. (Stephen Thompson, *Toy Soldiers*)

Tu sais très bien ce que tu peux faire avec ton putain de boulot, n'est-ce pas ? Tu peux te le carrer dans l'oigne.

Take that criminal negligence shit and shove it up your **asshole**, motherfucker. (Sean M. Riley, *Passing the Open Windows*)

Quant à cette connerie de négligence criminelle, tu peux te la foutre dans le trouduc, enfant de salope.

What's all this shit about a knighthood?... Had I misread my friend? The Mick that I grew up with, here's a guy who'd say shove all your little honours up your **arse**. (Keith Richards, *Life*)

Qu'est-ce que c'est que ces histoires de Mick qui va être nommé chevalier ? Est-ce que je me suis trompé sur mon ami ? Le Mick avec qui j'ai grandi, c'est le genre de mec qui t'aurait dit d'aller te faire mettre avec tes petites distinctions honorifiques à la noix.

Ce genre d'association est en fait si habituelle qu'il suffit de poser la question – *You know what you can do with X ?* – pour que la personne à qui la question s'adresse comprenne parfaitement ce qu'elle peut faire avec X.

– There can be psychosomatic delays in the onset of menstruation.
– That's very interesting, I replied. Would you like to know what you can do with it? (Judith Rossner, *Olivia*)

– Au commencement des règles, il peut y avoir quelques retards psychosomatiques.
– Très intéressant, lui répondis-je. Et vous, aimeriez-vous savoir ce que vous pourriez en faire de vos retards psychosomatiques ?

L'injonction abrégée *Shove it!* est particulièrement grossière de par la destination sous-entendue.

You can just take that kind of crude suggestion and you know what you can do with it? You can just **shove it**! (Tom Gillespie, *Lovers' Leap*)

Vous pouvez prendre cette grossière suggestion à bras le corps et vous savez ce que vous pouvez en faire ? Vous pouvez vous l'enfoncer profond !

D'autres synonymes de *arsehole* reflètent la circularité : *ring* et *round brown*.

I was shit-scared. My **arse ring** slammed shut like a rabbit trap. (Trevor Jones, *Bad Business in Moscow*)

J'avais les chocottes. Du coup, mon trouduc se ferma hermétiquement, comme un piège à lapin.

Turn around and bend over and spread your cheeks. Bend over and show me that **round brown**... I gotta see if you're hiding a machine gun in there. (Joseph Wambaugh, *The Choirboys*)

Tourne-toi, penche-toi et écarte les fesses. Penche-toi encore et montre-moi ton trou du cul. Je dois voir si tu n'y caches pas une mitrailleuse.

1.3 Cock – *bite*

Cock est le mot à quatre lettres le plus usité quand il est question de l'organe mâle de procréation. L'usage dérive bien entendu de l'oiseau de basse-cour qui fut pendant longtemps un symbole de la domination et de la virilité mâle. Le coq est aussi l'emblème officieux des Français à travers le monde, mais c'est peut-être une simple coïncidence.

The lavatory had no cubicles. I was followed in by several boys, who, as if by chance, ranged themselves on either side of me and pulled out their **cocks** rather to show them off than to relieve nature as I was doing. (John Lehmann, *In the Purely Pagan Sense*)

Les toilettes n'avaient pas de cabines. Plusieurs garçons m'y suivirent et, comme par hasard, se mirent en rangs à côté de moi et sortirent leur bite, plutôt pour s'exhiber que, comme moi, pour se soulager.

Perhaps he could persuade her one day soon – perhaps this evening, and she might need no persuading – to take his **cock** into her soft and beautiful mouth. (Ian McEwan, *On Chesil Beach*)

Peut-être pourrait-il bientôt parvenir à la persuader – peut-être ce soir, et elle n'aurait pas besoin d'être persuadée – de prendre sa trique dans sa douce et magnifique bouche.

La réticence à prononcer le mot est telle qu'au fil des années elle a engendré un nombre extraordinaire de sobriquets. Ceux-là couvrent plusieurs catégories. D'abord, les termes pour enfants : *doodle* (une allusion au petit pénis des enfants), *todger* (UK), *wee-wee, peter* (prénom de garçon dont la première syllabe suggère la miction), et *willie* (diminutif de William). Les adultes facétieux les utilisent autant que les enfants.

Wandering eye?... All of Dwight's parts wandered, especially his **doodle**... Dwight Farris's doodle was hardly ever in his pants. (Lexi George, *Demon Hunting in Dixie*)	Son regard qui cherchait la femme ? Tout chez Dwight cherchait la femme, surtout sa verge. La verge de Dwight Farris ne restait jamais trop longtemps à l'intérieur de son pantalon.
Jamie Dornan reveals he signed a contract stating viewers wouldn't see his **todger** in *Fifty Shades of Grey*. (*Daily Mirror*, 2/11/14)	Jamie Dornan a révélé qu'il a signé un contrat selon lequel les spectateurs ne verraient pas son zizi dans *Cinquante Nuances de Gris*.
There are still grown men out there who need to be told to go to public-health clinics to ask the doctors about those nasty-looking things on their **peters**. (Patrick Califia, *Public Sex*)	Il y a toujours des hommes mûrs à qui il faut dire de se rendre à l'hôpital pour demander au médecin ce que sont ces vilains machins qu'ils ont sur leur queue.
What's the daftest tip someone's ever given you to increase your **willy** size? (Jenny Thomson, *Naughty Games for Grown-ups*)	Quel est le conseil le plus bête qu'on t'ait jamais donné pour augmenter la taille de ton fifrelin ?

Dick, John Thomas et *Johnson* rejoignent *peter* et *willy* dans la catégorie des noms propres.

I like guys with small **dicks** because they work harder. Guys with big dicks are lazy. (Ian Kermer, *He Comes Next*)	J'aime les gars avec de petites bites parce qu'ils font davantage d'efforts. Les types avec de grosses bites sont des fainéants.
'**John Thomas**! John Thomas!' she said and she quickly kissed the soft penis, that was beginning to stir again. (D.H. Lawrence, *Lady Chatterley's Lover*)	« Ma flûte enchantée! Ma flûte enchantée! » dit-elle, et se mit vite à embrasser le doux pénis qui commençait à se réveiller.

Vagina. The word itself makes some men uncomfortable. They don't like hearing it and find it difficult to say. Whereas without batting an eye a man will refer to his dick or his rod or his **Johnson**. (*The Big Lebowski*)	Vagin. Le seul mot rend certains hommes mal à l'aise. Ils n'aiment pas l'entendre prononcer et trouvent difficile de le prononcer eux-mêmes. Alors qu'un homme parlera sans sourciller de sa bite, sa queue ou sa pine.

Cela nous laisse un éventail important de termes purement adultes. Mais ceux-ci, plus encore que les précédents, ont été souillés par l'association avec ce qu'ils représentent et ont fini par être presque aussi mal perçus que *cock*. Parmi eux, le terme de substitution le plus courant est sans doute *prick*.

You need a little danger in your life. Take a fuckin' chance, will ya? What are you gonna do, play with your **prick** for another thirty years? (George Carlin, *Napalm and Silly Putty*)	Il faut un peu de danger dans la vie. Tente le coup, bordel ! Parce que, qu'est-ce que tu vas faire de toute façon ? Tripoter ta bite pendant les trente années à venir ?

D'autres termes sont également des noms d'objets du quotidien : *tool* [outil], *shaft* [manche], *rod* [tige], *chopper* [hachoir], *dipstick* [jauge d'huile] et *knob* [bouton de porte].

Turley unzipped his pants and reached inside... Next thing there was a zzzzt from the stun gun and Junior Turley was on the floor with his **tool** hanging out. (Janet Evanovich, *Finger Lickin' Fifteen*)	Turley ouvrit son zip et fourragea à l'intérieur. La prochaine chose qu'on entendit était un zzzzt venant du taser et Junior Turley se retrouva par terre, la pine à l'air.
His **shaft** resembled a perfectly sculpted piece of art. Smooth, the color was a shade darker than the rest of his body. Such a beautiful piece of masculinity. (Kimberly K. Terry, *Hot to Touch*)	Son spatz ressemblait à une œuvre d'art magnifiquement ciselée. Parfaitement lisse, sa couleur était juste un teint au-dessus du reste de son corps. Quel magnifique totem de masculinité.
I know what it's like when you're young. The pressure to be a big strong man... My father thought the ultimate in masculinity was to stick your **chopper** into anything that	Je sais ce que c'est que d'être jeune. Il faut vivre avec la pression constante d'être un homme, un vrai. Je suis passé par là. Mon père, lui, croyait que le comble de la

wore a skirt. (Peter Nichols, *Privates on Parade*)

masculinité consistait à enfourner sa bite dans tout ce qui portait une jupe.

I lie on my back and take in a large gulp of spring air... Will I really be able to handle my man sticking his **dipstick** in all those other girls? (Derek Weathersheep, *Fifteen Shades of Hay*)

Étendue sur le dos, j'inhale une grande bouffée de l'air pur du printemps. Est-ce que je serais vraiment capable d'accepter que mon mec enfile sa quéquette dans toutes ces autres femmes ?

So anyway, she looks down there, and here's this cop, in full uniform, getting his **knob** polished by this spade chick. (John Sandford, *Rules of Prey*)

Alors, voilà qu'elle regarde vers le bas et voit ce policier en uniforme en train de se faire astiquer le bâton par cette jeune négresse.

De nombreux termes sont quasi exclusivement américains, parmi les plus courants : *dong, pecker, joint, wang, schlong* et *putz*. L'étymologie de ces mots n'est pas toujours évidente, mais il y a des exceptions. Par exemple, en *pecker* on reconnaît une allusion à la manière dont se nourrit le coq (le verbe *peck* signifie picorer). Et les termes venant du yiddish, tels *schlong* (dérivé de *Schlang*, serpent) ou *putz* (ornements) se passent de commentaire, une fois qu'on maîtrise le yiddish. Quand ils se réfèrent au pénis, tous ces termes sont interchangeables.

He had got her in the corner of the cellar once when he was younger and showed her his **dong** and she told on him. (Thomas Berger, *The Feud*)

Une fois, quand il était jeune, il l'avait bloquée dans le coin de la cave et lui avait montré son gourdin. Elle l'avait dénoncé.

You stake a guy out on an anthill in the desert, see? He's facing upward, and you put honey all over his balls and **pecker**, and you cut off his eyelids so he has to stare at the sun till he dies. (Kurt Vonnegut, *Slaughterhouse Five*)

Tu crucifies un mec sur une fourmilière dans le désert. Il fait face au ciel et toi, tu couvres sa trique et ses balloches de miel. Tu lui coupes les paupières aussi pour qu'il soit forcé de regarder le soleil jusqu'à la mort.

One of those motherfuckers grabbed me when I was Bobby's age. At the movies... we're all wondering what this old guy is doing at the cartoons... and halfway through he

Un de ces enculés m'a empoigné quand j'avais l'âge de Bobby. Nous étions au cinéma et nous nous demandions tous pourquoi ce vieil homme venait voir des dessins

reaches over and grabs my **joint**. (David Mamet, *Sexual Perversity in Chicago*)

animés. Et en pleine séance, il a tendu son bras vers moi et a saisi mon zob.

He was lying on his back. His ankles were crossed. His hands were folded behind his head. His great **wang** lay across his thigh like a salami. It slumbered now. (Kurt Vonnegut, *Breakfast of Champions*)

Il était étendu sur le dos, les chevilles croisées, les mains pliées derrière la tête. Son grand paf reposait sur sa cuisse, comme un salami, paisible à présent.

– I see you're checking out my **shlong**...
– Yep.
– And ...?
– Frankly, I'm underwhelmed. (Erica Jong, *Any Woman's Blues*)

– Je vois que tu évalues mon braquemart.
– Ouais.
– Et alors ?
– Pour être tout à fait franche, je ne suis pas vraiment impressionnée.

Your fly is open and your **putz** is hanging out. (Leroy Dell, *Colonel Stern*)

Ta braguette est ouverte, tu as la queue à l'air.

Comme nous le verrons plus tard, la signification de certains des synonymes de *cock* – mais pas de *cock* lui-même – peut dépasser le seul domaine anatomique pour indiquer un mâle odieux ou stupide. Cela est particulièrement vrai de *prick* qui, comme « con » en français, peut exprimer de multiples nuances selon l'adjectif qui le précède : *little, silly, stupid, ignorant, lazy, callous, obsequious, pompous, ball-busting*, etc.

1.4 Balls – *couilles*

Le terme d'origine était *ballocks*, souvent épelé *bollocks*. Il remonte à l'époque anglo-saxonne et est toujours usité de nos jours.

We both knew he had never taken performance-enhancing drugs in his life... but it turned out he had in his blood an unusually high amount of a hormone that your **bollocks** produce when you have testicular cancer. (Sean Long, *Longy*)

Nous savions tous deux qu'il n'avait jamais, de toute sa vie, consommé de drogues destinées à améliorer ses prestations. Mais apparemment son sang contenait une quantité inhabituelle de l'hormone produite par les couilles lorsqu'on souffre d'un cancer des testicules.

Cela dit, le mot le plus utilisé de nos jours est incontestablement *balls*.

En anglais comme en français, les *balls* sont le siège du courage chez les hommes. Certaines professions en exigent beaucoup :

The tent reeks of farts, sweat and the sickeningly sweet funk of fungal feet. Everyone walks around in skivvies, scratching their **balls**. Vigorous public ball scratching is common in the combat-arms side of the Marine Corps, even among high-level officers. (Evan Wright, *Generation Kill*)	La tente empeste les pets, la sueur et l'odeur douceâtre et écœurante des pieds couverts de mycoses. Tout le monde circule en sous-vêtements en se grattant les couilles. Se gratter les balloches vigoureusement est courant dans les unités d'artillerie des Marines, même parmi les officiers haut gradés.

Ne pas en avoir est indigne d'un homme – voire, bien pire encore, c'est digne d'une femme. Et ce en dépit du fait que rien n'interdit à la femme d'avoir des *balls* métaphoriques. Si elle est aussi (ou plus) gonflée que l'homme, on parle d'une dame *ballsy*.

– You've got **a lot of balls**, Melissa. – Fortune favours the bold, Harold. (Russell Hoban, *Angelica's Grotto*)	– Tu as une sacrée paire de boules, Melissa. – La chance sourit aux audacieux, Harold.
– And now you loathe me. – No, I don't, actually... I think you've shown **a lot of balls**, frankly, translating your resentments into action instead of sublimating them into art. (John Updike, *Bech at Bay*)	– Maintenant, bien sûr, tu m'as en horreur. – Non. En fait, non. Je pense sincèrement qu'il t'a fallu des couilles pour passer des ressentiments à l'action, plutôt que de les sublimer dans l'art.
S&S had a few of what were then known as **ballsy** women, including the head of the production department, who, when Emil Staral's... deputy tried to end an argument with her by stepping into the men's room, followed him in and continued it, while he stood in the urinal, fly halfway unzipped, shocked into silence. (Michael Korda, *Another Life*)	Il y avait chez S&S quelques employées sacrément gonflées, comme on disait alors, y compris la patronne du département production. Quand l'adjoint d'Emil Staral essaya de clore une discussion avec elle en se réfugiant dans les toilettes pour hommes, elle l'y suivit et continua à discuter tandis que lui se tenait à l'urinoir, la braguette à moitié ouverte et tellement choqué qu'il en resta coi.

Plusieurs synonymes courants ont trait à des formes sphériques :

stones, *nuts*, *marbles* et *knackers* (UK, mot ancien pour castagnettes).

Remember the time I got the goose grease mixed up with the mustard?... They could have heard you squealing over in Cunt Lick County, just a squealing like a stoat with his **stones** cut off. (William S. Burroughs, *Naked Lunch*)

Tu te souviens de la fois où j'ai mélangé de la graisse d'oie à de la moutarde ? On pouvait t'entendre hurler jusqu'au comté de Cunt Lick, un hurlement comme celui de l'hermine à qui on coupe les roubignolles.

A kick to the **nuts** can really ruin your day. (Mark MacYoung, *Cheap Shots*)

Un coup de pied dans les joyeuses peut vraiment vous pourrir la journée.

– Borrow your screwdriver, Kevin?
– You touch my stuff, you get a boot in your **marbles**. (Peter Nichols, *Privates on Parade*)

– Tu me passes ton tournevis, Kevin ?
– Si tu touches à mes affaires, tu vas prendre un de ces coups de pompe dans les burnes !

Venom was one of those so-bad-it's-laughable British thrillers that centred around an escaped snake... One's tedium is saved only by the exceptional moment where the reptile wanders up the inside trouser leg of Oliver Reed and bites into his **knackers**. (Robert Sellers, *Always Look on the Bright Side of Life*)

Venom était un de ces thrillers britanniques dont vous ne pouvez que rire tellement il est mauvais. Son histoire se base sur l'évasion d'un serpent. L'ennui se dissipe seulement au moment exceptionnel où le reptile se faufile dans la jambe du pantalon d'Oliver Reed et le mord dans les breloques.

À la lumière de ces citations, on constate qu'un nombre inquiétant de collocations associe coups, coupures, morsures et violences diverses aux testicules, quel que soit le nom dont on les affuble. Ceci étant, les soldats britanniques qui ont servi en Malaisie pendant l'insurrection des années 1950-1960 avaient sans aucun doute toutes les raisons de craindre pour la sécurité de leurs *goolies*.

We all carried what was called a goolie chit, because when the insurgents got hold of a British soldier they used to cut his **goolies** off and stick his cock in his mouth. The goolie chit said that if our dead bodies were not mutilated in this

Nous portions tous sur nous ce qu'on appelait le coupon-roustons. Et pour cause, car lorsque les insurgés s'emparaient d'un soldat britannique, ils lui coupaient les roustons et lui enfonçaient sa bite dans la bouche. Le coupon-

way and were returned to the British authorities they would give them five hundred quid. (Colin Schindler, *National Service*)

roustons indiquait que si nos cadavres n'étaient pas mutilés ainsi et s'ils étaient rendus aux autorités britanniques, celles-ci payeraient cinq cents livres par corps.

L'argot espagnol pour les testicules, *cojones*, est aussi communément utilisé en anglais des deux côtés de l'Atlantique. Comme *balls*, le mot fonctionne au figuré et signifie aussi bien les testicules que le courage mâle. Ou femelle.

– Nothing's going to happen to anybody... I thought you had **cojones**.
– I got cojones. Don't you worry about my cojones. But I'm figuring on keeping on living here. (Ernest Hemingway, *To Have and Have Not*)

– Rien de mal ne va arriver à qui que ce soit. Je croyais que tu avais des couilles.
– J'en ai. T'inquiète pas pour mes couilles. Mais moi j'ai l'intention de continuer à vivre ici.

Un dernier terme est *cobblers* (UK), synonyme CRS basé sur la rime de *balls* et *cobbler's awls* [poinçons de cordonnier]. Comme *balls* et *ballocks*, mais à la différence des autres mots qui apparaissent dans cette section, cela peut aussi vouloir dire absurdités ou mensonges.

She simply can't bear to see a bloke scratching his **cobblers**. (Bill Naughton, *Alfie Darling*)

Elle ne supporte tout simplement pas la vue d'un type qui se gratte les pendeloques.

A new government report is out which, if acted upon, will mean 'a complete overhaul of the national curriculum'. At last. Is this an admission that the NC was a load of old **cobblers** all along? (*Guardian*, 9/1/07)

Un nouveau rapport gouvernemental vient de sortir et, s'il est mis en application, il entraînera « une révision complète du programme national ». Il était temps. Serait-ce enfin une admission que le PN n'avait jamais été autre chose qu'une vaste couillonnade ?

1.5 Cunt – *con*

Répétons pour le bénéfice des lecteurs qui ont sauté l'introduction qu'il s'agit ici du mot anglais le plus tabou de tous. Comme « con » en français, mais avec beaucoup plus de force, *cunt* est fréquemment utilisé comme une insulte. En Grande-Bretagne l'insulte s'applique en général aux hommes détestables ; aux États-Unis aux femmes odieuses. Mais le tabou vient de l'allusion anatomique. Notez qu'en compagnie d'hommes et de femmes, ceci n'est pas le mot à utiliser pour décrire les organes génitaux de la femme. Par contre, vous auriez pu le faire avec impunité au Moyen Âge, puisque le mot faisait partie de l'anglais standard : il était utilisé dans les manuels médicaux et repris dans les noms de rues.

In women the neck of the bladder is short and is made fast to the **cunt**. (Lanfrank, *Science of Cirurgie*, circa 1400)	Chez les femmes, le cou de la vessie est court et se rattache au con.
In the European Middle Ages, sexual activity too was less discreet... Prostitutes offered their services openly; in many English towns, the red-light district was called Gropecunt Lane. (Steven Pinker, *The Better Angels of Our Nature*)	Dans l'Europe du Moyen-Âge, l'activité sexuelle était moins discrète qu'aujourd'hui. Les prostituées offraient leurs services ouvertement. Dans plusieurs villes anglaises, le quartier chaud se prénommait Gropecunt Lane.

Vers l'année 1600, pourtant, le mot était suffisamment tabou pour que Shakespeare se moque du puritain Malvolio en lui faisant involontairement l'épeler (avec un calembour intraduisible sur la miction).

(*Picking up the letter*) By my life, this is my lady's hand, these be her very C's, her U's 'n' her T's and thus makes she her great P's. (Shakespeare, *Twelfth Night*)	(*Ramassant la lettre*) Sur ma vie, c'est là la main de ma maîtresse. Ses C, ses O, ses N de tous points, et c'est ainsi qu'elle fait ses P majuscules. (*La Nuit des Rois*)

Au milieu des années 50, le mot avait acquis une telle force que sa simple impression en Angleterre ou aux États-Unis exposait le fautif à d'éventuelles poursuites criminelles. Certes, les choses ont changé depuis, mais *cunt* a néanmoins conservé son pouvoir de choquer.

Suddenly Anita leaned forward. 'Hey, y'all, my **cunt** hurts.' What? Alan wasn't sure he'd understood her. Surely she hadn't said what he thought she'd said. Lamar was driving and just sat frozen at the wheel. 'God,' he	Brusquement, Anita se pencha en avant : « Hé, vous tous, ma chatte me fait mal. » Quoi ? Alan n'était pas sûr d'avoir compris. Il était impossible qu'elle ait dit ce qu'il croyait qu'elle avait dit. Lamar , qui conduisait, restait

thought, 'did I hear that?' (Alanna Nash, *Baby, Let's Play House*)

pétrifié dans son siège. « Mon Dieu, pensa–t-il, est-ce que j'ai vraiment entendu ça ? »

And what about the Irish girl? She was in and out of her chalet every half hour with a different bloke. She must have a **cunt** like Heathrow Airport. (E.A. Whitehead, *Mecca*)

Et la jeune Irlandaise ? Elle entrait et sortait de son chalet toutes les demi-heures avec un nouveau mec. Son con doit ressembler à l'aéroport d'Heathrow.

Une indication fiable de la force du tabou sur *cunt* est le nombre important de synonymes qui s'y rapportent. La plupart d'entre eux sont également très offensants. On peut dire qu'ils sont en général étonnamment inamicaux, au mieux, et d'autres fois carrément hostiles. Cela nous rappele qu'ils ont été inventés par les hommes et pour les conversations entre hommes. Les femmes n'avaient pas voix au chapitre. Voici un bref échantillon des mots les plus courants : *twat, slit, quim, gash, minge, snatch, box, pootie, cooze, fuckhole.*

He's not asleep either. He rolls over and gives me a long, deep kiss. At the same time he runs his hands down to my **twat** and starts playing with my clit. (Nancy Friday, *Women on Top*)

Il ne dort pas non plus. Il se retourne sur lui-même et me donne un long et intense baiser. En même temps, ses mains courent vers mon minou et il commence à jouer avec mon clit.

I picked up her magazine... Much to my surprise, it turned out to be a men's magazine, one of the glossy monthlies. The woman in the foldout wore thin panties that showed her **slit** and pubic hair. With a sigh, I put the magazine back. (Haruki Murakami, *The Wind-Up Bird Chronicle;* traduit par J. Rubin)

J'ai pris sa revue à la main. À ma grande surprise, il s'agissait d'un de ces mensuels pour hommes sur papier glacé. La femme de la page centrale portait une culotte qui dévoilait sa motte et ses poils pubiens. Je poussai un soupir et reposai la revue.

She took Carl's hand, which had been fumbling with her garter, and placed it on her **quim**. 'There are fools who have offered as much as five thousand to touch that. Men are stupid.' (Henry Miller, *Quiet Days in Clichy*)

Elle prit la main de Carl qui tripotait maladroitement sa jarretière et la plaça sur sa foufoune. « Il y a des couillons qui m'ont offert jusqu'à cinq mille francs rien que pour toucher ça. Les hommes sont des crétins. »

I had a Chink girl once. Her **gash** run crossways, like they say, and that's no lie. (Thomas Berger, *Reinhart in Love*)

Une fois, j'ai connu une Chinetoque. Sa fente était horizontale, exactement comme on le raconte, parole d'honneur.

– Old Sylvia now? She's a good sort. Clever too. They reckon she can smoke a cheroot in her **minge**... Used to do it in Calcutta, didn't she, for the Yanks? In the cabaret?
– Takes some fucking muscle control, mind. (Peter Nichols, *Privates on Parade*)

– Cette bonne vieille Sylvia ? C'est une fille bien. Et maline aussi. On dit qu'elle peut fumer un cigare avec sa moule. C'est ce qu'elle faisait à Calcutta pour les Ricains, non ? Au cabaret ?
– Faut avoir un sacré contrôle des muscles, remarque.

Marie came out... and did her act, always a crowd-pleaser, for she had terrific knockers... and at the end she removed one G-string to uncover another, and finally that one was replaced by her hand, which was sufficient to conceal her **snatch**, so carefully was it trimmed of excess pubic hair. (Thomas Berger, *Changing the Past*)

Marie se présenta et fit son numéro, qui plaisait toujours à l'assistance car elle avait de sacrés nichemards. À la fin, elle enleva un string pour en dévoiler un autre jusqu'à ce que celui-là soit remplacé par sa main. Cela fut suffisant pour dissimuler sa craquette, tout excès de poils pubiens ayant été soigneusement tondu.

The chief looked at Mrs Billings spread-eagled on the bed... 'Damn, she's got a hairy **box**!' Chief Lynch whistled. (Joseph Wambaugh, *The Choirboys*)

Le chef regardait Mme Billings étendue sur le lit, bras et jambes écartés. « Nom de nom, sa figue est sacrément poilue, » siffla le Chef Lynch.

She's quite cute, you know. Young supple breasts, a tight firm ass, and an uncharted **pootie**. (*Cruel Intentions*)

Elle est très mignonne, vous savez. Des seins jeunes et souples, un petit cul ferme, et une chatte toujours inexplorée.

I'm not sure what it is. I mean, why should a girl's ass be so aesthetically erotic? Maybe it's just something to hold on to ... an extension of her thing, you know, her **cooze**. (Terry Southern, *Blue Movie*)

Je ne sais pas pourquoi ça a cet effet-là. Je veux dire, pourquoi le cul d'une fille est-il si érotique, esthétiquement parlant ? Peut-être est-il juste quelque chose auquel on peut s'agripper ... une extension de son truc, tu sais, sa chatte.

Boys' hate was dangerous... And they would say anything. They

La haine des garçons était dangereuse. Ils disaient n'importe

would say softly, 'Hello hooers.' They would say, 'Hey where's your **fuckhole**?' in tones of cheerful disgust. (Alice Munro, *Lives of Girls and Women*)

quoi. Ils disaient doucement, « Salut les putes. » Ils disaient, « Eh, où est ton con ? » d'un ton à la fois dégoûté et gai.

Nous avons déjà parlé de *fanny*. Sa signification et son pouvoir ne sont pas les mêmes des deux côtés de l'Atlantique.

She's probably got a Thai husband that she shags every chance she gets. But you couldn't tell Greig that. He reckons the sun shines out of her **fanny**. (Stephen Leather, *Private Dancer*)

Elle a probablement un mari thaïlandais qu'elle baise à chaque occasion qui se présente. Mais impossible de dire ça à Greig. Lui, il pense que sa chatte est la plus belle chose au monde.

Beaver, terme qui rabaisse moins que la plupart des précédents, se base sur une supposée ressemblance avec le laborieux rongeur semi-aquatique, constructeur de barrages. Le terme a vu le jour comme mot de code journalistique.

A wide-open **beaver** was a photograph of a woman not wearing underpants, and with her legs far apart, so that the mouth of her vagina could be seen. The expression was first used by news photographers, who often got to see up women's skirts at accidents and sporting events. (Kurt Vonnegut, *Breakfast of Champions*)

Une « chagatte grande ouverte » était une photo d'une femme sans culotte et les jambes assez écartées pour qu'on voie l'entrée de son vagin. L'expression a tout d'abord été utilisée par les photographes de presse qui avaient souvent l'occasion de voir sous les jupes des femmes lors d'accidents et d'événements sportifs.

He can remember being a kid, looking at **open-beaver** shots in his friend's dad's *Penthouse* magazine. He thought that was pretty good on the whole. At least it taught him what female genitalia looked like, which was a sight more demystifying than the wall charts of human plumbing they gave them at school by way of sex education. (*Guardian*, 10/8/02)

Il se souvient, enfant, d'avoir regardé des photos de cramouilles béantes dans les magazines *Penthouse* de l'ami de son père. Il trouvait ça plutôt bien dans l'ensemble. Au moins, cela lui apprit-il à quoi ressemblaient les organes sexuels des femmes. Et ça démystifiait autrement plus que les tableaux muraux de la plomberie humaine étalés par l'école en guise d'éducation sexuelle.

Le terme dont les femmes elles-mêmes préfèrent se servir est sans conteste *pussy*. Il vient de *pussycat* et est donc comparable au français *chatte, minou, minet, mistigri*, etc.

She asks me to help her shave the sides of her **pussy** so that the hair won't show outside of her bathing suit. (Nancy Friday, *Forbidden Flowers*)	Elle me demande de l'aider à se raser les côtés de sa chatte pour que les poils n'apparaissent pas hors de son maillot de bain.
Then I was twelve and thirteen and starting to get tits. I was starting to bleed. Suddenly I was just a body that surrounded my **pussy**. (Philip Roth, *The Human Stain*)	Et puis j'ai eu douze et treize ans et j'ai commencé à avoir des tétons. Et j'ai commencé à saigner. Tout d'un coup, je n'étais plus qu'un corps qui entourait ma chatte.
Many women labor under the belief that their natural odor, particularly the **pussy** scent, is too strong. (Alex Comfort, *The Joy of Sex*)	Beaucoup de femmes sont victimes de la croyance selon laquelle leur odeur naturelle, en particulier celle de leur minette, est trop forte.

On se sert aussi de *pussy* pour dénigrer un homme qui manque d'audace. Le verbe *pussy out (of something)* veut dire se dégonfler, prendre peur et se rétracter.

Those kids on the boat were such **pussies**. They were scared shitless because some frightened-out-of-his-mind little guy looking like a drowned rat... shows up on their fucking sailboat. (Tom Wolfe, *Back to Blood*)	Les gosses sur ce bateau étaient de sacrés trouillards. Ils mouraient de peur parce qu'un petit môme terrorisé et trempé jusqu'aux os était apparu sur leur putain de bateau à voiles.
Don't **pussy out** on me now. They don't know. They don't know shit. You're not gonna get hurt. (*Reservoir Dogs*)	Ne te dégonfle pas maintenant. Ils ne savent pas. Ils ne savent rien du tout. Rien ne va t'arriver.

1.6 Clit – *clicli*

Tant que nous sommes dans le secteur, pour ainsi dire, notons quelques termes argotiques pour le clitoris. En fait, il y en a peu, étonnamment peu si on les compare aux 400 termes enregistrés pour les parties génitales femelles. Une explication pourrait être l'ignorance masculine envers son existence.

'Now, look, I want to show you something.' She began to draw on the paper. 'Now, this is a cunt, and here is something you probably don't know about – the **clit**. That's where the feeling is.' (Charles Bukowski, *Women*)

« Maintenant, regarde. Je veux te montrer quelque chose. » Elle commença à dessiner sur le papier. « Voilà, ça c'est une chatte, et là, il y a quelque chose que tu ne connais probablement pas. Le clit. C'est là qu'est la sensation. »

– Hey, she says. Has gawping at my **clitty** given you a boner?
– I'm sorry, Jethro replies. It's such a pretty clitty, I just can't help it. (Joey Jenkinson, *Joey Blue*)

– Dis donc, dit-elle. Est-ce que rester bouche bée devant mon clitoris t'a fait bander ?
– Je suis désolé, répond Jethro. Il est tellement joli, ton clit, je n'y peux rien.

Devin let the honey drain between her lower lips... He tasted it with a slow tongue that licked up through her wetness and over her **man-in-the-boat**. He repeated the maneuver until the sweetness of the honey had faded and left only her natural taste. (Rique Johnson, *Every Woman's Man*)

Devin laissa le miel s'égoutter entre ses lèvres inférieures. Il le goûta lentement avec sa langue, le léchant à travers sa moiteur et sur son clitoris. Il répéta l'exercice jusqu'à ce que le goût doux du miel ait disparu pour laisser place à son goût naturel.

– When I take the tip of my tongue and wiggle it against my Mary Louise's little **fun pimple**, she rises two feet off da bed.
– You guys ain't no cocksmen. When I get through fuckin my Sophie, I wipe my dick on the curtains and you know what? She hits the roof! (*Reservoir Dogs*)

– Quand je laisse le bout de ma langue se tortiller contre le clit de ma Mary Louise, elle saute un mètre au-dessus du lit.
– Vous autres n'êtes pas des spécialistes de la baise. Quand je finis de tringler ma Sophie, j'essuie ma bite sur les rideaux et vous savez quoi ? Elle saute au plafond !

1.7 Tits – *nichons*

Le terme argotique le plus courant pour les seins des femmes, *tits*, est lié au français *tétons* et *téter*. Un *tit man* (par opposition à un *leg man*, par exemple, ou un *ass man*) est celui qui préfère cette partie de l'anatomie féminine à aucune autre. Et c'est parce que la plupart des hommes, comme le héros de la chanson de Loudon Wainwright, commencent leur vie en *tit men* confirmés que les nombreux termes désignant les seins sont beaucoup plus conviviaux, on peut même dire enjoués, que ceux relatifs aux parties génitales femelles.

Rufus is a **tit man**
Suckin' on his mamma's gland
Suckin' on the nipple
It's a sweeter than the ripple wine...
You can tell by the way the boy
burps that it's gotta taste fine.
(Loudon Wainwright III, *Unrequited*)

Rufus est un homme à nichons
De maman il suce le mamelon
Et suce et suce le mamelon
Plus doux que vin savoureux.
Le bébé rote tant qu'il peut
Ça doit pas être dégueu.

Let me explain something to you.
OK, look, girls with big **tits** have
big asses, girls with little tits have
little asses. That's the way it goes.
(*Beautiful Girls*)

Laisse-moi t'expliquer quelque
chose, d'accord ? Bon, voilà, les
filles aux gros roploplots ont aussi
de gros culs, les filles aux petits
roploplots ont aussi de petits culs.
C'est comme ça que ça se passe.

Hollywood precinct finds another
stiff yesterday. Not too far from
here... Female Caucasian, thirty
years old. Nice **tits**. No head. You
ever see Mundt with anyone meets
that description? (*Barton Fink*)

Hier, le commissariat d'Hollywood
a trouvé un autre macchabée.
Femelle. Blanche. La trentaine. Jolis
nibs. Sans tête. Vous n'avez jamais
vu Mundt avec quelqu'un qui
réponde à cette description ?

Le terme euphémistique le plus courant qu'utilisent les femmes est
boobs. D'autres synonymes fréquents sont *titties, knockers* (des seins
qui s'entrechoquent), *melons* (fruits pendants), *jugs* (récipients à
lait), *bazooms* (déformation comique de l'euphémisme *bosom*), et
bazookas (association comique avec *bazooms* et peut-être aussi la
notion de protubérance).

I've been baby-sitting since I was
ten, I've got almost three thousand
dollars. I was saving it for a **boob**
job. But my tits can wait. (*American
Beauty*)

J'ai gardé des enfants depuis l'âge
de dix ans. J'ai récolté presque trois
mille dollars. Je les économisais
pour une opération des nénés. Mais
mes nénés peuvent attendre.

– You just can't put 'Tits and Ass' up
on a marquee.
– Why not?
– Because it's dirty and vulgar, that's
why.
– **Titties** are dirty and vulgar?...
– It's not the titties, it's the words...
You can't have these words where
kids can see them. (Robert Anton
Wilson, *The Book of the Breast*)

– Tu ne peux pas mettre « Nibards
et Cul » sur l'enseigne.
– Pourquoi ?
– Parce que c'est sale et vulgaire,
voilà pourquoi.
– Les nibards sont sales et
vulgaires ?
– Ce ne sont pas les nibards qui sont
sales et vulgaires, ce sont les mots...
Tu ne peux pas mettre ces mots là
où des enfants peuvent les voir.

A couple of the young guys wanted to see some tits and ass, so I took them to this skin joint on Richmond. This one broad had a pair of **jugs** that could knock your eyeballs out of their sockets. She not only had big **knockers**, she had a voice that had the two Bedouins creaming in their Calvin Kleins. (James Lee Burke, *Swan Peak*)

Deux des jeunes voulaient voir des tétés et des culs, alors je les ai emmenés au strip club de Richmond. L'une des greluches avait une paire de lolos à couper le souffle. Et puis, elle n'avait pas seulement de sacrés lolos, elle avait aussi une voix qui faisait jouir les deux clients arabes dans leur Calvin Klein.

Why baby, I did it all for you. I thought you'd like it, sweetheart... Why, I thought you'd get all excited... sort of heave and pant and come running at me, your **melons** bobbling. (Edward Albee, *Who's Afraid of Virginia Woolf?*)

Tu sais, ma chérie, j'ai fait tout ça pour toi. J'ai pensé que ça te plairait, mon chou... En fait, j'ai pensé que ça t'exciterait, du genre, tu te mettrais à haleter et courir vers moi, tes nénés dansant la sarabande.

Physically she was putting on weight, her **bazooms** and behind sagging with it. (Thomas Berger, *Sneaky People*)

Elle était en train de prendre du poids. Ses nichons et son derrière s'affaissaient.

In his experience, women liked to be complimented on some part of their anatomy that most other men didn't notice... There was no polite way of saying, 'Great **bazookas**!', especially if you wanted to get laid. (Chris Niles, *Vanished*)

Son expérience lui avait appris que les femmes aiment recevoir des compliments sur toute partie de leur anatomie que les autres hommes n'avaient pas remarquée. Il n'y avait aucune manière polie de dire « Quels rotoplots magnifiques ! » – surtout si on cherchait à tirer un coup.

Bristols (UK) est CRS, formé de la rime de *titty* et *Bristol City*, célèbre club anglais de football.

– You actually said, 'Dear God, please make my tits grow,' kneeling beside your bed?
– Actually I prayed to the Virgin Mary. I figured it was a girl thing. And I didn't say tits, of course.
– What did you say, breasts?
– No ... **Bristols**. (Ken Follet, *The Third Twin*)

– As-tu vraiment dit, « Oh, Dieu, faites pousser mes nibards, » en t'agenouillant à côté de ton lit ?
– En fait, je priais la Vierge Marie. Pour moi, c'était un truc de filles. Et je n'ai pas dit nibards non plus, bien sûr.
– Qu'est-ce que tu as dit, seins ?
– Non ... roberts.

On dit qu'une femme aux seins plantureux est *stacked* ou *well-stacked*. Enfin, les hommes le disent. Ce sont des termes d'approbation mâle.

I smiled at her. I liked Dr. Lindblad. She wasn't good-looking but she was **stacked**. (Don Delillo, *Underworld*)

Je lui souris. J'aimais bien Dr. Lindblad. Elle ne cassait pas trois pattes à un canard mais elle était bien pourvue côté poitrine.

Black hair, green eyes, regular features, five foot two or three, between twenty-five and thirty... thin but **well-stacked**, and pretty. (Ross Macdonald, *The Moving Target*)

Les cheveux noirs, les yeux verts, des traits réguliers, un mètre cinquante-huit ou -neuf, entre vingt-cinq et trente ans, mince mais avec du monde au balcon, et jolie.

1.8 Pubes – *touffe*

Coupables par association, les poils pubiens ont donné lieu à plusieurs termes argotiques. Les plus courants sont *pubes, bush, thatch, muff, snatch-hair* et *short and curlies*. Bien que le dernier d'entre eux en soit la description physique la plus exacte, il est rarement utilisé de nos jours en tant que descriptif. On le retrouve presque toujours dans l'expression figurative *have someone by the short and curlies*, c'est-à-dire, avoir quelqu'un entièrement à sa merci.

Her **pubes** were the same color as the hair on her head: red, like fire. (Charles Bukowski, *Women*)

Ses poils pubiens avaient la même couleur que ses cheveux, rouges comme le feu.

The shaved pubes...This is a mockery, this is a sham, this is bullshit. Implants, collagen, plastics, capped teeth, the fat sucked out, the hair extended, the nose fixed, the **bush** shaved – these are not real women, all right? They're beauty freaks. (*Beautiful Girls*)

Le pubis épilé... Quelle farce, quel faire-croire, quelle connerie. Implants, collagène, plastique, dents couronnées, graisse aspirée, cheveux étirés, nez refait, chatte épilée – dîtes-moi que ce ne sont pas de vraies femmes mais seulement des accros à la beauté à tout prix.

He had put his orange cap back on... He was otherwise naked... His hands were clasped primly together over his pubic **thatch**. (Stephen King, *Dreamcatcher*)

Il avait remis sa casquette orange. À part ça, il était nu. Ses mains étaient bien sagement serrées sur sa touffe.

As she stooped over the tub to put the towels on the rack her bathrobe slid open. I slid to my knees and buried my head in her **muff**. (Henry Miller, *Sexus*)

Tandis qu'elle s'inclinait au-dessus de la baignoire pour suspendre les serviettes, son peignoir s'entrouvrit. Je m'agenouillai et enfouit ma tête dans son cresson.

Know what I did when I was fifteen? Sent a lock of my **snatch-hair** off in an envelope to Marlon Brando. Prick didn't even have the courtesy to acknowledge receipt. (Philip Roth, *Portnoy's Complaint*)

Tu sais ce que j'ai fait quand j'avais quinze ans ? J'ai envoyé une mèche de ma touffe par courrier à Marlon Brando. L'enfoiré n'a même pas eu la décence d'en accuser réception.

'He's got us by the **short and curlies**,' Chaz was saying of the blackmailer. 'I don't see where there's any other choice but to pay him.' (Carl Hiaasen, *Skinny Dip*)

« Il nous tient par la peau des valseuses, dit Chad en faisant référence au maître chanteur. Je ne vois pas comment nous pourrions faire autrement que de le payer. »

1.9 Private parts – *parties intimes*

Le terme est évidemment euphémistique. C'est d'ailleurs surprenant dans la mesure ou les deux éléments qui le constituent, *private* et *parts*, le sont un tantinet moins. Ils s'en réfèrent d'ordinaire aux parties génitales du mâle. D'autres expressions, comme *family jewels* et *three-piece suite* (ou *three-piece set*) s'y rapportent exclusivement. Le terme *lunchbox* s'applique lui aussi aux parties génitales de l'homme, surtout quand elles sont visibles à travers un linge tendu.

The few books we owned were largely reference books: *Enquire Within, What Everybody Wants to Know* and, with its illustrations of a specimen man and woman (minus **private parts** and pubic hair), *Everybody's Home Doctor*. (Alan Bennett, *Writing Home*)

Nos quelques livres étaient en grande partie des ouvrages de référence : le *Quid, Ce que tout le monde veut savoir* et, avec ses illustrations de spécimens d'homme et de femme (sans organes génitaux ou poils pubiens), l'*Encyclopédie médicale familiale*.

For Maria, a shot of heroin was something that attacked her entire body. It made her tingle everywhere, even in what the Vice Squad and she herself referred to as her '**privates**'. (Ed McBain, *Pusher*)

Pour Maria, une piqûre d'héroïne prenait d'assaut son corps entier. Cela la faisait vibrer de partout, même dans ce que la Brigade des Mœurs et elle-même appelaient ses « parties intimes ».

Unable to get to their clothes in time, the minister and the priest covered their **privates**... while they ran for cover. (Donald Capps, *A Time to Laugh*)

Se trouvant dans l'impossibilité d'atteindre leurs vêtements à temps, le ministre et le prêtre se couvrirent les roubignolles tout en courant s'abriter.

One of the old gals... had fought and kicked and bitten them as they wrestled her into their patrol car. Sam was nursing a dead-center hit in his **family jewels**. (Ann Rule, *Possession*)

Une des vieilles s'était battue. Elle leur avait lancé des coups de pieds et les avait mordus pendant qu'ils luttaient pour la mettre dans leur voiture de police. Sam, lui, soignait un de ses coups reçu en plein dans les bijoux de famille.

– He trapped me in the corner and... began groping me all over...
– You should have stuck your knee into his **three-piece suite**, that's what I would have done. (Media Lawson-Butler, *Thistle in the Wind*)

– Il m'a immobilisée dans un coin de la pièce et s'est mis à me peloter de partout.
– Tu aurais dû lui donner un coup de genou dans les burettes. C'est ce que j'aurais fait, moi.

It is said that for those who experienced the horrors, each one left a little piece of themselves out in Vietnam. In Zimmerman's case it was his **lunchbox**. (Ben Elton, *Stark*)

On dit de ceux qui ont vécu les horreurs de cette guerre qu'ils ont tous laissé un petit morceau d'eux-mêmes au Vietnam. Dans le cas de Zimmerman, c'étaient ses bijoux de famille.

Quant aux dames qui cherchent une façon polie de parler de leurs parties génitales, elles peuvent toujours jeter un œil *down there* ou *you-know-where*.

There I was at Eve Ensler's *The Vagina Monologues*... to listen to some of the most personal revelations about what happens '**down there**'. (*Salon*, 5/3/01)

Me voilà donc aux *Monologues du Vagin* d'Eve Ensler pour écouter quelques unes des révélations les plus personnelles sur ce qui se passe « là-en-bas ».

Finishing in your warm, wet mouth is similar to finishing **you-know-where**, so it's obvious why he would enjoy it. You're faced with a dilemma at that point. The classic question. Spit or swallow? (Jenna Jenkins, *How To Give A Blow Job*)

Pour lui, conclure dans votre bouche chaude et humide est semblable à conclure vous-savez-bien-où. On comprend donc facilement sa satisfaction. Mais là, vous vous trouvez devant un dilemme. La question classique : je crache ou j'avale ?

2 Les fonctions corporelles

2.1 Piss – *pisser*

Les mots anglais et français sont si similaires, tant en dénotation qu'en connotation, usage et orthographe qu'ils nécessitent peu de commentaire. Le son légèrement sibilant des deux mots rend probable une origine onomatopéique. *Piss* est aussi bien nom que verbe et apparaît souvent dans des expressions comme *take a piss* ou *go for a piss.*

Davis looked at his watch.
– Are we there yet, man? I need a **piss**.
— How old are you – six?... Why didn't you go before you got into the car? (Stephen Leather, *Rough Justice*)

Davis regarda sa montre.
– On arrive bientôt, mon vieux ? J'ai besoin de pisser un coup.
— Quel âge as-tu ? Six ans ? Pourquoi n'y es-tu pas allé avant de monter dans la voiture ?

A boy in my class asked me if he could **go for a piss**. I said he could but the next time he needs to go, he should ask to go to the toilet. I am aware that many teachers would have spoken more sternly to him. (*Guardian*, 22/4/13)

Un garçon de ma classe me demanda s'il pouvait aller pisser. Je lui dis que oui, mais que la prochaine fois qu'il aurait besoin d'y aller, il devrait me demander s'il pouvait aller aux toilettes. J'ai conscience que beaucoup d'autres profs lui auraient parlé d'un ton plus sévère.

American President Lyndon B. Johnson explained why he kept J. Edgar Hoover on as director of the FBI: 'Well, it's probably better to have him inside the tent **pissing** out than outside the tent pissing in.' (Max Cryer, *Who Said That First?*)

Le président américain Lyndon B. Johnson expliqua pourquoi il avait maintenu J. Edgar Hoover à son poste de directeur du FBI : « Et bien, c'est probablement mieux de l'avoir à l'intérieur de la tente en train de pisser vers l'extérieur plutôt que de l'avoir à l'extérieur en train de pisser vers l'intérieur. »

La plupart d'entre nous se mettent à exécuter cet acte très tôt dans la vie et il n'est donc guère surprenant qu'il existe un nombre important de termes pour enfants. Ces termes, utilisés autant par les adultes que par les enfants, comprennent : *pee* (le terme de substitution le plus courant), *piddle, widdle, wee* ou *wee-wee*, et *tinkle*. Tous sont des noms comme des verbes.

– More coffee? he asked. Another brandy?
– Gosh no, Priscilla giggled, I'll be **peeing** all night. (William Boyd, *A Good Man in Afric*a)

– Un peu plus de café ? demanda-t-il, ou un autre cognac?
– Mon Dieu, non, gloussa Priscilla. Je ferais pipi toute la nuit.

American researchers, standing with stopwatches outside motorway service stations, have found that women take almost twice as long to **piddle** as men, or rather twice as long to emerge from the toilets; one and a half minutes for a woman, an amazing 44 seconds for a man. Something has to be done. (*Guardian*, 6/12/99)

Des chercheurs américains, armés de chronomètres et postés à l'extérieur des stations services de l'autoroute, ont établi que les femmes prennent deux fois plus de temps que les hommes pour faire pipi. Ou plutôt deux fois plus de temps pour sortir des toilettes : une minute et demie pour les femmes, 44 étonnantes secondes pour les hommes. Il faut réagir.

– Let's stop at Howard Johnson's.
– Why? We just finished breakfast an hour ago.
– I have to **widdle**. That's why.
– I told you to pee before we left. (Charles Willeford, *The Burnt Orange Heresy*)

– Faisons un arrêt chez Howard Johnson.
– Pourquoi ? On a fini le p'tit déj' il y a seulement une heure.
– Il faut que je fasse pipi. Voilà pourquoi.
– Je t'avais dit de le faire avant qu'on parte.

A young baby can **wee** up to 30 times in 24 hours. Copious weeing is nothing to be concerned about. (Katy Holland & Sarah Jarvis, *Children's Health for Dummies*)

Un nourrisson peut faire pipi trente fois en vingt-quatre heures. Une miction copieuse n'a rien d'inquiétant.

You'll be back in Sierra Leone, watching people go to the bathroom in the street... Doing **wee-wee** and poo-poo on the sidewalk. (Paul Theroux, *My Secret History*)

Tu seras de retour au Sierra Leone, à observer les gens aller aux WC en pleine rue, faisant pipi et caca sur le trottoir.

Some men, he realised, rather went for that sort of carry-on – women squatting, **tinkling** into chamber

Il se rendait compte que certains hommes étaient plutôt favorables à ce genre de truc – les femmes qui

pots and so forth. He himself grew faint with nausea at the prospect. (Beryl Bainbridge, *Injury Time*)

s'accroupissent pour faire pipi dans des pots de chambre, etc. Quant à lui, cette pensée suffisait à le faire défaillir de nausée.

Les mots exclusivement adultes sont *leak* et *slash* (UK). On considère les deux comme vulgaires mais pas tout à fait aussi vulgaires que *piss*.

Sometimes somebody would say, 'Excuse me, I have to **take a leak**'. This was a way of saying that the speaker intended to drain liquid wastes from his body through a valve in his lower abdomen. (Kurt Vonnegut, *Breakfast of Champions*)

Quelquefois, quelqu'un disait : « Excusez-moi, il faut que je me vidange. » C'était une manière de dire qu'il avait l'intention d'évacuer les déchets liquides de son corps par le biais d'une valve située au bas de l'abdomen.

I don't mind a dirty bog anyway. Gives ya something to aim at when you're having a **slash**, don't it? (Ben Elton, *Dead Famous*)

De toute façon, les gogues sales ne me dérangent pas. Après tout, ça donne quelque chose à viser quand on pisse, n'est-ce pas ?

Comme toujours, il existe pléthore d'euphémismes totalement inoffensifs pour dissimuler ce qui se passe vraiment. Qu'ils veuillent *do a Number One* ou *do a Number Two*, les Américains préfèrent *go to the bathroom* ou mieux encore, *the restroom* ou *ladies' room* ou *men's room*. Les Britanniques, eux, *use the loo* (du français *lieu*) ou *spend a penny*, une allusion au prix d'entrée dans les toilettes publiques autrefois en Angleterre. De chaque côté de l'Atlantique, vous pouvez aussi sans crainte *answer a call of nature*. L'essentiel est de ne pas être *caught short*, c'est-à-dire d'avoir un besoin subit et urgent d'uriner ou de déféquer, car cela se passe souvent dans des circonstances gênantes.

'I'm frantic to **spend a penny**,' said Edward. He squirmed in his seat and the rickety chair swayed under him. (Beryl Bainbridge, *Injury Time*)

« Je suis désespéré. Il faut que je pisse, » dit Edward. Il se tortillait sur son siège et la chaise branlante tanguait sous lui.

Morning light sparkled on the river's gliding brown skin… She went into the bushes to **answer the call of nature**. (John Updike, *Brazil*)

La lumière du matin se reflétait sur la peau brune et glissante de la rivière. Elle s'enfonça dans les fourrés pour répondre à l'appel de la nature.

– Where do you want to go?
– To the can. Where is it?... I said the can! The can!
I then understood, his bowels were acting up, he had been **caught short**, he had to go to the toilet. (Saul Bellow, *Humboldt's Gift*)

– Où veux-tu aller ?
– Aux chiottes. Où est-ce ?... J'ai dit les chiottes ! Les chiottes !
Je compris enfin. Ses intestins faisaient des leurs et il était pris à la gorge. Il devait se rendre aux toilettes.

En ce qui concerne la miction, l'euphémisme du docteur est *make water*. Le système urinaire dans son intégralité s'appelle *the waterworks*.

When the Emperor of Lilliput's palace catches fire, Gulliver puts it out by urinating on it. Instead of being congratulated... he finds that he has committed a capital offence by **making water** in the precincts of the palace. (George Orwell, *All Art Is Propaganda*)

Quand le palais de l'Empereur de Lilliput s'embrase, Gulliver éteint l'incendie en urinant dessus. Mais au lieu d'en être remercié, il apprend qu'en urinant dans l'enceinte du palais il a commis un crime capital.

Buddy went inside and took a leak... He had to wait a longer time than usual for his **waterworks** to function. (Thomas Berger, *Sneaky People*)

Buddy est entré et s'est vidangé. Il a dû patienter plus longtemps que d'habitude avant que son système urinaire ne se mette en marche.

2.2 Fart – *péter*

Contrairement à ce que l'on pourrait penser, *fart* n'appartient pas à l'argot mais à l'anglais standard. L'*OED* le classe parmi les mots familiers même s'il précise, d'un ton guindé, qu'il « n'est pas d'usage bienséant ». Le mot, verbe ou nom, a peu de synonymes courants, ce qui indique son assez faible statut de tabou.

The stages of a relationship can be defined by **farting**. Stage one is the conspiracy of silence. This is a fantasy period where both parties pretend that they have no bodily waste. This illusion is very quickly shattered by that first shy 'Ooh, did you fart?' followed by the sheepish admission of truth. (*Love and Other Disasters*)

Les étapes d'une relation peuvent être définies par rapport aux pets. La première étape est la conspiration du silence. C'est une période de fantaisie pendant laquelle les deux parties feignent de croire qu'ils n'ont aucun déchet corporel. Cette illusion se brise dès le premier, timide « Tu as pété ? », suivi d'un aveu penaud.

Talking to the Politburo in 1956, Mao warned: 'We must not blindly follow the Soviet Union... Every **fart** has some kind of smell, and we cannot say that all Soviet farts smell sweet.' Three years later, admitting the failure of the Great Leap, he told the same group: 'Comrades, you must all analyse your own responsibility. If you have to shit, shit! If you have to fart, fart! You will feel much better for it.' (Paul Johnson, *Modern Times*)

S'adressant au Politburo en 1956, Mao les avertit : « Nous ne devons pas suivre les soviétiques comme des caniches. Chaque pet a sa propre odeur et on ne peut pas dire que tous les pets soviétiques sentent bon. » Trois ans plus tard, il reconnut l'échec du Grand Bond en Avant et dit au même groupe : « Camarades, vous devez tous évaluer votre niveau de responsabilité. Si vous devez chier, et bien, chiez ! Et si vous devez en lâcher un, lâchez-en un ! Vous ne vous en sentirez que mieux. »

Un genre particulier de pet, que connaissent victimes et coupables l'un comme l'autre, est le *SBD* (SMI en français), décrit plus bas. L'envoi d'un *SBD* dans l'atmosphère est susceptible d'inciter quelqu'un, y compris le coupable lui-même (dans une tentative de paraître innocent) à demander avec véhémence qui aurait pu *cut the cheese* [littéralement, couper le fromage].

On one crowded flight or another, I've been victimized by soundless flatulence, the stealthy, gaseous, repeated break of wind from an overweight businessman who should never have eaten that burrito. An **SBD** (Silent But Deadly) can be a pungent emission. (*Salon*, 18/4/00)

Lors d'un certain vol bondé, j'ai été victime des flatulences silencieuses et d'un lâcher de vents insidieux et répétés, provenant d'un gros lard dans les affaires qui n'aurait jamais dû manger ce dernier burrito. Une émission silencieuse mais implacable (SMI) peut être féroce.

Mr. Gash's nose twitched. His face contorted into a gargoyle scowl.
– Aw, who **cut the cheese**? Did he do that!
– What are you talking about? said Twilly, laboring to breathe through his mouth.
– Your damn dog passed gas! (Carl Hiaasen, *Sick Puppy*)

Le nez de M. Gash se mit à trembler. Son visage prit le rictus d'une gargouille de fort méchante humeur.
– Merde, qui a largué ce louffe ? Est-ce que c'est lui ?
– De quoi parlez-vous ? dit Twilly, qui avait le plus grand mal à respirer par la bouche.
– Votre sale clébard vient de péter !

Pass gas est bien entendu un euphémisme comme l'est aussi le plus courant *break wind*.

One of Walter Scott's favourite after-dinner stories was of Queen Elizabeth, getting into a barge on the Thames and, as she stepped across, **breaking wind**. The bargeman promptly apologised on her behalf. He was knighted by a grateful monarch on the spot. (John Sutherland, *Curiosities of Literature*)	Walter Scott avait une histoire favorite à raconter après le souper. La reine Elizabeth monte sur une péniche et, au moment où elle pose le pied sur l'embarcation, voilà qu'elle lâche un pet. Tout de suite, le batelier présente des excuses de sa part. Le monarque reconnaissant le fait chevalier sur le champ.

Dans le même peloton que les *SBD*, mais bien pire, se trouve le *GBL* : un pet à contenu liquide. Il est bien défini par l'*Urban Dictionary* en ligne : « vous pensez que c'est un pet mais ça n'en est pas un. » Le sigle veut dire *Gambled But Lost* [parié mais perdu].

Pour clore le sujet, ajoutons le *raspberry*, alias *the Bronx cheer* (US). Ces deux termes décrivent le son dérisoire – celui d'un pet long et fort – émis lorsqu'on place la langue entre les lèvres et qu'on souffle avec vigueur. *Raspberry* dérive du CRS du dix-neuvième siècle, avec la rime de *fart* et *raspberry tart*. Les expressions verbales sont *blow a raspberry* et *give a Bronx cheer*.

'Hey! Look!... She's waving at you.' When Kazem turned his head to see, Naser blew a **raspberry** at him and said, 'Keep dreaming, man.' (Reza Kahlili, *A Time to Betray*)	« Eh ! Regarde donc ! Elle te fait des signes de la main. » Quand Kazem tourna la tête pour regarder, Nazer fit un bruit de pet avec sa bouche et dit, « Dans tes rêves, mon pote. »
– Thanks very much for your brilliant comment. Why don't you tell us some more of your philosophies... – Ppptttt! Cade gives a **Bronx cheer** and rolls his eyes. (Richard Ford, *The Sportswriter*)	– Merci infiniment pour ce brillant commentaire. Et si tu nous racontais davantage sur ces philosophies dont tu nous parles. – Ppptttt ! dit Cade, en imitant le bruit d'un pet et en levant les yeux au ciel.

2.3 Shit – *merde*

Shit fait partie de ces mots en quatre lettres avec lesquels on peut pratiquement tout faire. C'est un mot qui se décline en verbe, nom, adjectif, adverbe, interjection, préfixe et suffixe. Et c'est juste pour donner une idée. Le mot seul peut être aussi une expression qui indique la surprise, l'étonnement, le dégoût, le désarroi, la colère... Il est utilisé en métaphore beaucoup plus souvent qu'en description et peut indiquer tout ce qui n'est bon à rien, ou encore une personne méprisable, ou toutes sortes d'ennuis, ou des expériences ou traitements désagréables, ou des absurdités ou des discours malhonnêtes. Ou n'importe quoi ou rien du tout. Les Américains le prononcent quelquefois en deux syllabes (*Shee-it!*) tandis qu'en Irlande, Écosse et Angleterre du nord, il devient *shite* et rime avec *night*. Le prétérit et le participe passé peuvent être ou bien *shit* ou *shat*. Le président Mao se plaisait beaucoup à évoquer cette fonction du corps :

In 1974, reviewing the shortcomings of the Cultural Revolution, he philosophized: 'The need to **shit** after eating does not mean that eating is a waste of time.' (Paul Johnson, *Modern Times*)

En 1974, Mao passa en revue les aléas de la Révolution Culturelle et philosopha : « Le besoin de chier après manger ne veut pas dire que manger soit une perte de temps. »

I didn't need a sign to know where the toilet was situated; the rank smell of sour piss and **shit**, and the cloud of flies hovering over a stagnant pool in the doorway were all the direction I needed. (John Harris, *The Backpacker*)

Aucun signal n'était nécessaire pour m'indiquer où se trouvaient les toilettes. L'odeur fétide de pisse et de merde aigres et le nuage de mouches qui voltigeaient au-dessus d'une mare stagnante dans l'embrasure de la porte, m'ont suffi.

I had always **shat** alone. In a room that was locked. The thought of having to shit with someone doing the same thing twelve inches away disgusted me. (Ken Lukowiak, *A Soldier's Song*)

J'avais toujours chié en privé. Et dans une pièce verrouillée. La seule pensée de devoir couler un bronze à côté de quelqu'un qui fait la même chose à trente centimètres de moi me dégoûtait.

– How do you figure the situation shapes up for a little nooky around here?
– A few navy nurses... that's all. OK if you like them real big. Or short and scrawny.
– **Shee-it**, man... I love nooky any which way. (William Styron, *The Suicide Run*)

– Comment vois-tu la situation côté jambes en l'air dans les parages ?
– Quelques infirmières de la marine, c'est tout. Ça va si tu les aimes du genre baraquées. Ou petites et maigres.
– Putain, mec, j'aime m'envoyer en l'air, peu m'importe avec qui.

Who needs reasons when you've got heroin? People think it's all about misery and desperation and death

Qui a besoin de raisons quand tu as de l'héroïne ? Les gens s'imaginent qu'on vit le désespoir et la mort et

and all that **shite**, which is not to be ignored, but what they forget is shooting up for the pleasure of it. (*Trainspotting*)

toute cette merde, et bien sûr il ne faut pas se voiler la face là-dessus, mais ce qu'ils oublient, c'est le plaisir de se shooter.

Nous avons déjà rencontré deux des termes d'apprentissage de la propreté : *poo-poo* ou *pooh-pooh* (une imitation de la réaction dégoûtée de l'enfant à l'odeur de l'excrément) et *Number Two*. D'autres termes similaires sont *doodoo* et *poop*.

I try to get him to eat Fleischmann's yeast every day... so he can be regular sitting on the toilet. I hear him groaning in there trying to make **poo-poo**. (Elmore Leonard, *The Hot Kid*)

J'essaie de lui faire avaler de la levure de Fleischmann tous les jours pour qu'il soit plus régulier quand il va aux toilettes. Je l'entends gémir là dedans, en essayant de faire caca.

– I'll be damned, said Reinhart.
– I say thank God that Blaine never inherited your foul mouth, said Maw. Even as a tiny child you were always saying poo-poo and **doodoo**. (Thomas Berger, *Vital Parts*)

– Merde alors, dit Reinhart.
– Je remercie Dieu que Blaine n'ait pas hérité de ton langage grossier, dit Maw. Même quand tu étais enfant, tu répétais constamment caca et pot-pot.

It wasn't the fault of the iguanas... The customers who bought them had no idea they would grow six feet long, eat all the flowers in the garden and then leap into the swimming pool to **poop**. (Carl Hiaasen, *Chomp*)

Ce n'était pas la faute des iguanes. Ils étaient achetés par des clients qui ne soupçonnaient pas que ces animaux feraient deux mètres de long et mangeraient toutes les fleurs du jardin avant de sauter dans la piscine pour y déposer leurs crottes.

Le synonyme principal de *shit*, moins grossier, est *crap*. Bien qu'il soit, comme *shit*, verbe, nom et adjectif, *crap* n'a pas la même portée métaphorique. On pense souvent que le terme vient du nom d'un ingénieur sanitaire du dix-neuvième siècle, Thomas Crapper, qui a d'ailleurs fait une contribution importante dans le domaine excrémentiel. (Il a inventé un mécanisme qui fut incorporé dans les premières chasses d'eau.) Malheureusement l'association entre M. Crapper et le verbe, nom et adjectif *crap* semble être purement fortuite puisque le mot, dans le sens de déféquer, avait été utilisé des années avant l'introduction de sa bénéfique invention.

All Jack's reading took place in the toilet. It was the best part of his day... His mind settled down when he was **crapping**. (Don DeLillo, *Libra*)

Tout ce que Jack lisait, il le lisait dans les toilettes. C'était pour lui le meilleur moment de la journée. Son esprit s'apaisait pendant qu'il caguait.

This was the only building of the Soviet era that did not look as if it had been continuously **crapped** upon by a flock of seagulls for the past five decades. (Gary Shteyngart, *Absurdistan*)

C'était le seul bâtiment de l'ère soviétique qui ne donnait pas l'impression qu'un vol de mouettes avait chié dessus en permanence pendant cinquante ans.

Take a crap et *take a dump* signifient déféquer. Ce ne sont pas des expressions particulièrement élégantes.

What causes morning breath? In Australia, the 'poo fairy' comes at night to **take a dump** in your mouth. (M. Leyner & W. Goldberg, *Why Do Men Have Nipples?*)

Qu'est-ce qui provoque l'haleine typique du matin ? En Australie, on dit que la « fée-caca »: vient déposer son bilan dans votre bouche pendant la nuit.

Un étron est un *turd* en anglais. Un morceau sec de matière fécale collé aux poils qui entourent l'anus s'appelle un *dingleberry*. J. Edgar Hooover encore :

One day Hoover opened the door of his patio, and there was a **turd**. He had the laboratory come and remove it, to get it analyzed. It was priority number one that morning... they took the turd to the Smithsonian, and the Smithsonian identified the turd... it was raccoon shit. (Anthony Summers, *Official and Confidential*)

Un jour, Hoover ouvrit la porte qui donnait sur son patio et fut confronté à un étron. Il demanda au labo de venir et de l'emporter pour analyse. Ce matin-là, ce fut la priorité numéro un. Ils ont porté l'étron au Smithsonian et le Smithsonian identifia l'étron. C'était de la merde de raton laveur.

Asked about his philosophy of life, President Harry S. Truman, a farmboy at heart, replied: 'Never kick a fresh **turd** on a hot day.' (Hugh Rawson, *Wicked Words*)

Quand on lui demanda quelle était sa philosophie de la vie, le président Harry S. Truman, toujours un fermier au plus profond de lui-même, répondit : « Ne donnez jamais un coup de pied dans un étron frais par une journée chaude. »

Cheever changed the dog's name to Shithead... 'When she wakes me, late at night, rooting noisily amongst her **dingleberries**,' Cheever wrote his daughter, 'we exchange the most profound and tender smiles before we both return to sleep.' (Blake Bailey, *Cheever*)

Cheever rebaptisa le chien, Merdeuse. « Quand, tard dans la nuit, elle me réveille en fouillant bruyamment parmi les morceaux de merde collés à son cul, écrivit-il à sa fille, nous échangeons les sourires les plus profonds et les plus tendres avant de nous rendormir. »

Skid marks [littéralement, traces de dérapage] est un terme pour connaisseurs. Il décrit les taches brunes des fèces qui apparaissent parfois à l'intérieur des sous-vêtements, à la suite, par exemple, d'un *GBL* (voir plus haut).

Brian was sitting across from Nadine... and he laid a humongous fart and said, 'Oh, shit, I think I just left a few **skid marks** with that one!' Nadine started getting pissed at him, telling him how uncouth and disgusting he was. (Jordan Belfort, *The Wolf of Wall Street*)

Brian était assis en face de Nadine et lâcha ce méga pet en disant, « Ah, merde. Je crois avoir laissé quelques traces avec celui-là ! » Nadine se mit en colère, lui disant qu'il était un grossier et répugnant personnage.

2.4 The shits – *la chiasse*

La diarrhée – condition dans laquelle on se trouve constamment en danger d'être *caught short* et d'y laisser plus que des *skid marks* – mérite un traitement séparé ne serait-ce qu'en raison du grand nombre de ses sobriquets en anglais. Les plus courants (sans jeu de mots) parmi eux sont des noms tristement pluriels qui mettent l'accent sur l'urgence et la fréquence de l'acte : *the shits*, *the trots*, *the runs*, *the scitters* ou *squitters*.

Gore and Howard had supper with us last night. Gore had **the shits**, after getting all the way through India without them. (Christopher Isherwood, *Liberation*)

Gore et Howard ont dîné avec nous. Gore avait la chiasse, alors qu'il avait traversé toute l'Inde sans le moindre problème de ce genre.

Me and Mrs Urquhart had a trip down the Nile a few year ago. I got **the shits** and 'ad to stay on the boat. (Sue Townsend, *Adrian Mole: The Prostate Years*)

Il y a quelques années, Mme Urquhart et moi-même avons fait un voyage sur le Nil. J'avais la courante et devais rester sur le bateau.

– Have you ever thought of living in Mexico?
– Can't drink the water. It gives me **the trots**. (Harold Robbins, *Dreams Die First*)

– As-tu déjà envisagé de vivre au Mexique?
– L'eau y est imbuvable. Elle me donne la chiasse.

I had cramps, a headache, muscle pains, an unslakable thirst and a case of **the runs** that convinced me that I was slowly dying a drizzling death, a liquefaction from within that would reduce me in a short time to no more than a stain on the sheet. (Paul Theroux, *A Dead Hand*)

J'avais des crampes, mal à la tête, des douleurs musculaires, une soif inextinguible et une courante carabinée. Tout cela m'a convaincu qu'une mort lente et brumeuse m'attendait. Un genre de liquéfaction interne qui me réduirait en peu de temps à une simple tache sur le drap.

I went more or less straight from Cannes to Acapulco in southern Mexico... and had an appalling attack of **the squitters**. (Michael Caine, *The Elephant to Hollywood*.)

Je suis allé presque directement de Cannes à Acapulco au sud du Mexique et y ai subi une épouvantable attaque de chiasse.

Les lieux exotiques sont souvent incriminés. Si souvent, en fait, qu'une autre catégorie de synonymes s'en réfère directement à eux. *Montezuma's revenge* et *Delhi belly* sont les plus courants mais plusieurs variations existent (leur traduction est purement à titre indicatif) :

Funny tummy, Delhi belly, **Montezuma's revenge**, Rangoon runs, Aztec two-step, Tokyo trots – whatever you call it, traveller's diarrhoea is practically an occupational hazard of leaving home – or it is for those who don't take care. (John Wiseman, *The SAS Urban Survival Handbook*)

Ventre perturbé, chiasse de Delhi, vengeance de Montezuma, courante de Rangoon, pas de deux Aztèque, gastro de Tokyo – peu importe comment vous l'appelez. La diarrhée du voyageur est quasiment un risque du métier dès que vous quittez la maison. Ou plutôt, cela l'est pour ceux qui ne prennent pas de précautions.

Delhi Belly was rampant on this trip. It was an international party, and everyone, without exception, suffered some symptoms. We talked about those symptoms. Oh boy, did we talk about them. At breakfast.

La courante était endémique pendant ce trajet. Les voyageurs venaient du monde entier et tous, sans exception, en montraient les symptômes. Et nous parlions de ces symptômes. Oh, que oui, nous

At lunch. At dinner. Every fifteen minutes an update. (Tim Cahill, *Pecked to Death by Ducks*)

en parlions. Au petit déjeuner. Au déjeuner. Au dîner. Avec une remise à jour toutes les quinze minutes.

2.5 Shithouse – *chiottes*

Shithouse est le plus vulgaire des noms argotiques de « la plus petite pièce de la maison » (à laquelle nous rendons visite, paraît-il, environ 2 500 fois par an). Il est suivi de près par *crapper*. Un peu plus loin, arrivent les termes familiers *bog* ou *bogs* (UK), *khazi* ou *karzy* (UK), *can* (US), *john* (US) et *head*. Ce dernier terme nous vient de l'histoire maritime, de l'époque où les toilettes d'un navire à voiles étaient situées à l'avant, de chaque côté du beaupré. En théorie, la mer était en face et le vent derrière.

Notons qu'à la différence de ses synonymes, *shithouse* peut être utilisé au sens figuré pour décrire n'importe quel endroit déplaisant.

Given Bergman's obsessive interest in his digestion, it was fitting that he was 'sitting in the **shithouse**' when he read of the success of *Smiles of a Summer Night*. (Geoffrey Macnab, *Ingmar Bergman*)

Compte tenu de l'intérêt obsessionnel qu'il portait à sa digestion, cela tombait à pic que Bergman ait été « dans les gogues » quand il lut le succès de *Sourires d'une Nuit d'Été*.

The salesman with the lowest sales each week had to stay seated in the **shithouse** during the weekly sales meetings and pep talks. Any salesman who ended up in the shithouse for three weeks in a row was fired automatically. (Charles Willeford, *Sideswipe*)

Le vendeur au taux de vente le plus faible de la semaine devait rester assis dans les chiottes pendant la réunion hebdomadaire des ventes et de motivation. Tout vendeur qui finissait dans les chiottes pendant trois semaines consécutives était automatiquement viré.

He'd taken an old damn saw – you couldn't cut butter with the sonofabitch – and some old boards and stuff, and he'd built this thing – an outside **crapper**, you know – complete. Cut holes and everything. All in one day. (Colin Fletcher, *Man From the Cave*)

Il a pris une vieille scie de merde, une chierie de scie qui n'aurait pas coupé du beurre, et quelques vieilles planches et cetera, et il a construit ce machin, de A jusqu'à Z. Des chiottes extérieures, tu vois. Il y a fait des trous et tout ça. Tout en une seule journée.

Go to the **bog**, he thought, and put the paper in your sock. That was it, do the whole thing in the bog. They couldn't come into the bog with him; he'd put everything in his sock, flush the bog, and come out looking casual. (Shaun Herron, *The Whore Mother*)

Va aux chiottes, pensa-t-il, et cache le papier dans ta chaussette. Voilà, c'est ça, fais le tout dans les chiottes. Ils ne pourraient pas t'y suivre. Donc, tout mettre dans la chaussette, tirer la chasse et sortir, comme si de rien n'était.

I remember going to use the toilet in this bar and looking up to see a camera pointing at me. I suppose it was there to stop people snorting Charlie... I went back out and told everyone, 'There's a camera in the **khazi**', and they all went, 'No!' (Ray Winstone, *Young Winstone*)

Je me souviens d'être allé aux toilettes dans ce bar. À un moment donné j'ai levé la tête et j'ai vu une caméra braquée sur moi. Je suppose qu'elle était censée empêcher les gens de sniffer de la cocaïne. Je retournai à ma place et dit à tout le monde, « Il y a une caméra dans les pissoirs, » et tous répondirent, « Non ! »

'You can smoke in the **can**,' Wagner called, pointing to the back of the warehouse. David walked down the aisle to the back, until he found the men's room. (Harold Robbins, *The Carpetbaggers*)

« Tu peux fumer dans les pissotières, » dit Wagner, en indiquant l'arrière de l'entrepôt. David descendit l'allée vers l'arrière du bâtiment jusqu'à trouver les toilettes pour hommes.

Where's the **john** around here? I have to take a major leak. (*True Lies*)

Où sont les toilettes, ici ? Je dois pisser grave.

I want you two turds to clean the **head**. I want that head so sanitary and squared away that the Virgin Mary herself would be proud to go in there and take a dump! (*Full Metal Jacket*)

Vous deux, sacs à merde, je veux que vous nettoyiez les chiottes. Et je veux qu'elles soient si hygiéniques et nickel chrome que la Vierge Marie elle-même serait fière d'y aller couler son bronze.

Quelques-uns de ces termes – *bog, crapper, can* et *john* – se rapportent non seulement à la petite pièce mais aussi à son installation fixe principale, le *throne*.

Such was my life in that strange time. Lying on the bed doing calculus. Sitting on the **crapper** doing calculus. Shaving doing calculus. (Giles Foden, *Turbulence*)

Pendant cette étrange époque, ma vie se résumait ainsi. Me coucher sur le lit pour faire des calculs. M'asseoir sur le trône pour faire des calculs. Me raser en faisant des calculs.

JeriLee went into the bathroom. She sat down on the **john** and changed the tampon. She was bleeding more than she had in the morning and she was still sore. (Harold Robbins, *The Lonely Lady*)

JeriLee entra dans la salle de bains. Elle s'assit sur les toilettes et changea son tampon. Elle saignait davantage que le matin et avait toujours mal.

Dylan put the phone down and started the knee-crossed fast waddle across the loft to the filthy **throne**. Two shuffle steps away from the toilet... he tripped and sprawled, his head coming within a hair's breadth of a concussive porcelain blow. (Daniel Nemiroff, *Nasty, Short and Brutal*)

Dylan reposa le téléphone et entama son dandinement rapide à travers le loft en direction du trône dégueulasse, les jambes presque croisées. À deux tout petits pas de la cuvette, il trébucha et s'aplatit. Sa tête manqua d'un cheveu le rebord de la porcelaine et la commotion qui allait avec.

Les euphémismes principaux ont déjà été cités : *loo* (UK), *restroom* (US), etc. Ajoutons, pour terminer, *public convenience* (UK), c'est-à-dire toilettes publiques. Pendant la Grande Exposition de 1851 :

The serried ranks of **public conveniences** erected by George Jennings, the sanitary engineer, were a much discussed novelty, operated by coin-in-the-slot locks that would give rise to the expression 'spend a penny'. (Robert Lacey, *Great Tales From English History*)

Les rangs serrés de toilettes publiques construites par George Jennings, l'ingénieur sanitaire, étaient une nouveauté qui attirait beaucoup de commentaires. Elles fonctionnaient grâce à des serrures à pièces, qui donneraient par la suite naissance à l'expression *spend a penny* [aller aux toilettes].

2.6 Bog-roll – *papier cul*

Les termes argotiques pour le papier toilette ou, comme on le dit aux USA, le *bathroom tissue*, sont peu nombreux. *Bog-roll* (UK), *loo paper* (UK) et *bumf* ou *bumph* (UK) sont de l'argot inoffensif. *Arsewipe,* ou *asswipe*, est nettement plus grossier. *Bog-roll* et *bumf* sont souvent utilisés pour qualifier du matériel imprimé inutile, surtout d'une nature bureaucratique. *Arsewipe* n'est en général pas utilisé dans ce sens. Par contre, on peut s'en servir comme un terme fortement dérogatoire pour parler d'un personnage insignifiant, ou simplement de quelqu'un qu'on n'apprécie pas.

– He's taking **bog-roll** to China!
– I think they've heard of **loo paper** in China.
– Sure, they've heard of it. Lots of people have heard of it. But do they have any, is the question. (Paul Theroux, *Riding the Iron Rooster*)

– Il prend du papier cul avec lui en Chine.
– Je pense que les Chinois savent ce qu'est le PQ.
– Bien sûr ils savent ce que c'est ! Plein de gens savent ce que c'est ! Mais, est-ce qu'ils en ont, là est la question.

Americans simply are not clean. Europeans always wash – that's why there's never any **bumf** in their ladies' rooms. (Edmund Schiddel, *Good Time Coming*)

Les Américains ne sont pas propres, un point c'est tout. Les Européens se lavent constamment. C'est bien pour ça qu'ils n'ont jamais de papier cul dans les toilettes des femmes.

He is one of many tutors and students around the country who are reportedly exasperated at what they see as excessive **bumf** and bureaucracy in adult and continuing education. (*Guardian*, 18/5/04)

Il fait partie de tous ces professeurs et étudiants du pays qu'on dit exaspérés par ce qu'ils estiment être des excès de paperasse et de bureaucratie dans l'éducation des adultes et la formation continue.

I'm older than most of the teachers... Early on, you know, I was spat on. Very early. Like maybe, the first day or two. In front of the class, this boy spat on me. He called me an **arsewipe**. A cunt. I tell you, I can still feel it. (David Hare, *Skylight*)

Je suis plus âgée que la plupart des professeurs. Dans mes débuts, on me crachait dessus. Très tôt. Peut-être le premier ou le deuxième jour. Ce garçon m'a craché dessus devant toute la classe. Il m'a traitée de sous-merde. De salope. Je sens toujours ce mépris.

2.7 Puke – *gerber*

Même si aucun mot tabou n'est associé au vomi en anglais, *puke* est celui qui s'en rapprocherait le plus. Il contient le nombre de lettres requis ainsi que le son plosif du *k*, si fréquent dans les jurons purs et durs. Qui plus est, *puke* se rapporte aux effluves du corps humain, un sujet passablement dégoûtant pour la plupart des gens. Et si cela ne suffisait pas, on peut aussi s'en servir comme insulte personnelle. On aurait pu croire qu'avec de telles qualifications... Mais bon, nous l'incluons ici à titre de concurrent malheureux. Ses synonymes, comme *puke* lui-même, sont probablement d'origine onomatopéique. Les principaux sont *barf* (US), *ralph* (US) et *chunder* (UK). *Throw up* et *upchuck* (US) sont des termes familiers mais moins crus que les précédents.

His ass hurt from having to take a crap, in the latrine so smelly you near to **puked** just approaching it. (Joyce Carol Oates, *A Garden of Earthly Delights*)

Son cul lui faisait mal d'avoir dû chier, et dans des latrines si puantes que leur seule approche provoquait presque la dégueulée.

– You make me **puke**! Uh... you make me puke!
– That wasn't a very nice thing to say, Martha. (Edward Albee, *Who's Afraid of Virginia Woolf?*)

- Tu me fais gerber ! Beurk ! tu me fais vraiment gerber !
- Ce n'était pas très gentil de me dire ça, Martha.

I knew I should've kept my mouth shut, but that little **puke** pushed me too far. I knew when I watched him drive away that I'd really fucked up. (B. P. Wallace & Bill Crowley, *Final Confession*)

Je savais que j'aurais dû la fermer mais ce petit connard m'a poussé à bout. Dès l'instant où je l'ai vu s'éloigner en voiture, je savais que j'avais vraiment merdé.

The poor guy **barfed** in the middle of some speech he was giving. Altitude sickness. Projectile-vomited over the podium into the laps of the delegation from Zimbabwe. (Christopher Buckley, *They Eat Puppies, Don't They?*)

Le pauvre type se mit à dégueuler en plein discours. Le mal d'altitude, c'est ça qu'il avait. Les vomissures furent propulsées par-dessus l'estrade et tombèrent sur les genoux de la délégation du Zimbabwe.

I got a mental picture of Lula left naked and bloodied on my fire escape. Good thing I'd already **thrown up** because if there was anything in my stomach I'd be **ralphing** now. (Janet Evanovich, *High Five*)

J'avais une image mentale du corps de Lula, nu, couvert de sang et abandonné sur l'escalier de secours de mon appartement. Heureusement que j'avais déjà vomi parce que si j'avais eu quelque chose dans l'estomac à ce moment-là, j'aurais dégueulé tripes et boyaux.

Every few minutes water mixed with vomit surged across the deck and drenched our feet. Pretty soon just about everyone onboard was leaning over the rail and **chundering** like sick dogs. (Norman Jorgensen, *Jack's Island*)

Toutes les cinq minutes, un mélange d'eau et de vomi déferlait sur le pont et nous trempait les pieds. Il fallut peu de temps avant que tout le monde à bord s'incline par dessus la rambarde et se mette à dégueuler à foison.

The doctor prescribed an anti-inflammatory drug, and when I took the first pill yesterday, I had a bad

Le médecin me prescrivit un anti-inflammatoire et j'eus une réaction négative dès le premier cachet.

| reaction. **Upchucking**, spinning head, the works. (Paul Auster, *Oracle Night*) | Je dégobillais, j'avais la tête qui tournait, la totale. |

2.8 Snot – *morve*

Steven Pinker fait remarquer qui si l'acceptabilité de la plupart des mots tabous n'est que peu liée à l'acceptabilité de ce à quoi ces mots se réfèrent, il n'en reste pas moins que dans le cas des mots tabous sur les effluves humaines, la corrélation s'avère assez exacte. L'éventail des comportements publics jugés inacceptables – de totalement inacceptable à légèrement inacceptable : copulation, défécation, miction, flatulence, curetage de nez – est parallèle au manque d'acceptabilité des mots qui décrivent ces actions. *Fuck* est plus fort (et moins acceptable) que *shit*, qui est plus fort (et moins acceptable) que *piss*, et ainsi de suite. Ceci place *snot* tout à fait en bas de l'échelle. C'est un mot indénombrable, familier, se rapportant au mucus nasal, liquide ou sec. On appelle un morceau de mucus nasal sec un *booger* ou *bogey*.

The boy looked at me: a string of **snot** hung from his nose down to his chest. I quickly averted my gaze but could not stem an overwhelming nausea. (Roberto Bolaño, *By Night in Chile*, traduit par Chris Andrews)	Le garçon me regarda. Un chapelet de morve pendait de son nez jusqu'à sa poitrine. J'ai vite détourné mon regard mais n'ai pas pu contenir une envahissante nausée.
You've seen a lot of **snot**. You've seen it in back of radiators in Milner Hotels. Looks like bas-relief wood glue. (Lenny Bruce, *The Essential Lenny Bruce*)	Tu as vu beaucoup de morve. Tu en as vu derrière les radiateurs dans les hôtels Milner. Ça ressemble à de la colle à bois en bas-relief.
Eric still hasn't rented out your room... Come home, you rotten little **snot**. (Nic Sheff, *Tweak*)	Eric n'a toujours pas loué ta chambre. Reviens à la maison, espèce de petit morveux.
Joker's so tough, he'd eat the **boogers** out of a dead man's nose ... then ask for seconds. (*Full Metal Jacket*)	Joker est si coriace qu'il mangerait la morve desséchée dans le nez d'un mort ... et il en redemanderait.

2.9 The rag – *les règles*

La menstruation a été un sujet hautement tabou depuis l'Antiquité (cf. *Lévitique* 20.18) jusqu'à aujourd'hui. Le nombre d'euphémismes et de circonlocutions qu'elle a engendrés atteste de la force du tabou. De nos jours, les expressions les plus courantes s'appliquent au *rag*, c'est-à dire à la serviette hygiénique. La femme peut être *on the rag* ou *have the rags up*. Au sens figuré, *on the rag* veut dire anormalement irritable.

There was a sound out in the woods, twigs snapping...
– What was that?
– Maybe a bear, Jerome said.
– Neither of you girls are **on the rag**, I hope... Hey, I'm serious. Bears can smell it. (Jeffrey Eugenides, *Middlesex*.)

Dans les bois, on entendit le bruit des petites branches qui craquent.
– Qu'est-ce que c'était que ça ?
– Un ours, peut-être, dit Jerome.
– Aucune d'entre vous n'a ses règles, j'espère, dit Rex. C'est vrai, je ne plaisante pas. Les ours peuvent le sentir.

So why the long face, man? Your old lady **on the rag**? (*Poor Black Trash*)

Pourquoi cette tête d'enterrement, mec? Ta bourgeoise a ses règles ?

– She had the **rags** up.
– The best time of all!
– Eh?
– Women are always at their randiest during a period. (E.A. Whitehead, *The Sea Anchor*)

– Elle avait ses doches.
– C'est la meilleure chose qui puisse arriver !
– Quoi ?
– Les femmes sont toujours hyper excitées pendant leurs doches.

Les euphémismes courants sont : *have the curse, have one's monthlies, have one's flowers, have the painters in* ou *have the decorators in. That time of month* fait pudiquement allusion à la même condition.

When he cupped his left hand over her right breast she said:
– No. No. I don't want you to do that. Let me go, please.
– Have you got **the curse**?
– Please don't talk that way, say things like that. You know perfectly well I haven't. (John O'Hara, *Appointment in Samara*)

Quand il mit sa main gauche autour de son sein droit, elle lui dit :
– Non, non. Je ne veux pas que tu fasses ça. Laisse-moi partir, s'il te plait.
– Tu as tes ragnagnas ?
– Ne parle pas comme ça, ne dis pas des choses comme ça. Tu sais très bien que je ne les ai pas.

- When Beatrice has her **flowers** she sleeps in here.
- Her flowers?
- Her monthlies. (Maya Angelou, *Gather Together in My Name*)

- Quand les Anglais de Béatrice débarquent, elle dort ici.
- Les Anglais ?
- Ses règles.

If she had killed Kevin and then needed to make something up... she could've said that the blood on her clothes was her, you know, her ... when she has **the painters in**, like once a month. (Barbara Nadel, *Last Rights*)

Si elle avait tué Kevin et avait besoin d'inventer quelque chose, elle aurait pu dire que le sang sur ses vêtements venait de ses, vous savez, ses ... quand elle a ses trucs, je veux dire une fois par mois.

- I'm good, said Rhonda. Sorry you had to put up with my tears. I just got emotional. I can't say why.
- Is it **that time of month**? said Ramone.
- You mean that time of the month when you start talking ignorant?
- Sorry. (George Pelecanos, *The Night Gardener*)

- Ça va maintenant, dit Rhonda. Désolée de vous avoir infligé ces larmes. L'émotion m'a prise, je ne sais pas pourquoi.
- Est-ce le moment fatidique du mois ? dit Ramone.
- Tu veux sûrement dire le moment où tu te mets à sortir des conneries ?
- Désolé.

Depuis l'avènement du féminisme, les termes argotiques pour la menstruation ont quand même plus de vitalité. Encore une fois, les traductions mot pour mot sont uniquement à titre d'indication :

'Flag day', 'surfing the crimson tide', and 'Liverpool playing at home' create a sort of wisecracking menstrual cognoscenti. There are sexual 'closed for maintenance'-style references, and the exuberant 'painting the town red'. (*Guardian*, 28/7/10)

Des expression comme « Jour du Drapeau », « surfer sur la marée rouge », et « Liverpool qui joue sur son terrain » sont des plaisanteries menstruelles pour connaisseurs. Il y a également des références sexuelles du style « fermé pour entretien ». Ou encore des jeux de mots comme l'exubérant « peindre la ville en rouge » [qui en anglais signifie aussi faire la bringue].

3 Les actes sexuels

3.1 Horny – *le feu au cul*

Les actes sexuels, c'est connu, sont précédés par le désir. Ainsi que ne le disaient pas les Grecs de l'Antiquité :

Whom the gods wish to destroy, they first make **horny**. (Nelson DeMille, *Plum Island*)	Ceux que les dieux veulent détruire, ils les rendent d'abord lubriques.

Horny est un adjectif : l'expression verbale qui s'y rapporte est *get the horn*, qui signifie avoir une érection. Étant donné cette parenté, il est plutôt surprenant que l'adjectif s'applique autant aux femmes qu'aux hommes. Mais dans tous les cas, ce sont des termes à éviter dans les conversations polies.

I returned Sophie's squeeze… and realized as I did so that I was so **horny** my balls had begun to ache. (William Styron, *Sophie's Choice*)	Je retournai l'étreinte de Sophie et me rendis compte sur le coup que j'étais excité, tant et si bien que mes couilles commençaient à me faire mal.
Now and then she put her hand on my arm or shoulder as we chatted. Obviously, the woman liked me, but maybe she was just **horny**. I don't like being taken advantage of by horny women, but it happens. (Nelson DeMille, *The Lion's Game*)	Pendant notre conversation, elle posait de temps en temps sa main sur mon bras ou mon épaule. Il était évident que je lui plaisais mais peut-être était-elle seulement chaude comme un lapin. Je n'aime pas que ce genre de femme abuse de moi, mais ça peut arriver.

Randy [porté sur la chose] est l'adjectif familier le plus modéré dans le domaine de l'excitation sexuelle. Cependant, on peut le renforcer par l'addition d'un suffixe qui indique, plus ou moins, le lieu de l'excitation : *randy-arsed*. Plus fort encore – et vraiment très fort – est le terme *cunt-struck*, qui décrit l'homme obsédé par l'idée d'avoir un rapport sexuel avec une ou des femmes.

- Look, Stuart, I'm feeling **randy**. Come outside and give me a kiss. See me home... - Viola, you're a little tight. (Malcolm Bradbury, *Eating People is Wrong*)

- Écoute, Stuart, j'en meurs d'envie. Viens dehors et embrasse-moi. Raccompagne-moi... - Viola, tu as un peu trop bu.

There was a dance in the Masonic halls - with young girls, and beefy, **randy-arsed** wives... Johnstone would be popular with them, handsome, arrogant bastard. (Hugh C. Rae, *The House at Balnesmoor*)

Un bal avait lieu dans les locaux franc-maçonniques. On y trouvait des jeunes filles et des femmes bien en chair toutes chaudes comme des lapins. Johnstone, ce beau et arrogant salopard, leur plaisait.

They had him set up with a woman lawyer. I knew her - Nan Belletto, a looker. I think they were figuring she might be able to get inside with him, harden him up to soften him up, if you follow. His reputation as being **cunt-struck** was big by then. (Frederick Turner, *The Go-Between*)

Ils l'ont maqué avec une avocate. Je la connaissais - Nan Belletto, un canon. Ils devaient s'imaginer qu'elle pourrait le faire parler en devenant intime avec lui, l'adoucir en l'endurcissant, si vous voyez ce que je veux dire. Sa réputation d'obsédé sexuel n'était plus à faire.

De nos jours, dire que quelqu'un est *hot* équivaut généralement à dire que la personne est attirante physiquement, et rien de plus. Mais l'idée d'une chaleur corporelle élevée, d'un désir brûlant, sous-tend aussi plusieurs expressions de connotation clairement plus sexuelle. Ainsi, on peut être *hot* ou *hot to trot* (US) ou *have hot pants* (US) ou *have the hots for someone* (US).

They're dying for it. I had a married woman the other day who told me she hadn't had a lay for six months... Jesus, she was **hot**! I thought she'd tear the cock off me. And groaning all the time. (Henry Miller, *Tropic of Cancer*)

Elles en crèvent d'envie. L'autre jour, j'ai fricoté avec une femme mariée qui m'a raconté qu'elle n'avait pas baisé depuis six mois. Crénom de Dieu, elle était sacrément excitée ! Je croyais qu'elle allait m'arracher le braque ! Et elle gémissait non-stop.

- How was it for you, old buddy? - It was great. How come you're being so nice to me? - I told you, I'm **hot to trot** and right now you're what I've got. You can get back in the saddle any time you want. (Russell Hoban, *Linger Awhile*)

- Ça t'a plu, mon vieux? - Super. Comment ça se fait que tu sois si gentille avec moi ? - Je te l'ai dit. J'ai le feu aux fesses et tu es tout ce qu'il y a de disponible en ce moment. On peut remettre ça quand tu veux.

My wife's in Staten Island... She's got **hot pants** for this guy twice her age. (Robert Stone, *Dog Soldiers*)

Ma femme est à Staten Island. Elle est chaude comme de la braise pour ce gars qui a deux fois son âge.

– He's a total asshole and he's got **the hots** for my friend Angela and it's disgusting.
– What, you'd rather he had the hots for you? (*American Beauty*)

– C'est un véritable trou du cul et il en pince grave pour mon amie Angela. C'est dégueulasse.
– Quoi ? Tu préférerais qu'il ait le feu aux fesses pour toi ?

Enfin, on peut dire d'une femme dévorée par le désir jusqu'à en être dans un état de quasi-déliquescence qu'elle est *dripping for it.*

First time I went round there I thought she was one of them ... One of them birds that's really, well, you know ... **Dripping for it**... You come through the door, you take off your coat, you look down. She's got your gun in her gob. (Martin Amis, *London Fields*)

La première fois que je m'y suis pointé, j'ai pensé qu'elle était une de ces ... Enfin, vous voyez ce que je veux dire, une de ces filles qui dégoulinent de désir. Vous franchissez la porte, vous enlevez votre manteau, vous baissez la tête. Elle a déjà pris votre gourdin dans son clapet.

3.2 Hard-on – *bandaison*

Une chose mène à une autre et très vite le monsieur peut se trouver avec un *hard-on*. Le mot, une déformation du verbe *harden*, est le terme argotique le plus communément utilisé pour exprimer cet état. Notez, dans le conseil aux scénaristes qui suit, une équivalence dérivée – et complètement illogique – pour femmes. Elle fait allusion encore une fois à la lubrification vaginale.

If you're writing a script with a sexual content and find yourself getting a **hard-on** or a **wet-on**, it's okay. If you're getting turned on, it's not unreasonable to suppose that the viewer of the film might be turned on, too. (Joe Eszterhas, *The Devil's Guide To Hollywood*)

Si vous écrivez un scénario à teneur sexuelle et que vous vous en trouvez vous-même avec une érection ou une lubrification vaginale, ne vous en faites pas. Si vous êtes excité, il n'est pas déraisonnable d'imaginer que le spectateur du film pourrait l'être aussi.

Autrement, le *hard-on* demeure – chose assez rare de nos jours – une prérogative masculine. Les termes de substitution soulignent les degrés (extrêmes) de rigidité et de résistance : *stiffy, rod* ou *ramrod, bone* ou *boner* (pour la seule partie du corps sans os), *diamond cutter* et *blue veiner*.

When I was in high school I had a crush on my Spanish teacher... I could get a **hard-on** just hanging out in front of her house. (Francine Prose, *Primitive People*)

Quand j'étais au lycée, j'avais le béguin pour ma prof d'espagnol. Traîner devant la porte de sa maison suffisait pour me faire bander.

The men of her homeland would go to any length to enhance their virility, including grinding up endangered species and brewing them in tea, not unlike certain American presidents who believe there is no **stiffy** like the one you get from bombing a few thousand foreigners. (Christopher Moore, *A Dirty Job*)

Les hommes de son pays étaient prêts à tout pour rehausser leur virilité, jusqu'à broyer des espèces en voie d'extinction et les infuser dans leur thé. Ce n'est pas très différent de certains présidents américains qui croient qu'aucune érection ne vaut celle provoquée par le bombardement de quelques milliers d'étrangers.

There's just a crack there between her legs and you get all steamed up about it – you don't even look at it half the time. You know it's there and all you think about is getting your **ramrod** inside: it's as though your penis did the thinking for you. (Henry Miller, *Tropic of Cancer*)

Il y a une fente entre ses jambes qui te met dans tous tes états. Pourtant tu ne la regardes même pas la moitié du temps. Mais tu sais qu'elle est là et la seule chose à laquelle tu puisses penser, c'est comment y mettre ton gourdin. C'est comme si ton pénis pensait pour toi.

In the classroom I sometimes set myself consciously to think about death and hospitals and horrible automobile accidents in the hope that such grave thoughts will cause my **boner** to recede before the bell rings and I have to stand. (Philip Roth, *Portnoy's Complaint*)

En classe, je m'applique parfois à penser sciemment à la mort, aux hôpitaux, aux abominables accidents de la route. J'espère que ces sujets graves inciteront ma bandaison à s'estomper avant que la sonnerie ne retentisse et que je doive me mettre debout.

During his one month convalescence Roscoe was unable to raise... a '**diamond cutter**' or even a '**blue veiner**' due to the shooting pains in his groin. His wife told a sympathetic neighbor she never had it so good. (Joseph Wambaugh, *The Choirboys*)

Les douleurs lancinantes venues de son aine empêchèrent Roscoe de se mettre au garde-à-vous ou même de goder pendant tout son mois de convalescence. Sa femme dit à une voisine avec qui elle s'entendait bien que sa vie n'avait jamais été meilleure.

Les expressions verbales qui s'y rapportent sont invariablement formées avec *get* : *get a hard-on, get a stiffy, get the horn*, etc. Certaines mettent en valeur le mouvement vers le haut : *get a rise, get a stand* ou simplement *get it up*.

– There's something funny about the dead guy, Rosa said. From this angle, I could swear he's got a **stiffy**.
– Have some respect, Felicia said. You're not supposed to look there.
– I can't help it. It's right in front of me. He's got a big **boner**. (Janet Evanovich, *Motor Mouth*)

– Il a quelque chose de bizarre, ce cadavre, dit Rose. Vu d'ici, on dirait qu'il bande.
– Montre un peu de respect, dit Félicie. Tu ne devrais pas le regarder.
– Ce n'est pas de ma faute. C'est en plein devant moi. Il a un énorme bâton.

Tills became amorous again in about fifteen minutes. I **got the horn**. But I didn't really want to be bothered doing much. (Joe Orton, *Diaries*)

Tills est redevenu amoureux quinze minutes plus tard. Je bandais mais n'avais pas vraiment envie de me fatiguer à faire quoi que ce soit.

– Have you fucked Sue? What was it like?
– It was okay, only I couldn't **get a** proper **rise**. (Martin Amis, *The Rachel Papers*)

– Tu as sauté Sue ? C'était comment ?
– C'était OK, sauf que je n'ai pas pu bander correctement.

Labri was lying on the bed naked, playing with his cock, which was completely limp. 'He hasn't been able to get a hard-on!' Kenneth said in terms of the utmost disapproval. 'A fifteen-year-old boy and he can't get a **stand on**. It's absolutely shameful.' (Joe Orton, *Diaries*)

Nu et couché sur son lit, Labri tripotait sa bite, qui était complétement flasque. Kenneth remarqua, en des termes de la plus profonde désapprobation, que Labri avait été incapable d'avoir une érection. « Un garçon de quinze ans qui ne peut pas bander ! C'est vraiment honteux ! »

There's the dismal fact that a man who can no longer **get it up** is not in a strong bargaining position when looking for a new woman. (Russell Hoban, *Angelica's Grotto*)

C'est une sombre réalité que si un homme ne bande plus, cela a tendance à miner sa position de négociation lorsqu'il cherche une nouvelle femme.

3.3 Grope – *tripoter*

Grope, dans sa signification sexuelle, est un verbe transitif ainsi qu'un nom. En tant que verbe, il veut dire peloter ou essayer de peloter les parties génitales ou les seins d'une femme de manière brutale ou maladroite et le plus souvent sans le consentement de la personne concernée. D'autres expressions ont un sens analogue (toujours avec l'idée d'attentions non consenties) : *cop a feel* (US), *feel someone up*, *touch someone up* et *climb* ou *be all over someone*.

Frank had made a pawing pass at her once, a **grope** really, but it had been done distractedly, as though gallantry required him to at least go through the motions. She'd found the experience distasteful in several ways, and made sure he understood that. (Donald Westlake, *Bad News*)	C'est vrai qu'une fois Frank lui avait fait des avances maladroites, enfin, un peu de pelotage. Mais il l'avait fait distraitement, comme si la galanterie exigeait qu'il fasse au moins semblant. Pour elle, l'expérience avait été désagréable à maints égards et elle s'assura qu'il en ait bien conscience.
– Your client is a potentially dangerous man, Mr. Barrington... this young woman would have been raped... – Come on, at a traffic light? This was nothing more than a quick **grope**, and the girl encouraged it. (Stuart Woods, *New York Dead*)	– M. Barrington, votre client est un homme potentiellement dangereux. Cette jeune femme aurait bien pu être violée. – Allons donc, pendant qu'on était arrêté au feu rouge ? Il s'agissait tout au plus d'un tripotage, et la fille l'a encouragé.
– He got what he deserved... – A sprained neck. Is that what he deserved? A trip to the hospital, for **copping a feel**! – He touched me, Erin said, between my legs. (Carl Hiaasen, *Striptease*)	– Il n'a eu que ce qu'il méritait. – Un cou luxé, c'est ça qu'il méritait ? Et une visite à l'hôpital, tout ça pour du tripotage ! – Il m'a touchée, dit Erin. Entre les jambes.
I used to eye-fuck your girlfriend, and you didn't do shit. I'd **feel her up** every chance I got, and you saw me and just stood there. You know what? She loved it. She wanted a man, not a fucking pussy. (Nelson DeMille, *Spencerville*)	Quand mes yeux niquaient ta petite amie, tu faisais que dalle. Quand je la touchais à n'importe quelle occasion qui m'était offerte, tu le voyais et tu restais là, sans broncher. Tu sais quoi ? Elle adorait ça. Elle cherchait un homme, pas une putain de poule mouillée.
My mum said, watch your lip, Little Boy Blue, or I'll fatten it for you. He said, leave that kid here, you can't take her down the cells. And my mum said, what, leave her here,	Ma maman dit, attention à ce que tu racontes, Petit Flic, ou je vais te foutre une baffe. Lui, il dit, tu peux laisser la fille ici, tu ne peux pas la prendre dans les cellules. Alors

so you can bloody **touch her up**? So she took me down to get Nick. (Hilary Mantel, *Beyond Black*)

Maman lui dit, quoi, saligaud, je la laisse ici pour que tu puisses la tripoter ? Alors on est descendu ensemble chercher Nick.

Merril started kissing me. I was revolted. Everything about him repelled me. His cell phone started ringing. It was Barbara. He quit kissing me to talk to her. But as soon as the call ended, he was **all over me** again. (Laura Palmer, *Escape*)

Merril commença à m'embrasser. J'étais dégoûtée. Tout en lui me répugnait. Son portable sonna. C'était Barbara. Il arrêta de m'embrasser pour lui parler. Mais dès que l'appel fut fini, il recommença à me tripoter de partout.

Bien sûr, de nombreux termes font allusion à des formes d'embrassades et de câlins amoureux qui, s'ils ne sont pas entièrement innocents, ont le mérite d'être consensuels. Les termes comme *necking* (US), *smooching*, *snogging* (UK) et *canoodling* sont tous inoffensifs. Parler de *heavy petting* ne risque pas non plus de provoquer un scandale, même si l'expression implique une stimulation des organes génitaux (sans pénétration). *Making out* (US) est ambigu. Il peut faire référence aux baisers et câlins seulement, comme plus haut, mais aussi à l'acte sexuel complet. La signification dépendra du contexte. Dans les deux cas, l'expression elle-même est un euphémisme tout à fait inoffensif.

– A euphemism is simply a polite expression often substituted for a graphic one.
– You mean like '**heavy petting**'?
– Exactly. Except that nobody knows precisely what 'heavy petting' means. The prevailing scientific definition is 'rolling around with your clothes on'.
– Is it possible to get pregnant that way?
– Oh yes. (Carl Hiaasen, *Paradise Screwed*)

– Un euphémisme est simplement une expression polie qui se substitue à une expression explicite.
– Tu veux dire comme « caresses appuyées » ?
– Oui. Sauf que personne ne sait avec précision ce que « caresses appuyées » veut dire. La définition scientifique dominante est « s'ébattre en portant des vêtements ».
– Est-ce qu'on peut tomber enceinte comme ça ?
– Oh oui.

I'm... searching for opportunities to **make out** with him, and every hour after school either talking with my friends about making out with him

Je cherche toutes les occasions de fricoter avec lui. Dans les heures après l'école, ou bien j'en parle avec mes amies ou bien je fricote avec lui

or actually making out with him, in the backseat of his car or in his bedroom that precious hour before his mother comes home from work. (Alexis Bass, *Love and Other Theories*)

pour de vrai, à l'arrière de sa voiture ou dans sa chambre pendant cette précieuse heure avant que sa mère ne rentre du boulot.

Here we were **making out**, her shirt flung on the dashboard like a used tissue, in front of her own house while her future husband (maybe not after this) was inside. (Chris Jericho, *A Lion's Tale*)

Et nous voilà en train de le faire, sa chemise jetée sur le tableau de bord comme un vieux mouchoir, devant sa propre maison, pendant que son futur mari (ou peut-être plus maintenant) l'attend à l'intérieur.

D'autres termes pour décrire l'activité sexuelle pendant qu'on est pleinement ou partiellement vêtu sont plus crus et plus choquants : *dry hump, dry fuck, finger bang* et *finger fuck*. *Dry humping* et *dry fucking* impliquent un rapport simulé sans se dévêtir et sans éjaculation, mais ce ne sont en aucun cas des exigences absolues.

The moment Hoke got out of the car, the dog, slavering, gripped Hoke's right leg tightly with his forelegs, dug his wet jowls into Hoke's crotch, and began to **dry-hump** Hoke's leg in a practiced, determined rhythm. (Charles Willeford, *New Hope for the Dead*)

Au moment où Hoke est sorti de la voiture, le chien, la bave aux lèvres, attrapa sa jambe droite avec ses pattes avant, enfonça ses bajoues humides dans son entrejambes et commença à effectuer un dérouillage à sec de la jambe de Hoke, d'une manière déterminée et accomplie.

– Davey, please don't put your hands in my panties...
– I didn't come all this way for a **dry hump**.
– Davey, you're so romantic. (Carl Hiaasen, *Striptease*)

– Davey, s'il te plaît, ne mets pas tes mains dans ma culotte.
– Je n'ai pas fait tout ce chemin pour baiser à sec.
– Oh, Davey, comme tu sais être romantique.

Stewart saw a peroxide blonde named Suzie who he had **dry-fucked** one time in the back of his car when both of them were falling down on gin and Coke. He couldn't remember nothin' about her except the smell she'd left in his car. (George Pelecanos, *Hard Revolution*)

Stewart aperçut une blonde décolorée qui s'appelait Suzie. Une fois, il l'avait baisée à sec à l'arrière de sa voiture, quand tous deux étaient ivres mort au gin-coca. Il ne se souvenait de rien d'elle à part l'odeur qu'elle avait laissée dans sa voiture.

You will give your rifle a girl's name. This is the only pussy you people are going to get. Your days of **finger-banging** ol' Mary Jane Rottencrotch through her purty pink panties are over. (*Full Metal Jacket*)

Vous donnerez un nom de fille à votre fusil. Désormais c'est la seule chatte que vous connaîtrez. L'époque où vous baisiez cette bonne Mary Jane Rottencrotch avec votre doigt à travers sa jolie petite culotte rose est révolu.

– I want you to **finger-fuck** me.
– What? I can't believe you said that...
– I want you to stick your finger up me and find my spot and push on it. (*The Counsellor*)

– Je veux que tu me baises avec ton doigt.
– Comment ? Je n'arrive pas à croire que tu aies dit ça...
– Je veux que tu rentres ton doigt et que tu trouves mon bouton et que tu appuies dessus.

3.4 Suck – *sucer*

« Pourquoi les Ricains disent-ils *blow* [souffler] quand ils veulent dire *suck* [sucer] ? » demanda Philip Larkin dans une de ses lettres. Il n'était sans doute pas le premier à se poser la question. Il apparaît en effet surprenant qu'une pratique aussi ancienne et universelle que la fellation puisse susciter une terminologie aussi contradictoire : d'un côté *suck someone*, ou *suck someone off*, ou *suck somebody's cock* ; de l'autre, *blow someone* ou *give someone a blowjob* ou *BJ*. Mais il y a une explication. On pense maintenant que *blowjob* est une corruption de *below job*, argot des prostituées tombé en désuétude, et comparable à *head job* et *knobjob*, qui signifient la même chose (avec une légère différence de perspective) ou à *handjob*, qui signifie la masturbation.

You know, you could **suck me off**... Suck me right here; I'm doing you a big favor, and I don't even know who you are. You could be anybody, and I couldn't trust you, but if you suck me off, it would be like we could trust each other. (Susie Bright, *Big Sex Little Death*)

Tu sais, tu pourrais me sucer... Ici, tout de suite. Je te rends un grand service et je ne sais même pas qui tu es. Tu pourrais être n'importe qui et peut-être même que je ne devrais pas te faire confiance. Mais si tu me suces, ce serait comme si l'on pouvait avoir confiance l'un dans l'autre.

– Are listening to me, son? Do you like Little Miss Thing **sucking your cock**?
– Yes. Yes, I do.
– So earn it. (*The Departed*)

– Est-ce que tu m'entends, fiston ? Est-ce que ça te plait que la petite Miss Machin te suce la bite ?
– Oui, bien sûr.
– Et bien, fais ce qu'il faut pour le mériter.

I was looking at the options menu, but there were a lot of terms I didn't understand.
– What's this mean?
–That's anilingus. She licks your ass if you pay extra. You also can get a prostate massage. That's when the girl sticks a finger up your ass while she **blows** you. Standard stuff. (Jake Adelstein, *Tokyo Vice*)

Je consultais le menu des options mais beaucoup de termes m'étaient inconnus.
– Qu'est ce que ça veut dire ?
– Anilingus ? Ça veut dire qu'elle te lèche le cul si tu paies davantage. Tu peux aussi avoir un massage de la prostate. La fille te rentre son doigt dans le cul pendant qu'elle te taille un crayon. Des trucs de base.

I don't know the name of the place we went to; I've only been in once... Twenty bucks for boom-boom, ten for a **blowjob**. Maybe you can cut a deal for both. (Joe Haldeman, *1968*)

Je ne connais pas le nom de l'endroit où nous sommes allés. Je n'y ai été qu'une fois. Vingt dollars pour la baise et dix pour une turlute. Peut-être que tu pourrais nous négocier un tarif pour deux ?

He drove the car into the middle of all these trees and it would have been difficult for anyone going past to see us. I was expecting to have to give him a **head job**. (Patricia Feenan, *Holy Hell*)

Il conduisit la voiture derrière les arbres, de sorte qu'il aurait été difficile pour quiconque circulait sur la route de nous voir. Je m'attendais à devoir lui tailler une plume.

I feel sorry for the rookie. Case told him this was how it's done on the street. Gettin' **knob-jobs** in alley-ways. (John Sandford, *Rules of Prey*)

Je suis désolé pour le bleu. Case lui a dit que c'était ce qu'on faisait dans le monde de la rue. Qu'on se faisait faire des pipes dans les ruelles.

Deux autres synonymes à usage commun sont les verbes *french* et *teabag*. Le premier, qui date de la fin du dix-neuvième ou début du vingtième siècle, est de toute évidence une reconnaissance tacite des Anglais sur le savoir-faire supérieur des Gaulois dans ce domaine. Le *teabagging*, quant à lui, est plutôt une spécialisation, car il implique de sucer le scrotum entier d'un homme et de le faire rentrer dans la bouche en même temps que le pénis. Plusieurs autorités qualifient la seconde partie de cette opération d'acte « conceptuel », c'est-à-dire plus souvent évoqué que réalisé.

Honest, honey, I didn't do nothing to that guy. Only fooled around with him a little. I wasn't **frenching** him. I wouldn't go down there and kiss that rich man's cock and suck his

Je t'assure, mon chéri que je n'ai rien fait à ce type. Je me suis contentée de m'amuser un peu avec lui. Je ne lui ai pas taillé de flûte. Je n'allais quand même pas m'agenouiller et

balls like I'm gonna do to you right now. You know I wouldn't do that to no other man, don't you, honey? (Joseph Wambaugh, *The Choirboys*)

embrasser le goupillon de cet homme riche ou sucer ses joyeuses comme je m'apprête à te le faire. Tu sais bien que je ne ferais pas ça à un autre homme, n'est-ce pas, mon chéri ?

Black opened his legs wider so she could get a good spot to suck him off. J started with his balls, licking and **teabagging** them one by one, then both at the same time. This shit turned Black on. (Ericka Blanding, *A Single Mother's Hu$tle*)

Black écarta ses jambes afin de lui permettre de prendre une bonne position pour qu'elle le suce à fond. J commença par ses roustons. Elle les lécha et les prit dans sa bouche, un par un, puis les deux à la fois. Ce genre de truc excita Black.

Si *suck* et *blow* se rapportent à la fellation, *eat* est le verbe principal associé au cunnilingus : *eat someone out*, ou *eat someone's pussy* ou *eat someone's pussy out*. Le seul autre terme courant qui s'applique au sexe oral pratiqué sur une femme est le verbe *muff dive* [littéralement, plonger dans les poils pubiens et, par extension, la vulve].

That's how I was in high school – I was nervous and inhibited about being **eaten out**. But by the time I got to college, that all changed. I loosened up. (*Chasing Amy*)

J'étais comme ça au lycée, nerveuse et refoulée au sujet du cunnilingus. Quand je suis arrivée à l'université, tout cela a changé. Je me suis détendue.

The threesome scene went great. I **ate her out**, she ate me out, we both gave Evan the blowjob of his life, and all was great. Evan was so turned on that when he stood up to blow his big load on both of our faces, he overshot. And I mean he really overshot and hit the camerawoman from clear across the room – about ten feet. (Tera Patrick, *Sinner Takes All*)

La scène à trois s'est très bien passée. Je lui ai brouté le gazon, elle m'a brouté le gazon, et toutes deux avons fait à Evan la pipe de sa vie et tout allait super bien. Il était tellement excité qu'au moment où il s'est levé pour jouir sur nos deux visages, il a raté son tir. Et je veux dire qu'il a vraiment raté : il a atteint la camérawoman qui se trouvait de l'autre côté de la pièce – à trois mètres de lui.

Debra wanted to make sure I knew a few important things – tools for life – such as the mysterious and tribal-sounding ritual known as '**eating out** a pussy'. All the photos

Debra voulait s'assurer que je connaisse quelques choses importantes – les outils de la vie – tel que le rituel mystérieux connu sous le nom plutôt tribal

of oral sex I'd seen in magazines were of women giving it to men. I had no idea that oral sex was such an equal opportunity activity. (Kevin Sampsell, *A Common Pornography*)

Bearded men often have cuntlike mouths; perhaps that is why they so love to **eat pussy**: it is like kissing themselves in a mirror. (Erica Jong, *Any Woman's Blues*)

– Do you call him that? Mr. Paradise?
– When I'm sucking up... The old guy loves it.
– Can he ... you know, perform?
– Once in a while he seems to get off. His specialty is **muff diving**. (Elmore Leonard, *Mr Paradise*)

de « manger la chatte ». Toutes les photos de sexe oral que j'avais vues jusque-là montraient des femmes pratiquant sur des hommes. Je ne savais pas que le sexe oral était une activité soumise à l'égalité des chances.

Les barbus ont souvent des bouches en forme de cramouille. C'est peut-être la raison pour laquelle ils aiment tant en manger. C'est comme s'ils s'embrassaient devant une glace.

– C'est comme ça que tu l'appelles ? M. Paradis ?
– Oui, quand je le suce. Le vieux adore ça.
– Est-ce qu'il peut ... enfin, tu vois, faire quelque chose ?
– De temps en temps il paraît jouir. Sa spécialité est de manger la pelouse.

Les termes restants – *go down on someone, give someone head* et *gobble someone* – décrivent tous des activités soumises à l'égalité des chances dont nous venons de parler. Le *soixante-neuf* – une fois de plus le terme français est considéré comme étant nettement plus chic que le natif *sixty-nine* – est de par sa nature une activité particulièrement soumise à l'égalité des chances.

She hasn't come, so I **go down on her** again and it tastes vaguely seedy and then ... where do you go once you've come? Disillusionment strikes. (Bret Easton Ellis, *The Rules of Attraction*)

Elle n'a pas joui. Alors, je la lèche de nouveau et ça a un goût vaguement désagréable et ensuite ... qu'est-ce qu'on fait quand on a déjà joui ? Le désenchantement s'abat sur toi.

A nine-year-old girl was picked up by the police, for her own protection. She turned out to be an experienced prostitute. She had been **giving head** and hand since she was five. (Martin Amis, *The Moronic Inferno*)

Une petite fille de neuf ans a été ramassée par la police pour sa propre protection. Elle s'avérait être une prostituée expérimentée. Elle suçait et branlait depuis l'âge de cinq ans.

Norman had told me the other night about a girl who used to like **gobbling** him so much that they found it convenient to sleep one-up one-down, her feet on his pillow. (Martin Amis, *The Rachel Papers*)

Norman m'a parlé l'autre soir d'une gonzesse qui aimait tant lui faire un pompier qu'ils ont trouvé plus utile de dormir tête-bêche, ses pieds sur son oreiller.

A quite nice boy of about seventeen approached me. 'I do the **soixante-neuf**,' he said and added with a beam, 'I suck you.' This is something I'd never heard a Moroccan offer before. (Joe Orton, *Diaries*)

Un plutôt joli garçon d'environ dix-sept ans s'approcha de moi. « Je fais le soixante-neuf, » me dit-il. Il ajouta avec un grand sourire, « Je te suce. » Jamais un Marocain ne m'avait fait jusque-là une offre pareille.

3.5 Fuck – *baiser*

Comme on pouvait s'y attendre, le nombre de termes disponibles pour cet acte est énorme. Pendant longtemps, le mot *fuck* a occupé la deuxième position de la liste des termes les plus tabous. Bien qu'on le rencontre beaucoup plus fréquemment de nos jours qu'il y a vingt ou trente ans, son pouvoir de choquer ne doit pas être sous-estimé, surtout dans son sens référentiel primaire. Les synonymes monosyllabiques sont presque aussi forts. Une caractéristique frappante de la plupart de ces mots (et n'oublions pas que *fuck* serait lié au mot allemand *ficken*, qui signifie non seulement copuler mais aussi frapper) est la dureté et violence de leur son. Leur pouvoir provient aussi du fait qu'ils sont le plus souvent utilisés transitivement, soit, selon la formule de Pinker : *John* VERBED *Mary*. Les plus communs de ces termes sont : *screw, shag, hump, bang, ball, ride, poke, jump, nail, shtup* (US, du Yiddish, pousser, enfoncer). Un terme à moitié comique, et donc moins choquant, apparaît souvent dans les tabloïdes et s'ajoute à ce groupe : *bonk*. Autrement, tous ces termes sont interchangeables.

Each subsequent voicemail got more impatient and belligerent. 'Why aren't you answering the phone? What's going on? Are you ignoring my calls on purpose? Are you with some girl? Who are you with? Are you **fucking** her? What's her name? I hope you DIE!' (Oliver Markus, *Sex and Crime*)

Avec chaque message vocal qui suivait, elle devenait de plus en plus impatiente et belliqueuse. « Pourquoi ne réponds-tu pas au téléphone ? Qu'est-ce qui se passe ? Fais-tu exprès d'ignorer mes appels ? As-tu une fille avec toi ? Avec qui es-tu ? Est-ce que tu es en train de la baiser ? Comment s'appelle-t-elle ? J'espère que tu vas crever ! »

- She appears to be having an affair, or something, with ... well, with a much younger man...
- Why are you telling me this?... I don't care who she's **screwing**! (Margaret Atwood, *The Robber Bride*)

- I'm thinking about what Marty was up to. Why is he **shagging** Shirley? You know? I mean, would you?
   I shook my head.
- Maybe love is blind, I said. (Robert B. Parker, *Chance*)

the boys I mean are not refined
they go with girls who buck and bite
they do not give a fuck for luck
they **hump** them thirteen times
a night (E.E. Cummings, *Collected Poems*)

I've been trying to **bang** this broad for a fucking month now. The only thing is she won't go out with me alone, you know. (*GoodFellas*)

That's what any eighteen-year-old chick or thirty-year-old chick will tell you when you take her out: 'You don't love me, you just want to **ball** me.' (Lenny Bruce, *The Essential Lenny Bruce*)

- Do you mind if I take my new Porsche for a ride?
- Kathryn, the only thing you're going to be **riding** is me. (*Cruel Intentions*)

Working-class morality... The principle is very simple: the male **pokes** everything he can get until one day he inadvertently pokes himself into wedlock; after that he stops poking and starts lusting. (E.A. Whitehead, *Alpha Beta*)

- À ce qu'il paraît, elle aurait une liaison, ou quelque chose comme ça, avec ... et bien, avec un homme beaucoup plus jeune qu'elle.
- Mais pourquoi tu me racontes ça ? Je me fiche pas mal des types qu'elle saute !

- Je me demande à quoi jouait Marty. Pourquoi nique-t-il Shirley ? Tu vois ce que je veux dire ? Tu le ferais à sa place ?
   Je secouai la tête.
- Peut être que l'amour est aveugle, dis-je.

les gars dont je parle ne sont pas raffinés
ils sortent avec des filles qui ruent et qui mordent
ils se foutent pas mal de la chance
ils les tringlent treize fois par nuit

J'essaie de me faire cette pouffiasse depuis un putain de mois. Le problème, c'est qu'elle ne veut pas sortir seule avec moi, tu vois.

N'importe quelle gonzesse entre dix-huit et trente ans te dira ceci lors de votre première sortie ensemble : « Tu ne m'aimes pas. Tu veux juste me troncher. »

- Est-ce que ça t'ennuie que je monte dans ma Porsche pour faire une promenade ?
- Kathryn, la seule chose que tu monteras, c'est moi.

La moralité des classes ouvrières... Le principe en est très simple : le mâle bourre tout ce qui bouge jusqu'au jour où, par inadvertance, il se fourre dans le mariage. Par la suite, il s'arrête de bourrer et se met à convoiter.

In Vegas, he found greater satisfaction in sex... When they got settled into their room at the Desert Inn, she expected him to **jump** her, but he wasn't interested tonight. (Dean Koontz, *The Door to December*)

Le sexe lui plaisait davantage à Las Vegas. Elle s'attendait donc à ce qu'il la saute dès qu'ils s'installeraient dans leur chambre du Desert Inn. Mais non, ce soir, cela ne l'intéressait pas.

– How did it go with Mrs. Jesus?
– If you're asking if I **nailed** her, the answer is no. (*Cruel Intentions*)

– Comment ça s'est passé avec Mme. Jesus ?
– Si ta vraie question est, est-ce que je l'ai baisée, la réponse est non.

Some of them have had so many facelifts their ears meet at the back... Meanwhile the husbands are **shtupping** their twenty-five-year-old secretaries. (Russell Hoban, *Angelica Lost and Found*)

Certaines d'entre elles se sont tellement fait tirer la peau que leurs oreilles font connaissance derrière la tête... Pendant ce temps, leurs maris carambolent avec leur secrétaire de vingt-cinq ans.

– What is a proper relationship?
– Living with someone who talks to you after they've **bonked** you. (*Naked*)

– Comment définir une bonne relation?
– C'est vivre avec quelqu'un qui vous parle après vous avoir bourré le caisson.

Quelques-uns de ces termes, mais pas tous, peuvent aussi servir de noms pour indiquer (1) un rapport sexuel, ou (2) un partenaire sexuel dont le niveau de compétence est précisé. Les formules Pinkeresques seraient : *John badly needed a NOUN* et *Mary was a fantastic NOUN*. Les mots qui peuvent être utilisés ainsi sont : *screw*, *shag*, *hump*, *ride* et *shtup*. Les autres ne sont pas aussi versatiles.

There were loads of groupies out there that were just good old girls who liked to take care of guys. Very mothering in a way. And if things got down to that, OK, maybe go to bed, have a **fuck**. But it wasn't the main thing with groupies. Groupies were friends and most of them were not particularly attractive. (Keith Richards, *Life*)

Il y avait une grande quantité de groupies, essentiellement des filles sympas qui aimaient prendre soin des mecs. Très maternelles en somme. Et si on en arrivait à ça, bon, aller au lit peut-être et tirer un coup. Mais ce n'était pas la chose primordiale pour les groupies. C'étaient des amies et la plupart d'entre elles n'étaient pas particulièrement attirantes.

You're a lousy **fuck**. Your friend, Joan, is a better fuck than you are... and she's a lousy fuck. (David Mamet, *Sexual Perversity in Chicago*)

Tu ne sais pas du tout baiser. Ton amie, Joan, est un meilleur coup que toi, et Dieu sait pourtant qu'elle est minable !

Can we be bothered with the storms of passion, the paroxysms of a last farewell, our knees giving way at a chance meeting? Well, no, actually we can't. A quick **screw** is all we need. (Anna Politkovskaya, *Nothing but the Truth,* traduit par Arch Tait)

Va-t-on se donner la peine de vivre les orages de la passion, les paroxysmes de l'adieu final, les genoux qui lâchent lors d'une rencontre fortuite ? Non, en fait, on ne va pas faire tout ça. Un coup de zob rapide nous suffit largement.

I know that fucking someone from work is a really bad idea, but I can't help myself – I need a **shag** so badly! (Abby Lee, *Diary Of A Sex Fiend*)

Je sais bien que se faire fourrer par un collègue de travail est une très mauvaise idée, mais c'est plus fort que moi. J'ai tant besoin d'être enfilée !

You're thinking all the universal things men have always thought about and said to each other... Did you get in? Did you get some? Did you make it? How far'd you get? How far'd she go? Is she an easy lay? Is she a good **hump**? (Don Delillo, *Underworld*)

Tu penses à toutes ces choses universelles auxquelles les hommes ont toujours songées et qu'ils se sont toujours dites entre eux. Alors, tu l'as sautée ? Tu l'as eue ? Jusqu'où es-tu allé ? Jusqu'où est-elle allée ? Est-ce que c'est une fille facile ? Est-ce que c'est un bon coup ?

Can't get a bird: no chance of a **ride**. Got a bird: too much hassle. (*Trainspotting*)

Sans nénette, pas de galipettes. Avec nana, trop de tracas.

Why search for a knight in shining armour when you can have a great **ride** with just a few vodka-based cocktails and a cheap sex toy to hand? When you're 32, single and horny, why not have some fun? (Abby Lee, *Diary Of A Sex Fiend*)

Pourquoi chercher un chevalier de la Table Ronde quand on peut s'offrir une baise de première qualité avec seulement quelques cocktails de vodka et un jouet sexuel bon marché à la main ? Si tu as trente-deux ans, que tu es célibataire et en manque, autant t'amuser !

Frankie would take her to the janitor's bed and give her a good weekend **shtup**, which helped her complexion and kept down her level of complaints. (Thomas Tryon, *All That Glitters*)

Frankie l'emmenait jusqu'au lit du gardien et la sautait pendant tout le week-end. Ça embellissait son teint et rabaissait son niveau de réclamations.

Non seulement ces termes manquent d'affection, ils sont ouvertement hostiles. Encore une fois, il faut se rappeler que ce genre de langage a été inventé par les hommes, dans le but d'afficher devant d'autres hommes leur dureté, leur dominance et leur manque de sensibilité. Il ne faut donc pas s'étonner que beaucoup d'expressions liées à l'acte sexuel expriment un point de vue exclusivement mâle : *dip one's wick* ou *get one's wick dipped, get one's hole, get one's oats*, ou encore *get one's leg over*.

Well, he won't be the first guy to get the urge to **dip his wick** into a much younger woman when the clock starts tolling fifty. (Julia Spencer-Fleming, *All Mortal Flesh*)

Vous savez, il ne sera pas le premier mec, à l'approche de la cinquantaine, à ressentir le besoin de vider ses couilles dans une femme beaucoup plus jeune que lui.

Rosy warned me to beware of Izzy. 'He's a randy old sod who doesn't **get his wick dipped** often enough to keep his hands off his staff.' (Robert Richardson, *Friends in Grey*)

Rosy m'a prévenue de me méfier d'Izzy. « C'est un vieux bougre lubrique qui ne trempe pas assez souvent sa bite, alors ses mains se portent sur son personnel. »

– Did you **get your hole**?
– No.
– Never mind, mate. Not worth torturing yourself. You know what they are? They're just a couple of prickteasers. (E.A. Whitehead, *The Foursome*)

– As-tu réussi à la tringler ?
– Non.
– Ça ne fait rien, mon pote. Ce n'est pas la peine de t'en faire outre-mesure. Tu sais ce qu'elles sont ? Une paire d'aguicheuses, c'est tout.

Who has the information we want? The Minister. What's he like? The next thing to a virgin – a faithful husband. Is he **getting his oats** from the wife? Not much. Will he fall for the oldest trick in the game? Like a dream. (Ken Follett, *Paper Money*)

Qui détient l'information que nous voulons ? C'est le ministre. Comment est-il ? C'est un homme inexpérimenté, naïf, et un mari fidèle. Sa femme lui accorde-t-elle des parties de jambes en l'air ? Pas des masses. Tombera-t-il dans le plus vieux panneau du monde ? Comme sur des roulettes.

Sylvia came downstairs. She was still in her dressing gown, and she smiled secretly to herself, and hummed as she went into the kitchen. Lizzie followed her.

Sylvia descendit l'escalier. Elle portait encore sa robe de chambre et avait ce sourire secret, rien que pour elle. Elle fredonnait en entrant dans la cuisine. Lizzie la suivit.

– Mr. Sidney **get his leg over**, then? she enquired.
– Lizzie! (Hilary Mantel, *Vacant Possession*)

– Alors, lui dit-elle, M. Sidney a enfin tiré son coup, n'est-ce pas ?
– Lizzie !

L'aspect inhabituel de l'expression courante *get laid* réside dans sa construction passive. Elle peut être utilisée pour les deux sexes. Il en va de même des expressions *have it off* (UK), *have it away* (UK), *get one's end away* (UK), *make it* (US), et *make out* (US).

– Okay, here's an idea. We'll stop outside of Brainerd. I know a place there we can **get laid**. Wuddya think?
– I'm fuckin' hungry now, you know.
– Yeah, yeah, Jesus – I'm sayin', we'll stop for pancakes, then we'll get laid. Wuddya think? (*Fargo*)

– OK, j'ai une idée. On s'arrête à Brainerd. J'y connais un endroit où on peut tirer un coup. Qu'est-c't'en dis ?
– C'est que moi, j'ai faim, putain.
– Ouais, ouais, ah putain ... Écoute, on s'arrête pour des crêpes et puis on va tirer un coup. Qu'est-c't'en dis ?

I unzipped my fly, pulled down my underpants and came on Clive's belly. He later told me he'd **had it off** with a photographer the previous night and so wasn't much concerned with **having it away** himself. (Joe Orton, *Diaries*)

J'ai défait ma braguette, baissé mon slip et joui sur le ventre de Clive. C'est seulement plus tard qu'il m'a dit avoir fait une partie de jambes en l'air la veille avec un photographe. Par conséquent, il n'avait pas follement envie, lui, de remettre ça.

What makes one impatient with a lot of the stuff Larkin writes to Monica and Maeve is that it's plain that what he really wants is just to **get his end away** on a regular basis and without obligation. (Alan Bennett, *Writing Home*)

Ce qui irrite dans beaucoup des lettres écrites par Larkin à Monica et Maeve, c'est que de toute évidence la seule chose qu'il veuille vraiment est de pouvoir se les faire régulièrement et sans obligation aucune.

We were legally separated. I made it with a lotta chicks, you're entitled to **make it** with a lotta guys. (Lenny Bruce, *How to Talk Dirty and Influence People*)

Nous étions légalement séparés. Je couchais avec beaucoup de pépées. Tu avais donc le droit de troncher avec une flopée de mecs.

They were breathing heavily... They **made out** in the front seat,

Leur respiration devenait de plus en plus forte. Ils s'envoyèrent en

maneuvering around the stick shift as best they could. (Patricia Cornwell, *Hornet's Nest*)

l'air à l'avant de la voiture, en se contournant comme ils le pouvaient autour du levier de vitesses

Parmi les nombreuses expressions familières qui décrivent euphémiquement l'acte sexuel, les plus courantes sont : *nooky* ou *nookie*, *rumpy* ou *rumpy-pumpy, hanky-panky, poon* ou *poontang* (US), *a bit of the other* (UK) et *how's your father* (UK)

– I suppose I could put you up in my apartment for a night or two... But no **hanky-panky**...
– I'm married. I don't go in for stuff like that.
– That's a good one. There isn't a married man in this world who'd pass up some extra **nooky** if it came his way. (Paul Auster, *Man in the Dark*)

– Je suppose que je pourrais te loger chez moi pour une ou deux nuits. Mais pas de carambolage.
– Je suis marié. Je ne fais pas ce genre de choses.
– Elle est bien bonne, celle là. Je ne connais pas un homme marié dans le monde qui se priverait d'un peu de fesse s'il en avait l'occasion.

A woman comes into your bedroom and says she wants to tie you up. You fall for it. Why? Because you think she's got some **rumpy** in mind. The stupid bugger's supposed to be a bodyguard, and he lets some bird he's never seen before tie him to a bed. (Ian Rankin, *Witch Hunt*)

Mettons qu'une femme entre dans ta chambre et dit qu'elle veut t'attacher au lit. Et toi, tu le gobes. Pourquoi ? Parce que tu penses qu'elle veut jouer la bête à deux dos. Et bien, ce con, qui est censé – tiens-toi bien – être garde du corps permet à la gonzesse, qu'il n'a jamais vue de sa vie, de l'attacher au lit.

Parish councillors in Kinver, Staffordshire, are considering putting prickly plants in a local park to deter youngsters going behind the bushes at night for a bit of **hanky-panky**. (*Guardian*, 8/12/99)

Les conseillers de la paroisse de Kinver dans le Staffordshire, envisagent d'installer des plantes épineuses dans le parc local. Ceci afin de décourager les jeunes qui se cachent le soir derrière les fourrés pour s'envoyer en l'air.

You might even have enough free time to get you a little nooky. A growin' Southern boy's got to have his **poontang**, don't he. (William Styron, *Sophie's Choice*)

Peut être même auras-tu assez de temps libre pour quelques parties de jambes en l'air. Un garçon sudiste en pleine croissance a besoin de prendre son pied au lit de temps en temps, n'est-ce pas ?

Duffy's not averse to **a bit of the other**, never has been. Place called The Sea of Happiness, slap in the middle of the red-light quarter. Upmarket sort of establishment... Private rooms, decent food... and the girls leave you alone unless you tell 'em not to. (John Le Carré, *The Secret Pilgrim*)

Duffy n'est pas contre l'idée de se taper quelques nénettes. D'ailleurs, il ne l'a jamais été. Il y a un endroit, La Mer du Bonheur, en plein centre du quartier chaud. Un établissement sélect. Chambres privées, nourriture de bonne qualité. Et les filles te laissent tranquille, à moins que tu ne leur donnes d'indication contraire.

– Where are they going? asked Shepherd.
– Short-time hotel for a bit of **how's-your-father**. (Stephen Leather, *Live Fire*)

– Où vont-ils ? demanda Shepherd.
– Dans un hôtel de passe pour répondre à l'appel de leurs hormones.

De nombreux termes s'appliquent spécifiquement aux rapports anaux, et en particulier à la personne qui tient le rôle actif. Les plus communs sont *bugger*, *ream* et *pack fudge* (US). L'expression *take it up the ass* est réservée au partenaire passif, et elle est toujours dérogatoire. En Angleterre, *buggery* reste le terme légal officiel pour les relations sexuelles anales. *Butt-fucking* et *a bit of brown* sont nettement moins officiels mais veulent dire la même chose. *Fisting* ou *fist-fucking* décrit un rapport anal, souvent mais pas forcément homosexuel, dans lequel la main est insérée dans l'anus du partenaire.

Also on our block was Joseph Mains, a homosexual who was convicted of **buggering** young boys who were in care in the infamous Kincora Boys' Home in Belfast. (Martin Dillon, *The Shankill Butchers*)

Joseph Mains aussi vivait dans notre bloc. Il était homosexuel et reconnu coupable de sodomie envers de jeunes garçons sous la charge de la tristement célèbre Maison pour Garçons Kincora à Belfast.

Maria and I simulated a lot of things, including one scene of **buggering** in which I used butter, but it was all ersatz sex. (Marlon Brando, *Songs My Mother Taught Me*)

Maria et moi simulions beaucoup de choses dans le film, y compris une scène de sodomie où j'utilisais du beurre. Ce n'était rien qu'un ersatz de sexe.

Anything you do out of the ordinary might alert the feds... I'd hate to see this thing fall apart and spend the rest of my life getting **reamed** three times a day in prison for nothing. (Stephen Hunter, *Soft Target*)

Toute activité inhabituelle de ta part pourrait alerter les fédéraux. Je déteste l'idée que tout ceci puisse s'écrouler et que je passe le reste de ma vie en prison à être enculé trois fois par jour pour rien.

The study found that ten percent of the male population takes it up the ass! Yes, ten percent are **fudge-packers**! It's a huge number! Huge! (Jordan Belfort, *The Wolf of Wall Street*)	L'étude a découvert que dix pour cent de la population mâle se fait mettre ! Oui, dix pour cent des hommes sont des enculeurs ! C'est un chiffre énorme ! Énorme !
– Andrew brought AIDS into our offices, into our men's room. He brought AIDS to our annual goddamn family picnic. – For Christ's sake, where's your compassion? – Compassion? Andy sucks cocks, Bob. He **takes it up the ass**. He's a pervert. (*Philadelphia*)	– Andrew est venu au bureau avec son sida, il l'a amené dans les toilettes pour hommes. Et jusqu'à notre putain de pique-nique familial. – Mon Dieu, n'as-tu aucune compassion ? – Compassion ? Andy pompe des bites, Bob. Il se fait empapaouter. C'est un pervers.
– I find your theatrical bravado funny. – I don't think you're going to be laughing when you're sitting in a federal prison getting **buttfucked** by a bunch of hard cons. (Vince Flynn, *Extreme Measures*)	– Je trouve ta fanfaronnade théâtrale très drôle. – Je ne crois pas que tu trouveras à rire quand tu seras dans une prison fédérale en train de te faire empaffer par un paquet de taulards aguerris.
A **bit of brown**, Grieves said. No harm in it if he keeps it quiet. (Anthony Burgess, *Earthly Powers*)	Une petite séance de sodomie, dit Grieves, ne porte pas à conséquence s'il sait rester discret.
Once stretched, the anal sphincter doesn't regain its elasticity. Ever. The man's ass was like the Holland Tunnel long before he met me. When I **fistfucked** him, his rectum practically sucked in my hand right up to the wrist with no problem. (H. A. Carson, *A Roaring Girl*)	Une fois que le sphincter anal est distendu, il ne peut plus retrouver son élasticité. Jamais. Le joufflu de cet homme ressemblait au tunnel Holland bien avant qu'il ne m'ait rencontré. Quand j'ai bourré son cul avec mon poing, son rectum a avalé ma main jusqu'au poignet sans le moindre problème.

Pour conclure, voici quelques termes qui se rapportent à la brièveté d'un rapport sexuel. Un *quickie* est exactement ce qu'il dit, un acte rapide et voulu comme tel par les deux partenaires. *Wham-bam-thank-you-ma'am*, par contre, s'applique à un rapport exécuté trop vite pour l'un des deux participants, souvent à cause de l'éjaculation précoce. Le verbe transitif *bunnyfuck* signifie accomplir l'acte d'une manière délibérément rapide [littéralement, comme un lapin]. Un *one-night stand* est une liaison sexuelle qui ne dure qu'une nuit. Un *knee-trembler* est un rapport sexuel accompli debout, qui, précisément pour cette raison, a fort peu de chances de durer longtemps.

– How about a **quickie**?
– John, we're going to a wake.
  She glanced at her watch and asked:
– How quick? (Nelson DeMille, *The Gate House*)
	– On se fait un petit coup rapide ?
	– John, on va à une veillée funèbre.
	  Elle jeta un coup d'œil à sa montre et me demanda :
	– Rapide, ça veut dire quoi ?

– What a flop! – If you hadn't touched me ... – Ha! If I hadn't touched you ... What did you expect after that build-up? After all that licking and biting and kissing... I was aching. So I touch you ... and **wham bam thank you ma'am**! (E.A. Whitehead, *Mecca*)	– Quel fiasco ! – Si tu ne m'avais pas touchée ... – Ah ! Si je ne t'avais pas touchée ! Mais que pouvait-il se passer d'autre après ce qui avait précédé ? Après tout ce léchage, ces morsures, ces baisers. J'en mourrais d'envie. Alors je t'ai touchée ... et bang, c'est parti, merci madame !
If I wake you up at two in the morning to **bunnyfuck** you, I have the right to do so. You've agreed to my terms. (Lizzie Lynn Lee, *Private Sessions*)	Si je te réveille à deux heures du matin pour tirer mon coup à la va-vite, j'ai le droit de le faire. Tu as avalisé mes termes.
Katie will always insist on going back to her intended's home for sex. 'It's a more empowering thing to do because you can leave when you want... I don't want to taint my own flat with the messiness of a **one-night stand**.' (*Guardian*, 8/12/99)	Quand il s'agit de ses rapports sexuels, Katie insistera toujours pour se rendre chez son partenaire. « Ça apporte plus d'autonomie car tu peux partir quand tu veux. Je ne veux pas souiller mon propre appartement avec tout le bazar qui accompagne les rapports d'une seule nuit. »
Once he'd had her standing up, in her walk-in closet. A **knee-trembler**, smelling of mothballs, in among the Sunday crepes, the lambswool twin sets. She'd wept with pleasure. After dumping him she'd married a lawyer. (Margaret Atwood, *The Blind Assassin*)	Une fois, il l'avait prise debout dans sa penderie. C'était sabrer à la verticale, parmi les odeurs de naphtaline, les tissus en crêpe du dimanche, les assortiments jumeaux en mohair. Elle en avait pleuré de plaisir. Quand elle l'a plaqué, elle s'est mariée avec un avocat.

Couché, debout, lent, rapide, aimable, hostile, actif, passif, par devant, par derrière – *eye-fucking, finger-fucking, fist-fucking, buttfucking, bunnyfucking*... Le moins qu'on puisse dire, c'est que, dans ce domaine, ce n'est pas le choix qui manque. Laissons le dernier mot à l'inimitable Sergent Hartman (dans la quasi-certitude que ce qu'il envisage est encore un acte conceptuel) :

Pyle, I'm gonna give you three seconds – exactly three fucking seconds – to wipe that stupid-looking grin off your face, or I will gouge out your eyeballs and **skull-fuck** you! (*Full Metal Jacket*)	Pyle, je vais te donner trois secondes – exactement trois putains de secondes – pour que tu effaces ce sourire stupide de ton visage. Sinon, je vais t'arracher les yeux et te la fourrer dans le crâne !

3.6 Wank – *se branler*

Il existe une profusion de termes pour désigner la masturbation, les plus courants étant : *wank* (UK), *toss off* (UK), *jerk off* (US), *jack off* (US), *whack off* (US), *whack it* (US) et *frig*. Les périphrases comprennent : *have a J. Arthur* (UK, CRS basé sur la rime de *J. Arthur Rank* et *wank*), *beat one's meat, pull one's wire, pull one's peter, pull one's putz, give oneself a handjob*, et *play with oneself*.

Masturbation, fornication, defecation: serious words from his childhood, representing activities to be pondered before being indulged in. Nowadays it was all **wanking** and fucking and shitting, and no one thought twice about any of them. (Julian Barnes, *Before She Met Me*)	Masturbation, fornication, défécation, tous ces mots sérieux de son enfance représentaient des activités auxquelles il fallait réfléchir sérieusement avant de s'y adonner. Maintenant on parlait sans cesse de se branler, baiser et chier et personne ne s'y attardait l'espace d'une seconde.
My father went to prison for his beliefs. He believed it was okay to **have a wank** on the number 88 bus from Oxford Street to Clapham. (E.H. Thripshaw, *Mammoth Book of Tasteless Jokes*)	Mon père est allé en prison à cause de ses croyances. Il croyait qu'il n'y avait aucun inconvénient à se pignoler dans l'autobus numéro 88, entre Oxford Street et Clapham.
The reasons for this gloom are several, laying aside minor matters like lack of exercise, **tossing off**, etc.,	Les raisons de cette morosité sont nombreuses, même si on laisse de côté les sujets mineurs tels que le

which are in themselves products of gloom as much as producers. (Philip Larkin, *Selected Letters*)

– I remember once, on an exercise in Germany, I caught one of my own men, a private soldier, **jerking off** into half a pound of lamb's liver.
– Thank God it wasn't an officer. (E.A. Whitehead, *Mecca*)

The whole concept of having five thousand guys crammed together without women is unnatural. Everybody horny, **jacking off** in the shower, into their sheets – this boat is a floating semen factory! (Stephen Coonts, *The Intruders*)

They had taken courses of powerful wonderdrugs. He had **whacked off** into test tubes and gone around the house with a thermometer up his ass. No luck, no kids. Incompatibility. (Martin Amis, *Money*)

It takes the seriousness out of everything if you can imagine the President in back of the bathroom door **whacking it** to Miss July. I stroke it once in a while, I assume he does. (Lenny Bruce, *The Essential Lenny Bruce*)

After **frigging herself** into screaming oblivion, Sara lay back smiling as the camera zoomed down, to offer close-ups of her still-throbbing, very swollen clitoris. (Gerrie Lim, *In Lust We Trust*)

That Hampton started giving me a bit of north and south so I told him

manque d'exercice, la masturbation, etc., qui, en eux-mêmes, sont les produits autant que les producteurs de la morosité.

– Une fois, lors d'un exercice en Allemagne, je me souviens avoir surpris un de mes hommes, un simple soldat, en train de se branler dans une demi-livre de foie d'agneau.
– Dieu merci, ce n'était pas un officier.

L'idée même d'entasser cinq mille hommes les uns sur les autres, sans femmes, est contre nature. Tous ne pensent qu'à ça, tous se tirent sur la ficelle sous la douche et sous les draps. Ce navire en devient une usine flottante à spermatozoïdes.

Ils avaient consommé des quantités de puissantes drogues miracle. Il s'était taillé des branlettes dans des éprouvettes et se promenait dans la maison un thermomètre dans le cul. Pas de bol. Pas d'enfant. Incompatibilité.

On ne peut prendre quoi que ce soit au sérieux si on se met à imaginer le président derrière la porte de la salle de bains en train de se tirer une pignole devant la photo de Miss Juillet. Moi, je me branle de temps en temps. Lui aussi, je suppose.

Après s'être usinée à s'en péter les cordes vocales, Sara se reposait. Elle souriait à la caméra qui faisait un zoom sur elle pour capturer des images de son clitoris encore pulsatif et très gonflé.

Hampton a commencé à me bécoter, alors je lui ai dit qu'il aille se faire

to go **have a J. Arthur** and kicked him in the cobblers. (Eddie Kwadjo Danso, *Cockney Zulu*)

reluire et lui ai donné un coup de pied dans les roustons.

In recent weeks his acne had been clearing up, and the reason could not have been that he was **beating his meat** any less. (Thomas Berger, *Changing the Past*)

Dans les dernières semaines, son acné avait presque disparu. La raison n'en était certainement pas qu'il se tirait moins sur le lance-pierres.

I went outside to the hut where the very idle and disagreeable old man (all I could get) whom I paid to do the gardening spent his time drinking tea and, no doubt, **pulling his wire**. (Kingsley Amis, *The Green Man*)

Je marchais vers la cabane où le très désagréable et très oisif vieil homme que je payais comme jardinier (je n'avais trouvé personne d'autre) passait son temps à boire du thé et, sans doute aussi, à se taper la colonne.

I tossed him off. He came only a small amount. They're **pulling their cocks** twenty-four hours a day, I suppose. (Joe Orton, *Diaries*)

Je lui ai tiré une paluche. Il n'a pris son pied que faiblement. Ils s'allongent le macaroni vingt-quatre heures par jour, j'imagine.

– Sometimes it's better to use visual aids when you're talking to the Calucci brothers, I said.
– Fucking A, Tommy said. Neither of those dagos could **give himself a hand-job** without a diagram. (James Lee Burke, *Dixie City Jam*)

– Il peut parfois être utile de se servir de supports visuels quand tu parles aux frères Calucci.
– C'est foutrement vrai, dit Tommy. Aucun de ces Ritals n'est capable de se faire loucher le cyclope sans un diagramme descriptif.

What amazes me… is your presumption. I've been sleeping with Ameena for six months, while you've been **playing with yourself**. And here you are trying to tell me about her! You're incredible. (Paul Theroux, *The Collected Stories*)

Non mais, j'hallucine… toi et tes suppositions ! Je couche avec Ameena depuis six mois pendant que Monsieur se branle. Et voici que maintenant tu te permets de m'expliquer comment elle est ! Tu es quand même incroyable.

Parmi les accessoires masturbatoires (à défaut de foie d'agneau), on trouve les *fuckbooks*, surtout pour les messieurs, et les *dildos*, surtout pour les dames. Un *fuckbook* est une publication sexuellement explicite et en général copieusement illustrée. Un *dildo* est un objet en forme de pénis utilisé pour la stimulation sexuelle, c'est-à-dire un godemiché.

All he wanted to do was use her, make her do it with other women, recreate **fuckbook** scenarios. (James Ellroy, *L.A. Confidential*)

La seule chose qui l'intéressait était de se servir d'elle, de la faire baiser avec d'autres femmes, de recréer des scénarios de revues de cul.

This seems to be **dildo** awareness month. I have seen several on telly recently... What a ghastly thing to see, especially while sitting next to one's mother. I left the room pretty sharpish. My mother remained glaring at the screen, entranced. When one is 96, it must be gripping to see all these ex-secret things on your own telly. (*Guardian*, 28/10/02)

C'est le mois de sensibilisation aux godemichés, semble-t-il. J'en ai vus plein à la télé récemment. Quelle chose d'épouvantable à regarder, surtout quand on est assis à côté de sa mère. J'ai quitté la pièce sans demander mon reste. Ma mère est restée devant l'écran, fascinée. À 96 ans, il doit être palpitant de voir tous ces secrets d'antan étalés à la télévision.

3.7 Come – *jouir*

Le verbe *come* veut dire avoir un orgasme. Le substantif (souvent épelé *cum*) fait référence au sperme éjaculé. La fadeur du mot explique sans doute pourquoi il a engendré si peu d'euphémismes courants : aucun n'était nécessaire. On trouve quelques expressions verbales, bien sûr, mais aucune susceptible de venir à l'esprit à l'instant orgastique même ou dans les moments intenses qui le précédent. Elles comprennent *get off (on something), shoot one's wad* (pour messieurs seulement), et *cream. Faking it* (d'ordinaire réservé aux femmes) signifie qu'on fait semblant d'avoir un orgasme. Un *wet dream* est un rêve qui déclenche une éjaculation involontaire de sperme.

She starts sucking my cock again. I start to get her off with my hand. She gives decent head. I tell her 'Wait – I'm gonna **come**.' (Bret Easton Ellis, *The Rules of Attraction*)

Elle se remet à me sucer la bite. J'essaie de la faire jouir avec ma main. Elle taille une bonne pipe. Je lui dis, « Attends – je vais jouir. »

Jared heard this stupid joke from his boyfriend who works at Morton's. What are the two biggest lies? 'I'll pay you back' and 'I won't **come** in your mouth.' (Bret Easton Ellis, *Less Than Zero*)

Jared a entendu cette blague stupide de son petit ami qui travaille chez Morton. Quels sont les deux plus gros mensonges qu'on puisse dire ? « Je te rembourserai » et « je ne jouirai pas dans ta bouche ».

Everyone in the 151st not only knows you have a tattoo on your ass, they also know you **get off on** a good spanking. (Jennifer LaBrecque, *Anticipation*)

Tout le monde dans le 151e district sait non seulement que tu as un tatouage sur le cul, mais aussi que rien ne te fait jouir comme une bonne fessée.

There was one universal standard of prostitution: for the stated fee, you got the customer off, by whatever means. If he **shot his wad** while putting on the rubber, as some did, you had no further responsibility without further negotiation. (Thomas Berger, *Sneaky People*)

Il existait une norme universelle de la prostitution : pour la somme convenue, le client devait jouir, quel que soit le moyen employé. S'il vidait son chargeur en mettant la capote – ça arrivait à certains – vous n'aviez plus aucune responsabilité sans de nouvelles négociations.

You know, every 14-year-old girl was **creaming** her jeans every time Billie said the word 'love' in one of his songs. (Jack Boulware, *Gimme Something Better*)

Tu sais que toutes ces filles de quatorze ans s'envoyaient au septième ciel dans leur blue-jean chaque fois que Billie prononçait le mot « amour » dans une de ses chansons.

– Most women at one time or another have **faked it**.
– Well, they haven't faked it with me.
– How do you know?... All men are sure it never happened to them and all women at one time or other have done it, so you do the math. (*When Harry Met Sally*)

– La plupart des femmes, à un moment ou à un autre, ont feint l'orgasme.
– Eh bien, pas avec moi.
– Qu'est-ce que tu en sais ? Tous les hommes sont persuadés que ça ne leur est jamais arrivé et toutes les femmes l'ont pourtant fait à un moment ou à un autre, alors vas-y, fais le calcul.

Sandy, having wiped himself with toilet paper, returned to his bed and tried to avoid the chilled, clammy patch on his sheet. He had not experienced a **wet dream** for a long time. He tried to get to sleep again, to perhaps take up the dream, but could not. (Ian Rankin, *The Flood*)

Après s'être essuyé avec du papier toilette, Sandy retourna au lit et tenta d'éviter la partie gluante et fraîche du drap. Il n'avait pas fait de carte de France depuis bien longtemps. Il essaya de se rendormir pour, qui sait, replonger dans le même rêve, mais c'était impossible.

Le substantif *come* (ou *cum*) a également très peu de synonymes courants : *spunk*, *gissum* ou *jism* ou *jizz* (US) et *scum* (US)

After he'd gone I could have kicked myself. There was **come** all over the couch and I could never get rid of the stains. (E.A. Whitehead, *Old Flames*)

À son départ, je me serais tuée d'avoir été si bête. Le divan était couvert de foutre. Je n'ai jamais pu en faire disparaître les taches.

You know that funny little internal dripping you get after sex when you stand up, and you know you have maybe two seconds to get to the toilet before his **spunk** starts running down the inside of your leg? Well, this time – nothing. (*Salon*, 22/10/97)

Tu connais ce bizarre petit écoulement interne qui a lieu quand tu te lèves après le rapport sexuel ? À ce moment-là, tu sais qu'il te reste environ deux secondes pour courir jusqu'aux toilettes avant que le foutre ne commence à dévaler le long de l'intérieur de ta jambe. Et bien, cette fois-ci, rien du tout.

'Son of a bitch kike!' Bubbles screams. 'You got **gissum** all over the couch! And the walls! And the lamp!' (Philip Roth, *Portnoy's Complaint*)

« Fils de pute de youpin ! hurle Bubbles. Tu as mis du foutre sur tout le canapé! Et les murs ! Et la lampe ! »

I thought I had better stop doing it so much... I had picked up the Bible right after and promised and swore I wouldn't do it again. But I got **jism** on the Bible, and the promising and swearing lasted only a day or two, until I was by myself again. (Raymond Carver, *Where I'm Calling From*)

J'ai pensé que je devais cesser d'en faire tant. J'avais pris la Bible tout de suite après et avais solennellement juré que plus jamais je ne le ferai. Mais j'avais mis du sperme sur la Bible et les promesses, à moi-même comme à Dieu, n'ont duré qu'un jour ou deux. Jusqu'à ce que je me retrouve seul.

– What's a **jizz**-mopper?
– He's the guy in those nudie-booth joints who cleans up after each guy that jerks off... The jizz-mopper's job is to clean up the booths afterward, because practically everybody shoots a load against the window. (*Clerks*)

– Qu'est-ce qu'un balayeur de crème ?
– C'est l'employé de ces boîtes à cabines porno qui nettoie après que quelqu'un se soit branlé. Le boulot du balayeur de crème est de nettoyer les cabines entièrement parce que quasiment tout le monde se déleste contre la vitre.

Each night when I return the cab to the garage, I have to clean the **scum** off the back seat. Some nights, I clean off the blood. (*Taxi Driver*)

Chaque nuit, à mon retour dans le garage, je dois nettoyer le sperme sur la banquette arrière du taxi. Certaines nuits, je nettoie le sang aussi.

3.8 Frenchy – *capote*

Frenchy ou *frenchie* est l'abréviation de *French letter*, le préservatif, appelé en argot français une capote anglaise. À l'origine, les capotes se vendaient sous le coude dans des enveloppes discrètes, d'où le mot *letter* du terme anglais. On pensait à une certaine époque que le mot anglais pour préservatif, *condom*, venait de la ville française du même nom, ce qui pourrait expliquer la partie *French* dans *French letter*. D'autres noms sont *rubber*, *johnny*, *rubber johnny*, *skin* et *scumbag* (US, de *scum*, dans le sens de sperme). Tous ces mots ont été fortement ternis par leurs connotations sexuelles ; et ce, jusqu'à récemment, avec l'arrivée du sida et de la nécessité de promouvoir les rapports sexuels protégés. Il en allait de même de deux marques de fabrique, devenues à présent des noms génériques : *durex* (UK) et *trojan* (US).

She was scared. The usual thing. Afraid of getting pregnant – and I didn't have a **French letter**. It was my cousin and you don't take **frenchies** when you go to stay with cousins, do you? (Christian K. Stead, *Five for the Symbol*)

Elle avait peur. Le truc habituel. Peur de tomber enceinte – et je n'avais pas de capote anglaise. Nous étions cousins et on ne prend pas de capote quand on va rendre visite à des cousins, n'est-ce pas ?

My brother carried a **rubber** in his wallet all through adolescence. He showed it to me once, I think I was twelve. Flipped open his wallet and showed me this little wizened thing like a deflated penis and I don't think I ever recovered. (Don DeLillo, *Underworld*)

Mon frère avait porté une capote dans son portefeuille pendant toute son adolescence. Une fois, il me l'a montrée. Je crois que j'avais douze ans. Il a ouvert son portefeuille et m'a montré cette petite chose ratatinée comme un pénis dégonflé. Je ne crois pas m'en être jamais remis.

– Well, I ain't likely to get pregnant, am I?
– No, you silly cow, but you could catch all manner of diseases if you don't make the blokes wear a **johnny**. (June Hampson, *A Mother's Journey*)

– En tout cas, il est peu probable que je tombe enceinte, n'est-ce pas ?
– Non, espèce de petite idiote, mais tu pourrais attraper toutes sortes de maladies si tu ne fais pas porter un préservatif à ces types.

Why is a ship like a **rubber johnny**? Because it's full of seamen. (Graham Swift, *Last Orders*)

Pourquoi est-ce qu'un navire ressemble à une capote ? Parce qu'il est plein de « seamen » [marins].

– I was in like Flynn. But only once. You know why?
– Because you didn't meet her exacting standards for performance?
– No, no... Because she only fucks you once, and then she discards you like a used **scumbag**. (Gerald J. Davis, *Jungle of Glass*)

– Je l'ai eue. Mais seulement une fois. Tu sais pourquoi ?
– Parce que tu ne correspondais pas à ses rigoureux standards de performance.
– Non, non. Parce qu'elle ne baise avec quelqu'un qu'une seule fois. Ensuite elle te jette comme une vieille capote.

I fucking detest televised football. It's like shagging wi' a **durex** on. (Irvine Welsh, *Trainspotting*)

Nom de Dieu, comme je déteste le football à la télé. C'est comme baiser en portant un durex.

Next thing you know, they're back at his studio, making out on the couch... she comes to her senses and asks him if he's got a **trojan**. (*Salon*, 24/8/09)

Sans trop savoir comment, les voilà de retour dans son studio et sur le point de tirer un coup sur le sofa. Elle retrouve ses esprits et lui demande s'il a un préservatif.

3.9 The clap – *la chaude-pisse*

Le *clap* (du vieux français *clapoir*, un bubon vénérien) est une infection transmissible sexuellement, surtout la blennorragie. On parle de *catching the clap* ou *a dose of the clap* ou simplement *a dose*. Une *dose* se rapporte à n'importe quelle infection vénérienne. *Catching the pox* ou *a dose of the pox* signifie habituellement la syphilis (*pox* est une altération du pluriel de *pock*, cicatrice de variole). Mais la terminologie reste plutôt vague et le *pox* peut aussi quelquefois se rapporter à la blennorragie. Par contre, les formes tronquées de la syphilis – *the syph*, *siph* ou *siff* – ne laissent aucune place au doute. Quant aux *crabs*, c'est le terme familier pour une infestation de poux du pubis.

Bernard said: 'I spent my fortieth in a brothel in Marseille, caught the **clap** from a comely wench called Lulu.'
'See,' said my mother approvingly, 'Bernard knows how to enjoy himself!' (Sue Townsend, *Adrian Mole:The Prostate Years*)

Bernard dit : « Moi, j'ai passé mon 40e anniversaire dans un bordel marseillais, où j'ai attrapé la chaude-pisse d'une jolie fille qui s'appelait Lulu. »
« Tu vois, dit ma mère, approbatrice, Bernard, lui, sait comment s'amuser. »

She was right. There was no such thing as a clean prostitute. In fact he had been very lucky: he had only caught one mild case of **the pox** during many years of visiting brothels. (Ken Follett, *Dangerous Fortune*)

Elle avait raison. Une prostituée saine, ça n'existe pas. Il avait en fait été très chanceux : au cours des nombreuses années pendant lesquelles il avait fréquenté les bordels, il n'avait jamais attrapé qu'un léger cas de chtouille.

He had met Joseph's sort in the war. Different conditions of course, but the basic problem was the same: lack of backbone, deficiency of guts, absence of moral fibre. Those chaps were always the first to find the local brothel, always the first to get **a dose of the clap**. (Beryl Bainbridge, *Another Part of the Wood*)

Il avait rencontré plein de Joseph pendant la guerre. Certes, les conditions étaient différentes mais le problème de base restait le même : pas de cran, pas de couilles, pas de fibre morale. Ces types-là étaient toujours les premiers à trouver le bordel local et toujours les premiers à choper une blenno.

– I have to talk to you… I may have picked up **a dose** and given it to you…
– Most men I know would have said nothing. (Harold Robbins, *Dreams Die First*)

– Je dois te parler. J'ai peut-être attrapé une infection quelconque et je te l'ai transmise.
– La plupart des hommes que je connais ne se seraient pas manifestés.

I don't trust none of 'em … I know a guy once married a girl like that… she turned out to be a goddam whore and he got **the siph** off'n her. (John Dos Passos, *U.S.A.*)

Je ne fais confiance à aucune d'elles … J'ai connu un mec une fois, il a épousé une fille comme ça, et en fait c'était une sale pute qui lui a refilé la syphilis.

– Everybody talked about VD then. The clap was a term with a very decisive ring to it. The clap.
– **The siff**.
– All those terms, one worse than the other. (Don DeLillo, *Underworld*)

– Tout le monde parlait des maladies vénériennes à l'époque. La chaude-pisse était un terme qui sonnait comme un jugement sans appel. La chaude-pisse.
– Syphilis.
– Tous ces termes, pas un pour racheter l'autre.

– I haven't fucked anybody else! I got it from you! You're a carrier, a disease-ridden slut!
– What?
– **The crabs**, the crabs, you gave me the crabs! (Charles Bukowski, *Factotum*)

– Je n'ai tronché personne d'autre que toi ! C'est toi qui me l'as refilé ! Tu es une porteuse, une salope bouffée par la maladie !
– Quoi ?
– Des morpions, des morpions, tu m'as refilé des morpions !

He began to think he had picked up **a dose of crabs**, but since he had still had no intimate contact with a living female, they must have come from someplace else: maybe the toilet in the Hornbeck police station, the dirtiest crapper he had ever seen. (Thomas Berger, *The Feud*)

Il commença à penser qu'il avait attrapé des morpions mais puisqu'il n'avait eu aucun contact intime avec une femme, ils avaient dû venir d'ailleurs. Peut-être des toilettes dans le commissariat de Hornbeck, les chiottes les plus dégueulasses qu'il avait jamais vues.

What do you call a gal who's got the syph, the clap, and the **crabs**? An incurable romantic! Wooooo! (James Ellroy, *Hollywood Nocturnes*)

Comment appelles-tu une gonzesse qui a la syphilis, la chaude-pisse et des morbacs ? Une incurable romantique ! Agh, agh, agh !

4 Les acteurs sexuels

4.1 Ass – *cul*

Philip Larkin – qui se demandait pourquoi les Américains disent *blow* quand ils veulent dire *suck* – se demandait aussi pourquoi ils disent *ass* alors qu'il est évident qu'ils veulent dire *cunt*. L'explication en est simple. Ils le font à cause d'un processus connu sous le nom de déplacement anatomique par lequel le nom tabou d'une partie du corps (dans ce cas, *cunt*) est remplacé par le nom d'une autre proche partie anatomique qui est, soit moins tabou (*ass*), soit pas tabou du tout. On observe le même phénomène en français quand on dit « histoires de cul » alors que, à proprement parler, il s'agit de tout autre chose. Donc, quand les Américains se réfèrent à *ass* d'une manière figurative et non pas anatomique, comme dans les exemples suivants, c'est parce que *ass* est un substitut de *cunt* et, en tant que tel, une métonymie pour les femmes vues collectivement comme sources de gratification sexuelle.

Then he comes back from the Army and all he cares about is chasing **ass**. (John Updike, *Rabbit, Run*)	Ensuite, il revient de l'Armée, et la seule chose qui l'intéresse, c'est niquer.
I want some **ass** and I'm going to get some ass! (Charles Bukowski, *Hot Water Music*)	Je veux baiser et je vais baiser, un point c'est tout !
The guys on the whole don't look too bad, a lot of them work out, but the girls, you know ... no, a forty-fifth reunion is not the best place to come looking for **ass**. (Philip Roth, *American Pastoral*)	Dans l'ensemble, les hommes ne sont pas trop mal, la plupart se maintiennent en forme. Mais les femmes, que dire. Non, une réunion de classe après quarante-cinq ans sans s'être vus, ce n'est pas vraiment fait pour draguer son prochain coup.

Ceci explique pourquoi, si on voulait remplacer *ass* dans ces phrases par un synonyme, on utiliserait une variante moins rude de *cunt* – par exemple, *pussy*, *trim*, *quim*, ou *cooze* – plutôt qu'un synonyme de *ass*.

Mexico, that's a good place. They got that good **pussy** down there. (Robert Stone, *Dog Soldiers*)

Mexico, ça c'est un chouette endroit. Ils ont des chattes en or là-bas.

– What're you pissed off at, Calvin?
– Nothin...
– I know what you need... A little **trim**. (Joseph Wambaugh, *The Choirboys*)

– Qu'est ce qui t'a foutu en rogne, Calvin ?
– Rien.
– Je sais ce qu'il te faut. Une jolie petite chatte.

That's how he makes his walking-around money... from pumping broads of various ages and hungers – rich **quim** with husbands that don't give a damn who does them as long as they don't have to. (Truman Capote, *Answered Prayers*)

Voilà comment il gagne son argent de poche. En le soutirant de femmes de tous âges en manque. Des foufounes riches dont les maris se moquent pas mal de qui les sautent à partir du moment où ce n'est pas eux qui doivent le faire.

He did not want for **cooze**: women liked men who made them laugh, and his pudgy body and short height were not deterrents to romance. (Thomas Berger, *Changing the Past*)

Il ne manquait pas de minou. Les femmes aimaient les hommes qui les faisaient rire. Son corps rondelet et sa petite taille ne l'empêchaient pas d'avoir des idylles.

Tout cela illustre des usages américains, qui sont compris mais pas imités au Royaume-Uni. Le seul nom collectif comparable est *crumpet* (UK), qui est beaucoup plus aimable que la plupart des termes américains.

Oh, young man like you, soccer star and all that... shouldn't think you'd go short of **crumpet**? (E.A. Whitehead, *Mecca*)

Ah, un jeune homme comme toi, une star de football et tout ça... tu n'es pas en manque de fesses, j'imagine.

– When are you coming to Cape Town?
– I'll try to get down at the end of the season, if you promise to line up some **crumpet** for me.
– Whenever did you need help? (Wilbur Smith, *Golden Fox*)

– Quand viens-tu au Cap ?
– Je vais tenter de passer à la fin de la saison, si tu promets de m'aligner quelques minettes.
– As-tu jamais eu besoin d'aide ?

Quand des femmes individuelles sont regardées comme des objets sexuels, on les identifie par des expressions telles que *a piece of ass* (US), *a piece of tail* (US), *a bit of fluff* (UK), *a bit of stuff* (UK) et *a bit of all right* (UK). Une fois de plus, on constate que les termes britanniques, même s'ils ne sont pas tout à fait innocents d'un point de vue féministe, sont nettement moins déplaisants que les termes américains. La dernière de ces expressions, *a bit of all right*, peut s'appliquer à un homme ou à une femme.

She was beautiful! She was young! She was innocent! She was the greatest **piece of ass** I've ever had, and I've had 'em all over the world! (*The Godfather*)

Elle était belle ! Elle était jeune ! Elle était innocente ! Elle était la meilleure partie de baise que j'ai jamais connue et croyez-moi, j'en ai eues dans le monde entier !

You were out with that little **piece of tail**, weren't you? Lovell's daughter. If you don't get the clap off her, you'll never get it. That's dynamite you're fooling around with, pally. (Don Delillo, *Americana*)

Tu es sorti avec la fille de Lovell, celle au bien joli petit cul, n'est-ce pas ? Si tu réussis à ne pas choper la chtouille avec elle, tu ne l'auras jamais. Tu joues avec la dynamite, là, mon pote.

– You look like a nice **piece of cooze**. How'd you like to be fucked by a famous artist?
– I'll scream if you don't let me go! (Thomas Berger, *Regiment of Women*)

– Tu es du style bandant, toi. Qu'est-ce que ça te dirait d'être enfilée par un artiste célèbre ?
– Je vais me mettre à hurler si vous ne me lâchez pas !

He pointed above the bunk to the photograph of a sharp-chinned young lady trying earnestly to look like Dorothy Lamour.
– That's a nice **bit of crumpet**. (Richard Gordon, *Doctor at Sea*)

Il pointa son doigt au-dessus de la couchette vers la photo d'une jeune demoiselle au menton pointu qui s'efforçait à tout prix de ressembler à Dorothy Lamour.
– Ça, c'est un beau petit lot.

She's a blonde bimbo, Toby, mark my words. A gorgeous **piece of fluff**... Never be taken in by appearances, Toby... Under that gorgeous exterior, she's nothing but a twit. (Marion Lennox, *Bushfire Bride*)

C'est une bimbo blonde, Toby, crois-moi. Un magnifique morceau de choix, certes. Mais ne te fie jamais aux apparences, Toby. Sous des dehors éblouissants, elle s'en paie une sacrée couche.

That was how I ended up with your mother, he said... A fine **bit of stuff** she was too. (Roddy Doyle, *Bullfighting*)

Et c'est comme ça que je me suis mis avec ta mère, dit-il. C'était une bien belle pépée, ta mère, je peux te le dire.

I'm certainly not thinking of getting clogged up with another man having

Je n'envisage certainement pas de m'encombrer avec un autre homme

just broken free of thirty years of shackles... but if I were thinking of it, Iain is definitely a **bit of all right**. (Sue Hepworth & Jane Linfoot, *Plotting for Beginners*)

alors que je viens juste de me libérer de trente ans de chaînes. Par contre, si je l'envisageais, je trouve qu'Iain vaudrait certainement le détour.

Enfin, souvenons-nous de ces mots rencontrés à la section 3.5 du dernier chapitre (*fuck, screw, shag, hump* et *ride*) qui peuvent désigner soit un acte sexuel, soit un partenaire sexuel aux compétences spécifiées : *a fantastic fuck* [un coup du tonnerre], *a second-rate screw* [un baiseur de seconde catégorie], *an unexceptional shag* [une couche-toi-là quelconque], etc. Ces expressions peuvent être utilisées à propos des deux sexes. Il en va de même du mot courant *lay*.

– Are you telling me you're infatuated with Glenda Grayson?
– You asked if she's a good **lay**. I'm gonna tell you, she's a hell of a lay. (Harold Robbins, *Raiders*)

– Ne me dis pas que tu es obsédé par Glenda Grayson ?
– Tu m'as demandé si c'est un bon coup. Et bien, je te réponds qu'elle est vachement bien.

4.2 Stud – *étalon*

Les hommes non plus ne sont pas toujours aimés en premier lieu pour leurs capacités intellectuelles. S'ils sont appréciés comme de purs phénomènes sexuels – que ce soit par les femmes ou par d'autres hommes ou par eux-mêmes (dans leurs fantasmes ?) – les termes appropriés sont *stud* [animal réservé à la reproduction] et son proche synonyme *stallion* [étalon].

Don't you never think he's homo-sexual... He's screwed more women than he has fingers and toes! He's a real **stud**. (Gerald Clarke, *Capote*)

Ne pensez pas une seconde qu'il est homosexuel. Il a troussé plus de femmes qu'il n'a de doigts et d'orteils. C'est un véritable étalon.

AIDS-tested **studs** for the creative woman (or the busy executive) who doesn't want to get involved. But of course it would never work. Most women don't want studs, AIDS-tested or not – they want love. (Erica Jong, *Any Woman's Blues*)

Des étalons, testés au préalable contre le sida, pour la femme créative (ou femme-cadre débordée) qui ne veut pas s'impliquer. Seulement ça ne marcherait jamais. La plupart des femmes ne veulent pas d'étalon, qu'ils soient testés contre le sida ou pas. Elles veulent de l'amour.

She did not know that Hertford was a **stallion**. Once in her bed, he made love to her nonstop the entire night. After he left, she was a wreck, unable to leave her bed for three days. (Irving Wallace *et al.*, *The Intimate Sex Lives of Famous People*)

Elle ne savait pas que Hertford était un étalon. Une fois dans son lit, il lui a fait l'amour sans discontinuer pendant toute la nuit. Quand il est parti, elle était en loque, incapable de quitter son lit pendant trois jours.

Studs, stallions et *cocksmen* de toutes sortes se doivent d'être *well hung*, c'est-à-dire, d'avoir des organes génitaux de bonne taille. Un *cocksman* (le mot est vulgaire à cause de sa composante *cock*) est un homme connu pour son extrême virilité et ses attributs sexuels bien fournis. La taille n'est toutefois pas la seule considération. Le savoir, l'imagination et un caractère affable rentrent également en ligne de compte.

On her wedding night she amazed her husband with her prowess. In his culture that meant something... Medjuel, a renowned **cocksman**, had to master the nuances of thirty-eight kinds of vagina, imaginative foreplay, and the thrust work to induce multiple female orgasms. (Betsy Prioleau, *Seductress*)

Le soir de ses noces, elle stupéfia son mari par ses prouesses. Dans sa culture à lui, cela voulait dire quelque chose. Medjuel, un célèbre baiseur de premier ordre devait maîtriser les nuances de trente-huit sortes de vagins, des préliminaires inventifs et le travail de poussée nécessaire aux orgasmes multiples des femmes.

A clean pecker is a healthy pecker. And a healthy pecker makes for a happy **cocksman**. (Caroline de Costa & Michele Moore, *Dick*)

Une bite propre est une bite saine. Et une bite saine rend son super baiseur de propriétaire heureux.

Barrett had been through everything with Nicole. Seen a lot of dudes come and go, studs, jocks... but they always had something. If they weren't good looking, strong, **well hung**, then they had something you could relate to, some good trick. (Norman Mailer, *The Executioner's Song*)

Barrett avait déjà tout vécu avec Nicole. Il avait vu beaucoup de types entrer et sortir, des étalons, des sportifs, mais ils avaient toujours autre chose aussi. S'ils n'étaient pas beaux, forts, bien montés, alors ils avaient quelque bon truc auquel on pouvait se rattacher.

Boys... were freely on view in the baths of Rome. Men's eyes would fall easily on a 'cute pair of balls'.

Les jeunes garçons s'affichaient partout dans les bains de Rome. Les yeux des hommes tombaient

The appearance of a spectacularly **well-hung** young man or *a fortiori* a boy – the beau ideal – would be greeted with applause. (Anthony Blond, *Private Lives of the Roman Emperors*)

facilement sur « une jolie paire de couilles ». L'apparence soudaine d'un jeune homme ou, à fortiori, d'un garçon particulièrement bien monté – incarnant l'idéal du beau – était accueillie avec des applaudissements.

Dans le même ordre d'idées, on aurait tort de négliger un terme relativement récent : *swinging dick* (ou encore plus explicite, *big swinging dick*), qui évoque le mâle puissant, sûr de lui et, cela va de soi, bien monté. Selon Tony Thorne dans le *Dictionary of Contemporary Slang*, le terme a été inventé et utilisé à grande échelle dans les premières années de ce siècle par les traders de Wall Street et ensuite par ceux de la Cité de Londres. Leur image d'eux-mêmes, quoique positive, certes, nous en dit sans doute long sur l'évolution de l'économie mondiale pendant cette période.

He'd always suspected that he'd be good on TV. Now he knew. In another life, he could have been an actor, a talk show host. He had the looks, the charm. Was it narcissistic if you knew you actually were the **biggest swinging dick** in the room? he wondered. Any room? Every room? (James Patterson, *Now You See Her*)

Il avait toujours imaginé qu'il serait bon à la télévision. Maintenant il le savait. Dans une autre vie, il aurait été acteur, ou présentateur de débats. Il en avait la beauté et le charme. Était-ce vraiment narcissique de penser qu'on était de loin la meilleure chose dans la pièce ? se demandait-il. Dans n'importe quelle pièce ? Dans toutes les pièces ?

4.3 Cockteaser – *allumeuse*

Femme ou homme homosexuel qui excite un homme par l'octroi de certains services avant de refuser l'acte sexuel même. Il ou elle s'appelle un *cockteaser* ou *prickteaser* ou *pricktease*.

His wife was very pretty... and could have been described in polite society as a flirt; anywhere else she would have been called a **cockteaser**. (David Niven, *The Moon's a Balloon*)

Sa femme était très jolie. Dans la société bien-pensante, on l'aurait appelée un flirt mais partout ailleurs ça aurait été une aguicheuse.

She was the archetypal **pricktease**. Would sit on his knee and let him feel her up, but not sleep with him... It nearly drove him insane. (David Lodge, *Small World*)

Elle était l'allumeuse type. Elle s'asseyait sur ses genoux et le laissait la tripoter. Mais elle ne couchait pas. Ça l'a presque rendu fou.

À l'inverse, un homme qui excite une femme sexuellement avant de refuser l'acte sexuel s'appelle un *cunt-teaser*. Dans le dialogue qui suit, la femme est la première à parler :

– You wouldn't deny that you were – how would you put it? – leading me on?
– Umm, no more than you were me...
– But I was trying to get off with you, wasn't I?
– I admit I was ... flirting with you.
– Well, then, you're a **cunt-teaser**, aren't you? (Julian Barnes, *Metroland*)

– Tu ne vas pas nier que tu m'as – comment dire ? – allumée ?
– Euh, pas plus que tu ne l'as fait avec moi.
– Mais moi, j'essayais de te draguer, n'est-ce pas ?
– Je dois avouer que ... je flirtais avec toi.
– Vraiment, alors tu ne fais qu'allumer, c'est ça ?

Clit-tease peut vouloir dire la même chose, comme dans l'exemple suivant. Mais le terme désigne aussi, et surtout, une femme hétérosexuelle qui fréquente les lesbiennes sans révéler qu'elle est hétéro.

He was what you'd call a habitual shag-dodger, all come-ons but no follow-through, what you'd call a **clit tease**. (Jackie Clune, *Man of the Month Club*)

Il était votre non-baiseur typique, toujours à faire des avances sans jamais concrétiser – en d'autres termes, le vrai allumeur.

4.4 Homo – *homo*

Il fallut attendre la fin des années 60 pour que *gay* devienne le mot utilisé par les *gay men* eux-mêmes pour se décrire. Depuis, cette acception a eu un tel succès que, dans tous les pays anglophones, les anciennes significations du mot – *carefree* [insouciant] ou *cheerful* [joyeux] – ont disparu de la langue quotidienne. Certains homosexuels tentent actuellement de faire sortir *queer* du placard de la même manière, mais c'est un synonyme bien plus désagréable et les résultats ne sont pas encore concluants. Pour l'instant, il vaut donc mieux continuer à traiter *queer* et tous les autres mots argotiques ayant trait aux homosexuels comme des termes profondément offensants. Les plus communs sont : *homo, fruit, fag* (US), *faggot* (US), *poof* ou *pouffe* ou *poofter* (UK) et *fairy*.

As a kid, you're taught right away that **queers** are weird... they're a danger to kids, they're afraid to fight, and they all want to cop your joint. And that pretty much sums up the general thinking out there. (*Philadelphia*)

Enfant, on t'apprend tout de suite que les pédés sont bizarres. Ils sont dangereux pour les gosses, ils ont peur de se battre, et ils veulent tous saisir ta bite. C'est un résumé concis de ce que la société pense sur le sujet.

– You a **homo**?
– Do I look like a homo?
– You got long hair. Homos got long hair. (*Lethal Weapon*)

– Es-tu un homo ?
– Est-ce que j'ai l'air d'être un homo ?
– Tu as les cheveux longs. Les homos ont les cheveux longs.

Let me warn you about **fruits**... a fruit can look like anything. He can be a big manly guy with a wife and kids and a good job, he can be a professional man, or a priest, or even a cop. (Joseph Wambaugh, *The New Centurions*)

Soyez prévenus : une tartouze ressemble à n'importe quoi. Il peut être un grand type costaud avec une femme, deux gosses et un bon boulot ; il peut exercer une profession libérale ou être un prêtre ou même un flic.

He was screaming at me, calling me a **fag**, asking me if I liked getting it up the ass, or was my fucking fairy boyfriend the one who liked getting his hole hammered. Shit like that. (Marshall Moore, *The Concrete Sky*)

Il me hurlait après, me traitait de lopette, me demandait si j'aimais être enculé, à moins que ce ne soit mon putain de petit ami qui aime se faire tamponner le trouduc. Des conneries dans ce style.

– How does a **faggot** fake an orgasm? ... He spits on your back.
– Charles, that's revolting! (*Philadelphia*)

– Comment un pédé simule-t-il un orgasme ? ... Il crache sur ton dos.
– Charles, c'est dégueulasse !

I fancy loads of birds, all blokes fancy loads of birds, 'cept **poofs**, and they fancy loads of blokes. Gay or straight, men like to put it about

Je suis attiré par plein de souris, tous les mecs sont attirés par plein de souris, à part les pédés. Eux, ils sont attirés par plein de mecs.

a bit, full stop. But when it comes to football, you only ever support one team, don't you? You're faithful. (Ben Elton, *Dead Famous*)

Homos ou hétéros, les hommes aiment tirer des coups à droite et à gauche, point final. Par contre, en football, tu es le supporter d'une seule équipe, n'est-ce-pas? Tu es fidèle.

My father... sneered when he saw William brushing the doll's tresses with a tiny plastic brush. 'He'll end up a bleedin' **poofter**,' he laughed, before thrusting an ill-wrapped present into William's arms. It was an Action Man, riding a motorbike armed with a rocket-launcher and enough ammunition to annihilate China. (Sue Townsend, *Adrian Mole: The Lost Diaries*)

Mon père ricana d'un air méprisant quand il vit William brosser les tresses de la poupée avec une minuscule brosse en plastique. « Il est parti pour finir en pédé, » dit-il en riant, et en jetant violemment un paquet mal emballé dans les bras de William. C'était Action Man sur une moto armée d'un lance-roquette et de suffisamment de munitions pour anéantir la Chine.

When I was ten, I broke my index finger playing football... I found it hurt less when I relaxed my wrist muscles and just let my hand dangle limply. Apparently my method wasn't manly enough for Dad.
– What's wrong with letting my wrist relax?
– You look like a fucking **fairy**, that's what's wrong. (Ken Baker, *Man Made*)

Quand j'avais dix ans, je me suis fracturé l'index en jouant au foot. Je découvris que la douleur était moindre si je relâchais les muscles du poignet et laissais ma main pendre mollement. Mais ma méthode n'était pas assez virile pour mon père.
– Mais quel est le problème si je relâche mon poignet ?
– Tu ressembles à une putain de tante, voilà le problème.

De nombreux termes font allusion au sexe anal et aux excréments : *arse-bandit, bum-bandit* (UK), *bumboy* (UK), *turd burglar, shirtlifter, fudgepacker* (US).

His nickname was Wendy. Wendy was homosexual, he was an **arse-bandit**, a **turd burglar**, a **shirtlifter**, a dirty fucking queer, a stinking poof, a fucking homo. He was also a good man. (Ken Lukowiak, *A Soldier's Song*)

Son surnom était Wendy. Wendy était homosexuel, un sale bourrin, un amateur de rosette, un enculé, un putain de pédé, une espèce d'empaffé, une merde d'homo. Il était aussi un mec bien.

Not so long ago, here in London, police officers went posing as gay men in bars to arrest any man who solicited them. Back in those days, white British TV comedians would refer to gay men as 'poofs', 'queers' and **'bum bandits'** – and 'queer-bashing' was rampant. (*Guardian*, 18/10/02)

Il n'y a pas si longtemps, les policiers de Londres allaient dans les bars déguisés en homosexuels pour arrêter tout homme qui les racolait. À cette époque, à la télé, les humoristes blancs britanniques n'hésitaient pas à parler des homosexuels comme étant des pédales, des tapettes et des bourrins. Et de tous les côtés on « cassait du pédé ».

– Know what turning the cheek meant when I was young? Fellow who turned his cheek?
– No.
– **Bumboy**. You a bumboy, Wilson? (John Fowles, *The Ebony Tower*)

– Sais-tu ce que voulait dire tourner la joue quand j'étais enfant ? Enfin, un garçon qui tourne la joue ?
– Non.
– Une frappe. Es-tu une sale petite frappe, Wilson ?

What about your family? Can you imagine the humiliation your father's going to feel when he finds out his pride and joy is a **fudgepacker**? (*Cruel Intentions*)

Et ta famille alors ? Te rends-tu compte de l'humiliation de ton père quand il va apprendre que la prunelle de ses yeux n'est rien d'autre qu'un empaffé ?

D'autres termes insistent sur le côté efféminé de la personne. Dans l'utilisation des noms de filles, par exemple : notamment, *nance* ou *nancy boy*, *jessie* ou *sissy* (de *sister*). Ou en se concentrant sur la délicatesse de son apparence ou de sa manière de se déplacer : *pansy*, *swish*, *ponce*. Ou en se servant d'un mot comme *queen* qui ne peut d'habitude que s'appliquer à une femme.

We're looking for a fellow who screwed the arse off a Baroness, not a couple of raving **nances**. (Frederick Forsyth, *Day of the Jackal*)

On cherche un gars qui a très sérieusement fouaillé une baronne, pas une paire de gerboises flamboyantes.

I don't know for sure, but I think you may be a homosexual and I don't want any fucking faggots working here. Watch your step on the way out, **nancy boy**. (Richard Dooling, *Blue Streak*)

Je n'en suis pas sûr mais je pense que tu es homosexuel et je ne veux pas que de sales chochottes viennent travailler ici. Attention à la marche en sortant, chochotte.

Whenever I was sent sprawling, I didn't roll and wriggle about on the pitch like some skewered worm. If I'd done that, my team-mates would have given me short shrift, saying something like, 'Get up, you big **jessie**, and stop being so bloody dramatic.' (Jimmy Greaves, *Greavsie: The Autobiography*)

À chaque fois que je finissais par terre, je ne me tordais pas dans tous les sens et je ne me trémoussais pas sur le terrain comme un ver à l'hameçon. Si je m'étais comporté ainsi, mes coéquipiers m'auraient envoyé promener. Ils m'auraient dit quelque chose du genre : « Lève-toi, grande tante, et arrête de la ramener. »

George Bush called upon the valuable coaching skills of Roger Ailes. 'There you go again with that fucking hand!' he once berated the President. 'You look like a fucking **pansy**!' (Julian Barnes, *Letters from London*)

George Bush faisait appel aux capacités précieuses de coach de Roger Ailes. Un jour, ce dernier réprimanda le Président ainsi : « Mais c'est pas vrai, tu refais ce truc avec ta putain de main ! On croirait une putain de lope ! »

You wanna be a goddamn **swish** – a goddamn faggot-queer – go! Suckin' cocks and takin' it in the ass, the thing of which you dream, go! (David Rabe, *Streamers*)

Tu veux devenir une sale joconde, une espèce d'enfoiré de pédé autoreverse – et bien, vas-y ! Va sucer les pines et te faire emmancher, tout ce dont tu rêves, allez, vas-y !

I was an amateur at this DIY stuff, and both he and his assistant knew it. I then added some rubber gloves to the pile. I hadn't wanted to buy them earlier cos it would have made me look like a bit of a **ponce**, but as he now thought that anyway, I thought I may as well be a ponce with nice hands. (Karl Pilkington, *Happyslapped by a Jellyfish*)

Je n'étais qu'un amateur en matière de bricolage et lui et son assistant le savaient. J'ajoutais une paire de gants en caoutchouc à la pile. Je n'avais pas voulu les acheter plus tôt parce que ça m'aurait donné un air de tapette, mais maintenant qu'il pensait ça de toute manière, autant être une tapette aux mains en bon état.

A straight? No, he couldn't be, he wouldn't be here. And not a butch looking for a nance... He must be... a handsome young butch looking for an old **queen** to take him home. (Frederick Forsyth, *Day of the Jackal*)

Un hétéro ? Non, ce n'est pas possible. Il ne serait pas ici. Et il n'est pas non plus un étalon à la recherche d'une fiotte. Il doit être un jeune homme viril et beau en quête d'une vieille pédale qui le ramène à la maison !

Certain termes sont plus spécifiques encore. Un *pogue*, par exemple, est un jeune homosexuel mâle. Les partenaires homosexuels de rencontre sont connus sous le nom de *trade*, tandis que les personnes rustres ou de classe populaire qui pratiquent la prostitution homosexuelle et/ou le S&M sont *rough trade*. Un homosexuel particulièrement ostentatoire est un *flamer*. Celui qui porte des vêtements de femme, généralement de manière flamboyante, est la *drag queen*. Aux yeux de la communauté *straight*, c'est-à-dire hétérosexuelle, tous ceux qu'on vient de citer, et en fait tous les homosexuels, sont *bent* [tordus].

The kid was a **pogue**. It seemed to Hicks that if he got any drunker... he might actually have some sort of a shot at him. (Robert Stone, *Dog Soldiers*)

Le gosse était un jeune homo. Hicks pensa que s'il devenait lui-même encore plus ivre il pourrait être tenté de lui faire une passe.

He was staying in Bristol in terrible digs. He'd been having the **trade** back and finally his landlady said, 'You've been bringing people back, haven't you? It's got to stop. You're not to bring any more men back here.' (Joe Orton, *Diaries*)

Il résidait à Bristol dans une chambre meublée plutôt lamentable. Il y ramenait des partenaires sexuels jusqu'à ce que sa propriétaire lui dise un jour : « Tu ramènes du monde ici, n'est-ce pas ? Il faut que ça cesse. Tu ne dois plus ramener d'hommes ici. »

– Trousers down, bitch, this is what your prostate has been waiting for.
– After all our intellectual discussions you turn out to be **rough trade**.
(Russell Hoban, *Angelica's Grotto*)

– Descend ton futal, salope, maintenant tu vas voir ce que ta prostate attendait.
– Après toutes les discussions intellectuelles que nous avons eues, tu dévoiles enfin ton côté sado.

– Wait... Lypsinka's coming? What did I tell you guys: we don't want any drag queens.
– Lypsinka is not a **drag queen**, Victor. Lypsinka is a gender illusionist. (Bret Easton Ellis, *Glamorama*)

– Comment ça, Lypinska vient ? Qu'est-ce que je vous avais dit, les gars ? Pas de grande folle ici.
– Lypsinka n'est pas une folle, Victor. Lypinska est un illusionniste du genre.

Look... Between you and me and the wall, I'll tell you something about Hitler... The guy was a **flamer**. All his staff was in love with him. Even the married guys. He never had normal relations with a woman. He didn't

Écoute, je vais te raconter quelque chose au sujet d'Hitler. Strictement entre toi et moi, bien sûr. Hitler était un pédé et fier de l'être. Tout son personnel était amoureux de lui. Même ceux qui étaient mariés. Il n'a

marry Eva Braun till the day they killed themselves. (Francine Prose, *A Changed Man*)

jamais eu de relation normale avec une femme. D'ailleurs, il n'a épousé Eva Braun que le jour où ils se sont suicidés.

– I think he's **bent**.
– Do you mean he's a crook?
– No, bent, a pouffe. He's very artistic... (Deryn Lake, *Mills of God*)

– Je pense que c'est un yob.
– Tu veux dire que c'est un ripou ?
– Mais non, une tapette, une tante. Il aime beaucoup l'art, tu sais.

4.5 Lesbo – *gouine*

Les termes argotiques les plus courants pour parler d'une homo-sexuelle sont des variations de *lesbian* : *les, lezzie, lesbo*

She used to go around with Lizzie Taylor. That's how I know she's a **les**. (Zev Chafets, *Inherit the Mob*)

Elle sortait souvent avec Liz Taylor. C'est comme ça que je sais que c'est une gouine.

Maggie's hair was pepper-and-salt, cropped close to her head. She was tall, flat-chested, cheerful, and opinionated. Lloyd called her the **lezzie**. (Alice Munro, *Too Much Happiness*)

Les cheveux de Maggie étaient poivre et sel et coupés ras. Elle était grande, plate, enjouée et dogmatique. Lloyd l'appelait la gouine.

– Relationships seem too distracting. I'd rather concentrate on my studies.
– You a **lesbo**? (*Cruel Intentions*)

– Les relations personnelles me semblent trop compliquées. Je préfère me consacrer à mes études.
– Tu es lesbienne ?

Une lesbienne aux tendances agressives et fortement masculines est une *dyke* ou *bull dyke* ou *diesel dyke*. On la décrirait comme étant *butch* tandis que la partenaire la plus passive endosse le doux mot français *femme*.

Not that Powell would ever have called Leonie a nigger to her face, or even a **dyke**, although as far as Powell was concerned, she was both. He didn't doubt for one moment that she would kill him if he uttered either of those words in her presence. (John Connolly, *Bad Men*)

Bien sûr, Powell n'aurait jamais appelé Leonie une nègresse quand elle était en face de lui, ou même une gouine, même si pour lui elle était les deux. Il ne doutait pas un seul instant que si elle l'entendait prononcer un de ces mots, elle le tuerait.

– Did you just call me a **bull dyke**?
– No... I said drop the bull dyke attitude. You know, the whole female cop that has to prove she's tougher than any man.
– You think I'm a lesbian? (Vince Flynn, *Act of Treason*)

You think of the setup at your place. Bottle of Vat 69... The mood lighting. The cool jazz on the turntable. We'll do Miles, yeah, from his blue period. If Miles can't soften her up she's probably a **diesel dyke**. (Don DeLillo, *Underworld*)

A crew of **butch** women has moved in a few houses down and they're always out in steel-toed boots and overalls with ladders and hammers fixing things. (John Updike, *Rabbit is Rich*)

I appreciate your magazine, but can't you get more models who look like NORMAL women? Everyone in your zine is punk rock or butch/ **femme** and not like anyone who could walk down the streets of Sacramento. (Susie Bright, *Big Sex Little Death*)

– Est-ce que tu viens de me traiter de hommasse?
– Non. J'ai dit, arrête de te comporter comme une hommasse. Comme la femme policier qui doit prouver qu'elle est plus dure que n'importe quel homme.
– Tu penses que je suis une lesbienne ?

Tu penses à comment organiser les choses chez toi. La bouteille de Vat 69, l'éclairage d'ambiance, le jazz sexy sur la platine. On mettra Miles, ouais, Miles période bleue. Si Miles ne parvient pas à l'adoucir, c'est qu'elle est probablement une hommasse.

Une bande de gougnottes macho a emménagé dans une maison en bas de la rue. Elles sont toujours en bottes à embouts d'acier et en salopettes avec des marteaux et des échelles pour réparer les choses.

J'apprécie votre magazine mais ne pourriez-vous pas choisir des mannequins qui ressemblent à des femmes normales ? Tout le monde dans votre revue est tendance punk rock ou gouine mâle et gouine femelle. Elles ne ressemblent en rien aux femmes qui arpentent les rues de Sacramento.

D'autres termes courants ont trait au cunnilingus et sont par conséquent plus choquants : par exemple, *muff-diver* et *rug-muncher* (US). Ces termes peuvent aussi être appliqués aux hommes mais sont en général des synonymes de lesbienne.

– What if you're a boy trapped in a girl's body and the kids at your school call you Pussyeater and Butch and **Muffdiver**?

– Que faire si tu es un garçon coincé dans le corps d'une fille et que les enfants de l'école te traitent de mangeur de chatte, hommasse et

– You tell yourself they're shitheels and find somebody lonelier than you to be nice to.
– What if there's nobody lonelier than you? (Mary Karr, *Lit*)

lécheur de minette ?
– Tu dois te dire que ce sont des connards et trouver quelqu'un qui est encore plus seul que toi avec qui être sympa.
– Et s'il n'y a personne de plus seul que toi ?

She's fucking with your mind, man! … I don't know – maybe because that's just what dykes like to do: fuck around with straight guys' heads, just so she can go back to her little **rug-muncher** club and have a good laugh with all her man-hating harpy cronies about how fucking stupid and easily duped men are! (*Chasing Amy*)

Elle t'empoisonne le cerveau, mec. Je ne sais pas pourquoi. Peut-être que les gouines aiment faire ça, foutre la merde dans la tête des hétéros mâles. Comme ça, elles peuvent retourner dans leur club de brouteuses et se marrer entre elles – ces harpies qui détestent les hommes – en disant qu'ils sont bien stupides, les hommes, et faciles à tromper !

Deux expressions périphrastiques inoffensives sont *sister of Lesbos* et *friend of Dorothy*. Une *faghag* (US) est une femme qui fréquente les homosexuels mâles mais qui n'est pas nécessairement homosexuelle elle-même.

– She is… a **sister of Lesbos**…
– You mean she's a **friend of Dorothy**?
– Precisely. She's a fucking muff-diver. Or, more accurately, a non-fucking muff-diver. (Jonathan Coe, *The House of Sleep*)

– Elle est une sœur de Lesbos.
– Tu veux dire une homosexuelle?
– Exactement. C'est une salope de brouteuse. Ou, plus précisément, une brouteuse qui ne baise pas. [jeu de mots sur *fucking* et *non-fucking*]

Men are often urged, by women, to recognize the feminine side of their nature. I always thought that was **faghag** talk but now I'm not so sure. (Martin Amis, *Money*)

Les femmes incitent souvent les hommes à accepter le côté féminin de leur personnalité. J'ai toujours pensé que c'était le discours de celles qui fréquentent des tofioles. Maintenant, je n'en suis plus si sûr.

4.6 AC-DC – à *voile et* à vapeur

Tous les termes qui décrivent les bisexuels sont euphémistiques et varient du fade (*bi, versatile*) au métaphorique (*AC-DC, switch-*

hitter, *ambidextrous*) jusqu'à l'enjoué (*ambisextrous*, *gender bender*). Le plus courant de tous ces termes est *AC-DC* [courant alternatif / courant direct], qui suggère des options contrastées. Dans la terminologie de base-ball, un *switch-hitter* est un joueur qui utilise sa batte à droite ou à gauche et change de côté comme ça lui chante. On dit aussi fréquemment des bisexuels qu'ils *swing both ways* (autre expression venue du base-ball). Un *gender bender* est une personne qui ne correspond pas à son type biologique mais dont l'identité sexuelle est androgyne et ambiguë.

He's always saying he's **bi**. I'm adventurous, he says. I'm a sexy boy. (Martin Amis, *Lionel Asbo*)

Il n'arrête pas de dire qu'il est bisexuel. J'aime l'aventure, dit-il. Je suis un garçon sexy.

Humphrey's friend, Trevor Lomas, had said Dougal was probably pansy. – I don't think so, Humphrey had replied. He's got a girl somewhere. – Might be **versatile**. – Could be. (Muriel Spark, *The Ballad of Peckham Rye*)

L'ami de Humphrey, Trevor Lomas, avait dit que Dougal était probablement un pédé. – Je ne pense pas, répliqua Humphrey. Il a une petite amie quelque part. – Peut-être qu'il mange à tous les râteliers. – Peut-être.

I adored Patty Lareine... I don't want to bring out the crying towel, but for a little while, she made me feel like a man. I always say that if you're **AC-DC**, it's nice to have power in both lines. (Norman Mailer, *Tough Guys Don't Dance*)

J'adorais Patty Lareine. Je ne veux pas sortir les mouchoirs mais, pendant un laps de temps, grâce à Patty, je me suis senti comme un homme. Comme je dis toujours, si tu es bisexuel, c'est bien que les deux côtés fonctionnent.

Chucky goes through broads, man. They don't stay too long. He gets rid of them... Some guys say he's a **switch-hitter**, but I never seen him with anything but a broad. (Elmore Leonard, *Stick*)

Chucky collectionne les filles, tu sais. Elles ne restent jamais bien longtemps. Il s'en débarrasse vite. Certains disent qu'il est à voile et à vapeur mais je ne l'ai jamais vu avec quelqu'un d'autre qu'une fille.

Not only is the earthworm hermaphroditic, but it is also sexually **ambidextrous**, being able to breed with either end. When he feels the old biological urge, he simply ascertains which end of his date is

Le ver de terre est hermaphrodite mais il joue aussi sur les deux tableaux. C'est-à-dire qu'il peut procréer de chaque côté. Quand une forte et très ancienne envie biologique s'empare de lui, il lui

nearest, shifts gears, and goes into production. (Havilah Babcock, *Tales of Quails 'n' Such*)

suffit de vérifier quel bout de sa compagne est le plus proche, de changer de vitesse et d'entrer en mode reproduction.

Although undoubtedly keen on men, she was also rumoured to have had affairs with Greta Garbo, Marlene Dietrich and Billie Holiday, describing herself as **ambisextrous**. (Maria Pritchard, *I Told You I Was Ill*)

Il ne faisait aucun doute qu'elle était attirée par les hommes mais on disait aussi qu'elle avait eu des liaisons avec Greta Garbo, Marlene Dietrich et Billie Holiday. Elle se définissait comme une adepte du jazz/tango.

As for the mystery that still surrounded Robin Aseltine's death, the police had picked up and questioned several former boy and girl friends, Robin having been found to **swing both ways**. (J.G. Vermandel, *Last Seen in Samarra*)

Quant au mystère qui planait encore sur la mort de Robin Aseltine, la police avait cherché et interrogé plusieurs de ses anciennes petites amies, et anciens petits amis aussi. Car on avait découvert que Robin était ambivalent.

As a great artist who used metaphors and double meanings in all his paintings, it's possible that Leonardo intentionally included this **gender bender** here: Is the silent apostle a sad, effeminate John or a broken-hearted Mary Magdalene? Or both? (Jesse B. Wilder, *Art History For Dummies*)

Comme le grand artiste qu'il était, Léonard de Vinci se servait de métaphores et d'éléments à double sens dans tous ses tableaux. Il n'est donc pas inconcevable qu'il ait sciemment inclus ce personnage androgyne et ambigu à cet endroit. L'apôtre silencieux est-il un Jean efféminé et triste ou une Marie-Madeleine au cœur brisé ? Ou les deux ?

4.7 Whore – *putain*

Bien que le mot *whore* ne soit pas de l'argot, son usage, nous dit l'*OED*, « se limite maintenant au discours vulgaire et injurieux ». Et indubitablement, c'est un des termes les plus durs pour qualifier une prostituée. On pourrait même dire que, comparé à *whore*, tous les autres termes paraissent euphémistiques. Ceux-ci comprennent *pro*, *pross*, *prosty* (tous des modifications du mot *prostitute*), *street-walker*, et deux termes essentiellement américains : *hooker* (du verbe *hook*, accrocher) et *hustler*. On dit que les prostituées sont *on the game*.

Thou shalt never give it away for free... It was that simple. Any dumb **whore** could remember it. (Nelson DeMille, *The Smack Man*)

She was a **pro** in every way, her tongue licking gently at him like a kitten near a saucer of milk. A beautiful thing really... getting sucked off by a working pro was one of his favorite things. (Harlan Coben, *Miracle Cure*)

Sometimes it's the hookers who get crazy. Try to cut and rob a drunk John. Mostly the black hookers try that. The white **prosses** are pretty docile. (Nelson DeMille, *The Smack Man*)

– How much trouble is she in...if she really is a **streetwalker**?
– It's unskilled labor... the pay is lousy, the clientele is not top drawer. You gotta turn a lot of tricks to make any money, and a pimp usually takes most of it. (Robert B. Parker, *Ceremony*)

Every **hooker** I ever speak to tells me it beats the hell out of waitressing. Waitressing's got to be the worst fucking job in the world. (*Deconstructing Harry*)

Who didn't want Ginger? She was one of the best-known, best-liked and most respected **hustlers** in town. (*Casino*)

She looked a good decade older than her true age, the result of too many cigarettes, a liking for neat gin and twenty years **on the game**. (Stephen Leather, *The Eyewitness*)

Jamais rien tu ne donneras gratuitement. C'était aussi simple que ça. Chaque racoleuse, aussi bête soit-elle, pouvait s'en souvenir.

Tout en elle était professionnel. Sa langue, comme un chaton près de sa soucoupe de lait, léchait son dard gentiment. Quand on y réfléchit, quelle belle chose que d'être sucé par une professionnelle. C'était une de ses choses préférées.

Quelquefois, c'est au tour des putes de devenir folles. Elles malmènent et essaient de dépouiller un miché allumé. En général, ce sont les putes noires qui agissent de la sorte. Les frangines blanches sont plutôt dociles.

– Si c'est vrai qu'elle fait le trottoir, peut-elle s'en tirer ?
– Le travail n'est pas qualifié, le salaire est dégueulasse, et la clientèle ne vient pas des échelons supérieurs. Il faut se faire un maximum de clients pour gagner de l'argent et le maquereau prend la part du lion.

Toutes les poules à qui j'ai parlé me disent que la prostitution est mille fois préférable au métier de serveuse. Être serveuse doit être le pire travail qui soit.

Qui n'aurait pas voulu de Ginger ? Elle était l'une des plus célèbres, des plus aimées et des plus respectées des prostituées en ville.

Elle paraissait avoir au moins dix ans de plus que son âge, à cause d'un excès de cigarettes, d'une passion pour le gin pur et de vingt années de trottoir.

Working girl ou *professional girl* sont des noms de prostituée plus haut de gamme, tandis que *call girl* désigne spécifiquement une prostituée qui contacte ses clients par téléphone, la première fois au moins.

It is the universal question asked of **working girls** on all levels: 'What's a nice girl like you doing in a life like this?' (H.A. Carson, *A Roaring Girl*)

Voici la question universelle posée aux prostituées de tous les niveaux : « Que fait donc une gentille fille comme toi dans ce milieu ? »

It's not cheating. She's a hooker. It's not like I'm having a love affair. See, you don't feel for a **professional girl** the way you do for your wife. (*Deconstructing Harry*)

Ce n'est pas tricher. C'est une catin. Ce n'est pas comme si j'avais une liaison. Vous voyez, on ne ressent pas les choses de la même manière avec une gagneuse professionnelle qu'avec sa femme.

Theo lives in a two-bedroom apartment in a high-rise not far from his office. Or at least Alma thinks he lives there. Though it makes her feel, not unpleasantly, a little like a **call girl**, it's where she meets him. (Margaret Atwood, *Bluebeard's Egg*)

Theo vit dans une tour à deux pas de son bureau dans un appartement T3. En tout cas, c'est ce qu'Alma croit. Et elle se prendrait presque, du coup, pour une escort girl car c'est là qu'elle le retrouvait.

Nous avons déjà mentionné quelques-uns des termes essentiels sur le sujet dans les citations ci-dessus : *pimp*, *john*, *trick*. Un *pimp* est un proxénète. Un *john* ou *trick* est le client d'une prostituée. *Trick* peut être verbe aussi, auquel cas il veut dire effectuer un acte sexuel avec un client. Les prostituées d'un niveau plus élevé, ou simplement les plus méthodiques, conservent quelquefois un *trick book*, tel que décrit plus bas.

– I talked to her regular, used her for information... Prostitutes see things out there. You know that. Plus, we were friendly, like.
– I doubt her **pimp** was happy about that. (George Pelecanos, *The Night Gardener*)

– Je lui parlais souvent et l'utilisais pour obtenir des informations. Les prostituées savent bien ce qui se passe dans la rue. Tu le sais bien. En plus, on était presqu'amis, tu vois.
– Je doute que son mac s'en soit réjoui.

You're teary-eyed, huh? You're upset? You're a good actress, you know that? Good fuckin' actress... I'm not a **john**, you understand? You

Alors tu as les larmes aux yeux ? Tu as de la peine ? Tu sais que tu es une bonne actrice, toi ? Une putain de bonne actrice. Mais je ne suis pas un

always thought I was, but I'm not. And I'm not a sucker. (*Casino*)

micheton, tu piges ? Tu l'as toujours cru mais tu te trompais. Et je ne suis pas une poire non plus.

A hustler is any woman in American society. I was the kind of hustler who received money for favors granted rather than the type of hustler who signs a lifetime contract for her **trick**. (Studs Terkel, *Working*)

Toute femme de la société américaine est une prostituée. Moi, j'étais le genre de prostituée qui recevait de l'argent pour des services rendus plutôt que le genre de prostituée qui signe un contrat à vie avec son client.

– And you only saw him twice?
– Twice. And I never **tricked** with him. He never asked for it. (Joseph Wambaugh, *The Glitter Dome*)

– Vous ne l'avez vu que deux fois ?
– Deux fois et je n'ai jamais couché avec lui. Il ne l'a jamais demandé.

The whore was leafing through her **trick book** with quivering lip and shaking hands. There were numbers of good tricks to look for, bad tricks to avoid. (Joseph Wambaugh, *The Glitter Dome*)

La pute feuilletait sa liste de clients la lèvre frémissante et les mains agitées de tremblements. Quelques clients valaient le coup, d'autres étaient à éviter.

4.8 Whorehouse – *bordel*

Une maison où les hommes profitent des services des prostituées s'appelle un *brothel*. Parmi les noms moins polis pour cette institution : *whorehouse*, *cathouse*, *knocking shop* (UK), *grind joint* (US), et *boom-boom house* (US). *Cathouse* vient d'une signification obsolète du mot *cat*, prostituée. *Grind joint* vient de la combinaison de *joint*, qui signifie un lieu, et de *grind*, qui signifie onduler les hanches de manière lascive. *Boom-boom house* est une expression qui remonte à la guerre du Vietnam et qui est toujours en service.

Your father would go down to a tavern where he would get drunk with some other drinking machines. Then all the drinking machines would go to a **whorehouse** and rent some fucking machines. And then you father would drag himself home to become an apologizing machine. (Kurt Vonnegut, *Breakfast of Champions*)

Et ton père allait à une taverne où il se soûlait avec d'autres machines à boire. Puis, toutes les machines à boire allaient dans un boxon louer des machines à baiser. Et ton père flageolant rentrait à la maison pour devenir une machine à fabriquer des excuses.

– What are these places? asked Treece.
– Warehouses, said Jenkins.
Treece thought he said whorehouses, and looked at them with interest. They didn't look like his idea of a **cathouse** at all. However, it was probably different once you got inside. (Malcolm Bradbury, *Eating People is Wrong*)

– Que sont ces bâtiments ? demanda Treece.
– Des entrepôts, je suppose, dit Jenkins.
Treece crut qu'il avait dit maisons closes et il les regarda avec intérêt. Ça ne ressemblait pas du tout à l'idée qu'il se faisait des maisons closes. Mais c'était probablement différent à l'intérieur.

Finally there is Emmanuelle Béart playing Marlene, the part-time tart. By day, she does hair in the salon. By night, she dons a leather peek-a-boo bra and plies her trade at some sort of échangiste **knocking shop**, which comes complete with motherly madame behind the bar. (*Guardian*, 16/7/04)

Enfin, il y a Emmanuelle Béart qui joue Marlène, la grue à mi-temps. Pendant la journée, elle est coiffeuse. La nuit, elle arbore un soutien-gorge minimal en cuir et exerce son métier dans une espèce de claque échangiste où on respecte les usages en affichant une madame maternelle derrière le bar.

It's the snazziest **grind joint** you ever heard of. And if you happen to catch clap from one of the broads over there, you don't have to worry because it's a higher class of clap. (Charles Perry, *Portrait of a Young Man Drowning*)

Tu n'as jamais entendu parler d'un lieu de plaisir qui en jette tant. Et si tu devais attraper la chaude-pisse de l'une de ses pensionnaires, tu n'aurais pas à t'en inquiéter parce que ce serait certainement de la chaude-pisse très haut de gamme.

– Papasan, where can we get girl for a number one short-time boom-boom?
– Number one **boom-boom house** not far, many girls, many GI go, you get in, I take you. (Al Aldridge, *Those Damn Flying Cows!*)

– Papasan, où est-ce qu'on peut se procurer une fille pour un rapide coup de trique de bonne qualité ?
– Maison pour trique qualité pas loin, plein filles, plein GI aller, toi monter voiture, moi t'amener.

4.9 Perv – *pervers*

Perv ou *perve* est une forme tronquée de *pervert*, c'est-à-dire une personne dont les préférences sexuelles et le comportement sont considérés comme anormaux et inacceptables. Tout du moins par ceux qui ne partagent ni ses préférences ni son comportement. Ici, nous n'utilisons ce terme que comme un vulgaire fourre-tout pour permettre à quelques autres membres de la distribution de la grande comédie universelle du sexe de faire leur apparition. Ceci dit, il y a plus d'absents que de présents.

Gino 'Greaseball' Giametti operated strip joints and massage parlors... His sideline was catering to **pervs** who needed adolescent girls, sometimes prepubescent ones. Giametti himself was obsessed with the so-called Lolita complex. (James Patterson, *Cross*)

Gino « Greaseball » Giametti dirigeait des boîtes de strip-tease et des salons de massage. Son activité secondaire était de pourvoir les pervers qui exigeaient des jeunes filles adolescentes, voire pre-pubères. Giametti lui-même était obsédé par le pseudo-syndrome de Lolita.

On appelle une femme dominée par des désirs sexuels incontrôlables une *nympho*, mot argotique chargé d'opprobre. Ce qui, étrangement, n'est pas du tout le cas du mot qui désigne un homme dominé par des désirs sexuels incontrôlables. Rarement utilisé en anglais en dehors des discussions de l'art classique, *satyr* n'a aucune connotation péjorative.

My sister wants to do it with you... She's panting for it... She does it with everybody. She's a **nympho**. (John Le Carré, *A Perfect Spy*)

Ma sœur a très envie de le faire avec toi. Elle en halète rien que d'y penser. Elle baise avec tout le monde. C'est une vraie nympho.

On applique l'adjectif *kinky* à ceux qui réalisent des actes sexuels inhabituels, ainsi que les actes eux-mêmes. Cela comprend les amateurs de *B&D* ou *BD* (bondage et discipline), *S&M* ou *SM* (sadomasochisme) et *fladge* (flagellation).

One of the things I learned pretty quickly in the **B&D/S&M** division of the sex industry is that sexual fetishism is a white guy thing. Very few Black and Hispanic men are into it. Very few Asians. Except for the Japanese. They're **kinky** fuckers. (H.A. Carson, *A Roaring Girl*)

Une des choses que j'ai très vite apprise dans le milieu B&D/S&M de l'industrie du sexe est que le fétichisme sexuel est réservé aux mâles blancs. Très peu de noirs ou de Latino-Américains s'y adonnent. Et très peu d'Asiatiques. À part les Japonais. Ces cons-là ont des goûts très spéciaux.

He's also into **B&D** as 'both slut and master', and likes both roles equally. He's not into too much pain but likes a light session, with role-play which

Il s'intéresse aussi au B&D en tant que « pute et maître » et il apprécie autant les deux rôles. Il n'est pas très friand de la douleur mais

is 'more mental than anything'. He gets turned on by being controlled and watched. (Stephanie Clifford-Smith, *Kink*)

aime bien une séance sans trop de souffrance, avec un jeu de rôles qui est « plus mental qu'autre chose ». Être observé et contrôlé l'excite.

There was a girl on the bed... A man walked into the frame – a real creep wearing full **S&M** garb, with either rubber or latex pants and a long-sleeved shirt. Also heavy boots and a fitted hood that zipped all the way up the back of his head. (James Patterson, *I, Alex Cross*)

Une fille était attachée au lit. Un homme apparut sur l'écran – un vrai saligaud en tenue S&M complète, avec un pantalon en latex ou en caoutchouc et une chemise à manches longues, de grosses bottes et une cagoule avec fermeture éclair allant de sa nuque jusqu'au sommet de sa tête.

She spoke about some episodes she'd had with men she had known as a girl – older men in every case – and how they had involved some sort of whipping, 'and not soft **fladge**, I can tell you'. The men had been canted over chairs while she had slashed at their buttocks, cutting them with a dog whip. (Paul Theroux, *My Other Life*)

Elle cita quelques-uns des épisodes qu'elle avait vécus avec les hommes qu'elle connaissait dans son enfance. Tous étaient des hommes âgés. Les épisodes comprenaient des séances de fouet et « pas de la petite flagellation, je peux t'assurer ». Ils étaient inclinés sur des chaises pendant qu'elle tailladait leurs fesses en les lacérant avec un fouet à chiens.

Les *water sports* [sports aquatiques] et les *golden showers* [averses d'or] sont des termes plaisamment euphémistiques pour la pratique sexuelle qui consiste à uriner sur son partenaire. *Copro* [abréviation de *coprophage*] et *brown showers* [averses marron] sont similaires mais impliquent la défécation.

Young but mature white couple, male a gynecologist, are seeking fun weekend. No **water sports**, **golden showers**, S&M or B&D. Send photograph and SASE. (Norman Mailer, *Tough Guys Don't Dance*)

Jeune couple blanc et mûr, lui un gynécologue, cherche weekend amusant. Pas de sports aquatiques, pas d'averses d'or, pas de S&M ou de B&D. Merci d'envoyer photos et enveloppe pré-adressée et affranchie.

Most **copro** guys want the **brown shower** to be the climax of a humiliation/domination session.

Pour la plupart des coprophages, une douche aux excréments constitue l'apogée de leur séance

This guy wasn't into either... He just took off his expensive suit and lay down on the bed. I just sat on his face and crapped in his mouth. He came almost instantaneously. (H.A. Carson, *A Roaring Girl*)

humiliation-domination. Ce type-là n'entrait pas dans cette catégorie. Il se contentait d'enlever son luxueux costume et de s'allonger sur le lit. Tout ce que j'avais à faire était de m'asseoir au-dessus de son visage et de lui caguer dans la bouche. Son orgasme était immédiat.

Un *trannie* est un travesti. Une *drag queen*, comme nous l'avons déjà vu, est un travesti mâle particulièrement ostentatoire.

She had her chin made less square, breast implants and, most importantly, her male organs surgically transformed into female organs. In post-op **trannie** circles this is known as having your 'chin, tits and bits' done. (Benjamin Daniels, *Confessions of a GP*)

Son menton fut rendu moins carré, on lui posa des implants mammaires et, le plus important, ses organes sexuels mâles furent transformés en organes femelles. Dans le cercle post-opératoire des travelos, on disait qu'on faisait l'opération « menton, nichons, parties ».

It was then he spotted the **drag queen** sashaying down Eighth Street, trying to snag passing motorists and get twenty-five bucks for a head job. (Joseph Wambaugh, *The Delta Star*)

C'est à cet instant qu'il repéra la folle travelo. Elle marchait en se déhanchant le long de Eighth Street, en essayant d'accrocher un des automobilistes qui passaient et de gagner vingt-cinq dollars pour une turlute.

Un *flasher* est quelqu'un – souvent, mais pas toujours, un homme – dont la gratification sexuelle provient de l'exposition de ses organes génitaux en public.

Come to think of it, he was a bit of a **flasher**... used to sit around the house with his flies open and if he caught you looking, it gave him a big kick. (E.A. Whitehead, *Old Flames*)

Maintenant que tu m'y fais penser, c'est vrai qu'il était un brin exhibitionniste. Il s'asseyait dans la maison, braguette ouverte, et quand il voyait que vous regardiez, il en était tout émoustillé.

On another video I **flashed** guys on the street while wearing a strap-on dildo. I was sitting on a picnic table facing traffic going 65 miles

Dans une autre vidéo, je m'exhibe devant des types de la rue avec mon godemiché sanglé sur moi. J'étais assise sur une table de pique-nique

per hour flashing them my tits and lifting up my skirt, showing off the strap-on. Cars honked at me. It was fun. (Ron Louis, *Sexpectations*)

devant un trafic à cent kilomètres par heure, leur montrant mes nibards et soulevant ma jupe pour leur faire voir mon godemiché. Les voitures me klaxonnaient. C'était drôle.

Nonce vient de l'argot des prisons et fait référence à une personne détenue pour délit sexuel, en particulier un pédophile.

The child-molester – the **nonce** – was the lowest of the low... In prison Keith had gotten his chance to beat up child-molesters; and he had taken it. In prison as elsewhere, everyone needs someone to look down on. (Martin Amis, *London Fields*)

Le pédophile – le pointeur – était le dernier des derniers de la liste. Keith avait eu l'occasion en prison de passer des pédophiles à tabac et il ne s'en était pas privé. En prison, comme ailleurs, tout le monde a besoin de trouver quelqu'un à mépriser.

5 Le langage des insultes

5.1 Bitch – *salope*

Le dictionnaire anglais vous donnera deux definitions de *bitch* :
1. chienne, louve, renarde ou loutre ; 2. (familier) femme méchante,
malveillante, perfide ou désagréable. On voit tout de suite que ce
« désagréable » laisse de la marge, et en effet, *bitch* est une insulte
qui recouvre un vaste domaine. Si ce n'est pas la pire insulte qu'on
puisse adresser à une femme, elle est, et de loin, la plus courante.
L'ancien tabou, l'assimilation de la femme à une chienne en chaleur,
a considérablement perdu de sa force, mais le mot lui-même reste
encore très utilisé en anglais (en tant qu'insulte), ce qui n'est plus le
cas de « chienne » en français.

Nailles's blessing is that he is married to a good woman and has a son, whereas Hammer is married to a **bitch** and is childless. (Blake Bailey, *Cheever*)

Nailles a eu la chance d'épouser une femme bien et d'avoir un fils, tandis que Hammer a épousé une garce et n'a pas d'enfant.

You haven't been straight with me ever since I met you! I need eyes in the back of my fuckin' head with you, you fuckin' **bitch**! (*Casino*)

Depuis le premier jour où nous nous sommes rencontrés, tu n'as jamais été franche avec moi. Je dois constamment me méfier de toi, espèce de salope !

It was a condom that spelled the real end, a condom tied at the neck, full of dead sperm. Mark fished it out from under the bed…
– How long has this been going on? he demanded.
– Since last December, I said.
– You **bitch**, he said, you filthy, lying bitch! And I trusted you!
(J. M. Coetzee, *Summertime*)

Ce fut un préservatif qui signifia la fin de l'histoire, une capote fermée avec un nœud et pleine de sperme mort. Mark le repêcha de dessous le lit.
– Ça fait combien de temps que ça dure ? demanda-t-il.
– Depuis décembre dernier, répondis-je.
– Garce, dit-il. Espèce de garce ! Sale menteuse ! Et moi qui te faisais confiance !

D'autres termes injurieux envers les femmes insistent toujours sur les mœurs légères et la promiscuité sexuelle de celles-ci : *slut, tramp, skank* (US), *broad* (US) et *floozie*. Il apparaît clairement qu'une femme dotée d'une vie sexuelle riche et variée aux nombreux partenaires n'est pas considérée avec la même tolérance, sans même parler d'admiration, qu'un homme menant une vie similaire. Ni par les hommes, ni par les femmes.

If you didn't want to go out with me anymore, why didn't you just say so? Instead you pussyfoot around and see that **slut** behind my back! (*Clerks*)

Si tu ne voulais plus sortir avec moi, pourquoi ne l'as-tu pas dit ? Au lieu de tourner autour du pot et de fréquenter cette salope dans mon dos !

I found out from your mother that you brought some little whore, some little **tramp** off the streets, into the house, and you were shooting dope and making love in the bathroom! (Laurie Pepper. *Straight Life*)

Ta mère m'a dit que tu as fait venir à la maison une petite pute, quelque tringleuse de la rue. Et que vous vous êtes shootés et que vous avez fait l'amour dans la salle de bains !

I spend half the night trying to talk to some girl whose eyes are darting around to see if there's someone more important she should be talking to... Some fuckin' **skank** who is half the woman my girlfriend is. (*Swingers*)

Je passe la moitié de la nuit à essayer de communiquer avec une fille qui décoche des regards dans tous les sens pour voir s'il n'y a pas quelqu'un de plus important avec qui elle devrait parler. Une putain de traînée qui n'arrive pas à la cheville de ma petite amie.

You tell people – well, men – your story and it's stored away and used against you. One said to me in a row: 'You are nothing but a **slag** and an easy lay and not even a good one for all the practice you've had.' (*Guardian*, 27/12/99)

Tu racontes ton histoire aux gens – enfin, aux hommes – et ils l'emmagasinent et l'utilisent contre toi. Lors d'une dispute, l'un d'entre eux m'a dit : « Tu n'es rien d'autre qu'une salope et une fille facile. Et malgré toute ton expérience, tu n'es même pas un bon coup. »

– He comes home without a word, he brings a filthy **scrubber** off the street, he shacks up in my house!
– She's my wife! We're married! (Harold Pinter, *The Homecoming*)

– Il revient à la maison sans un mot et ramène une pouffiasse dégoûtante de la rue et en plus, il se met en ménage dans ma maison !
– C'est ma femme ! Nous sommes mariés !

Why, why would I fool around with some **chippy** when I had you? What could a dame like that give me that would make me run the risk of losing a girl like you? Huh? (Jim Thompson, *The Killer Inside Me*)

Pourquoi, dis-moi pourquoi je m'enverrais en l'air avec une coureuse quelconque alors que je t'ai, toi. Qu'est-ce qu'une pépée comme ça pourrait bien m'offrir pour que je prenne le risque de perdre quelqu'un comme toi ? Hein ?

I used to work twelve-to-eight, get off in the morning, pick up some **broad**, run around all day, to the beach, get home at six, jump in bed. Never got much sleep. My wife would get home, drag me out of bed. (T. J. English, *The Savage City*)

Je travaillais de minuit à huit heures du matin, quittais mon poste, levais quelque meuf dans la rue, courais dans tous les sens toute la journée, puis la plage, puis de retour à la maison à six heures, et hop, au lit. Je ne dormais pas beaucoup. Ma femme rentrait, me forçait à me lever.

Zenia's a **floozie**, we all knew that. A couple of years ago she went through half the fraternities – more than half! (Margaret Atwood, *The Robber Bride*)

Zenia est une marie-salope. On le savait tous. Il y a quelques années, elle s'est payée la moitié des confréries du campus – et plus que la moitié !

Les insultes les plus dures, celles qui utilisent les mots tabous les plus forts, réduisent la femme à ses organes génitaux : *cunt, cooze, twat*. Mais les mêmes termes, aussi étrange que cela puisse paraître, peuvent s'appliquer également aux hommes pour dénoter leur caractère désagréable ou leur stupidité.

Beth Kramer's an aggressive, tight-assed, busybody **cunt**, and it's none of her fucking business how I speak to my son. (*Deconstructing Harry*)

Beth Kramer est une salope agressive, coincée et fouineuse. La manière dont je parle à mon fils ne la regarde en rien.

A friend of his gets killed, so about a week later Rat sits down and writes a letter to the guy's sister... it's a terrific letter, very personal and touching... Rat mails the letter. He waits two months. The dumb **cooze** never writes back. (Tim O'Brien, *The Things They Carried*)

Un de ses amis a été tué. Une semaine plus tard, Rat s'assoit donc pour écrire une lettre à la sœur du mec. La lettre est superbe, très personnelle et émouvante. Rat la poste. Pendant deux mois il attend une réponse. Mais cette espèce de salope n'a jamais répondu.

– Why is it always my fault?	– Pourquoi est-ce toujours ma
– Cos you're a stupid fucking **twat**	faute ?
who doesn't know any better.	– Parce que tu es une putain
(Alistair Canlin, *Heaven*)	d'andouille finie et que tu ne
	comprends rien à rien.

5.2 Bastard – *salaud*

Bastard est une insulte très courante en anglais. À proprement parler le mot, comme « bâtard » en français, se réfère à une personne née hors mariage. Ce qui, il n'y a pas si longtemps, était une affaire honteuse. Bien que ces dernières années *bastard* ait perdu de son pouvoir de choquer (surtout en Australie, où il n'est guère plus maintenant qu'un synonyme de *fellow* ou *guy*), il faut toujours faire attention à qui on le dit. Les adjectifs qui qualifient *bastard* sont, comme c'est le cas pour *bitch*, des indicateurs importants de l'attitude de la personne qui parle. *Poor bastard*, par exemple, indique une certaine sympathie ; *stupid bastard*, le mépris ; et *fucking bastard*, une franche hostilité.

I want you to remember that no **bastard** ever won a war by dying for his country. He won it by making the other poor dumb bastard die for his country. (*Patton*)	Je veux que vous vous rappeliez qu'aucun salaud n'a jamais gagné une guerre en mourant pour son pays. Il l'a gagnée en faisant en sorte que ce soit l'autre pauvre imbécile de salaud qui meure pour son pays à lui.
She told everyone that Woody was 'a sick **bastard**' who could not be trusted. (Marion Meade, *The Unruly Life of Woody Allen*)	Elle raconta à tout le monde que Woody était « un dangereux salopard » en qui on ne pouvait pas faire confiance.
I saw you in a videotape shaking Bobby Hughes' hand, you fucking **bastard**, I saw you shake that asshole's hand. Don't tell me you don't know him... You're lying, you're fucking lying. (Bret Easton Ellis, *Glamorama*)	Espèce d'enfoiré, je t'ai vu dans une vidéo en train de serrer la main de Bobby Hughes. Je t'ai vu serrer la main de ce trouduc. Ne me dis pas que tu ne le connais pas. Tu mens, espèce d'enfoiré, tu ne fais que mentir.

En règle générale, lorsqu'il s'agit de termes injurieux destinés aux hommes, les références sont tout sauf précises. En fait, au-delà du pouvoir de leurs connotations, les mots ne signifient plus rien. Souvent les termes insultants existent uniquement pour donner une charge émotionnelle aux adjectifs qui les qualifient : *lying bastard, dumb asshole, lazy cunt,* etc. On note que, comme ici, beaucoup d'insultes se servent de termes anatomiques : *asshole, arsehole, cunt, cuntface, twat, prick, dick, dickhead, putz, dork, schmuck, scrote* (de *scrotum*), *prat* (UK, fesses), etc. Curieusement, *cock* n'est jamais utilisé comme insulte, alors que la plupart de ses synonymes le sont.

That's my chair ... That's my chair ... Hey, buddy, that's my chair ... HEY, **ASSHOLE**, THAT'S MY FUCKING CHAIR. (James Frey, *A Million Little Pieces*)

C'est ma chaise ... C'est ma chaise ... Hé, mon pote, c'est ma chaise ... DIS DONC, TROUDUC, C'EST MA PUTAIN DE CHAISE !

I hate being Scottish... Some people hate the English, but I don't. They're just wankers. We, on the other hand, are colonized by wankers... We are ruled by effete **arseholes**. It's a shite state of affairs. (*Trainspotting*)

Je déteste être Écossais. Certains détestent les Anglais. Pas moi. Ce sont juste des branleurs. Nous par contre, nous sommes colonisés par des branleurs. Nous sommes dirigés par des trous du cul décadents. C'est un vrai merdier.

One little Skinhead, a boy of about thirteen, also tattooed and shaven and wearing an earring, was yelling, 'You fucking **cunt**, I'll fucking kill you!' and kicking at another Skinhead, who was older and bigger and laughing at this little infuriated Skin. (Paul Theroux, *The Kingdom by the Sea*)

Un jeune skinhead dans les treize ans, tatoué, tête rasée, la boucle d'oreille pendante, s'était mis à hurler, « Espèce de connard de merde, je vais t'la faire ta putain de peau ! » Il lança un coup de pied à un autre skinhead, plus âgé et plus costaud que lui qui riait de ce petit skinhead furibond.

They defaced park benches with spray paint, broke windows, slashed tires... Their language was... repetitive and incantatory – fuck, fuckhead, fuckface, motherfucker, cocksucker, shithead, cunt and **cuntface**. This language was sacred to them, words with the power to intimidate others – girls, women, weaker boys. (Joyce Carol Oates, *Little Bird of Heaven*)

Ils barbouillaient les bancs du parc avec des aérosols de peinture, cassaient les vitres, lacéraient les pneus. Leur langage était minimal et explosif, répétitif et incantatoire : putain, con, tête de nœud, enculé, enfoiré, merdeux, salope. Ce langage, sacré pour eux, leur procurait le pouvoir d'intimider les autres – filles, femmes ou garçons plus faibles.

When I got back home, Kenneth H. was in a rage. He'd written in large letters on the wall, 'Joe Orton is a spineless **twat**'. (Joe Orton, *Diaries*)

Quand je suis rentré à la maison, Kenneth H. était en rage. Il avait écrit en grandes lettres sur le mur : « Joe Orton est un lâche et une tête de nœud. »

How dare you try to lay a guilt trip on me about it! Who the fuck do you think you are, you judgmental **prick**! (*Chasing Amy*)

Comment oses-tu essayer de me culpabiliser ? Putain, mais pour qui tu te prends, espèce de connard, toi et tes jugements catégoriques !

Whenever they were working on new material, I'd just put on my headphones and do my own thing. Whatever my reasons might've been, I was a total **dick** about it. (David Peisner, *Professional Idiot*)

À chaque fois qu'ils écrivaient quelque chose de nouveau, je mettais mes écouteurs et faisais ce qui me convenait. Quelles qu'aient pu être mes raisons, je me comportais comme un gland complet.

The **dickhead** had an ego so big he thought *Fortune* was putting him on its cover. (Amitav Ghosh, *Calcutta Chromosome*)

Cette tête de nœud avait un ego tellement surdimensionné qu'il se voyait bien apparaître sur la couverture de *Fortune*.

You nasty little **putz**... you're enough to make anyone puke! (William Styron, *Sophie's Choice*)

Misérable petite sous-merde ! Te regarder donne envie de gerber.

He's a total **dork**. It's ninety-five degrees and he's wearing a three-piece suit? He's a total pompous dork... He's already turning into his dad. (Jonathan Franzen, *Freedom*)

C'est un gland complet. Il fait trente-cinq degrés et il porte un costar trois-pièces. C'est vraiment un gland complet et pompeux avec ça. Il commence déjà à devenir comme son père.

Danskin, what a **schmuck** you are, what a contemptible idiot, what a fucking fool. (Robert Stone, *Dog Soldiers*)

Danskin, quel connard tu es, quel méprisable imbécile, quel putain de débile mental.

Scrotes! That's what all people are: ignorant filthy disgusting ugly worthless scrotes! (Joseph Wambaugh, *The Choirboys*)

Des trous du cul ! Voilà ce que c'est la race humaine ! Des trous du cul ignorants, sales, dégueulasses, laids et bons à rien !

– I mean, it's nothing. It's just some girl who's stupid enough to let me shag her for a couple of weeks.
– What?... That's the most repulsive thing I've ever heard anyone say about a woman. Arrogant little **prat**! (Helen Fielding, *Bridget Jones's Diary*)

– Non, ce n'est rien, vraiment. C'est juste une nana qui est assez bête pour me laisser l'enfiler pendant quelques semaines.
– Quoi ? C'est vraiment la chose la plus répugnante que j'ai entendu dire par quiconque au sujet des femmes. Espèce de petit merdeux arrogant !

Le dictionnaire donne pour définition de tous les termes de ce genre : personne méprisable ou sans aucune valeur. Il n'est donc guère surprenant que beaucoup d'entre eux fassent allusion à la matière excrémentielle.

– Rivers went to Father and told him we were lovers.
– The little **shit**! (David Lodge, *A Man of Parts*)

– Rivers est allé trouver mon père et lui a dit que nous étions amants.
– Quelle petite merde !

When I am not reacting to some immediate cause of anger I am rehearsing what I am going to say to X or Y the next time I see them... You fucking stupid twat, you slow-witted motherfucking asshole, you fucking **piece of shit**. (Geoff Dyer, *Out of Sheer Rage*)

Quand je ne suis pas en train de réagir à la provocation, je me prépare à ce que je vais dire à X ou Y à notre prochaine rencontre. Putain d'abruti de tête de nœud, bordel de lourdingue de trou du cul, putain de sac à merde.

Some **shithead** in a bus station said something to me in Spanish I didn't like the sound of, so I hit him. He stabbed me three times. (T.C. Boyle, *Budding Prospects*)

Dans une station de bus, un enculé m'a dit quelque chose en espagnol et je n'aimais pas du tout son ton. Alors, je l'ai frappé. Et il m'a poignardé trois fois.

– Hey, Sherman! Hey, **shitface**! Startled, Sherman looked to the side. It was a photographer...
– That's it, shitface, look right here! (Tom Wolfe, *The Bonfire of the Vanities*)

– Hé, Sherman ! Hé là, connard ! Sherman sursauta et regarda vers le côté. C'était un photographe.
– C'est ça, connard, regarde par ici !

Kennedy wasn't privy to other conversations in which an outraged Johnson called him 'that little **shit-ass**', among other epithets even more colorful. (Michael Farquhar, *A Treasury of Great American Scandals*)

Kennedy n'était pas au courant de ces autres conversations dans lesquelles Johnson, hors de lui, le traitait de « ce petit trou du cul », entre autres épithètes encore plus pittoresques.

– Look, do you think we might conduct this discussion without constant profanities?...
– Fuck yo' ass, English **shitbird**! (William Boyd, *Stars and Bars*)

– Écoutez, pensez-vous que nous puissions avoir cette discussion sans que cela entraîne une kyrielle de jurons ?
– Va te faire foutre, enculé d'Anglais de merde.

The Army would probably say I'm a **shitbag** soldier... because I'm confiding in one of my subordinates. But I had no one to talk to... What am I going to do? I'm human. (Jim Frederick, *Black Hearts*)

L'armée dirait probablement qu'en tant que soldat je suis un bâton merdeux. Parce que je me confie à un de mes subordonnés. Mais je n'avais personne d'autre à qui parler. Qu'est-ce que je suis censé faire ? Je suis un être humain.

Nobody is going to write your goddamn resume for you, you fucking **dipshit**. Do you even know what a resume is, or do you just think it is some magical document that gets you a job? (John Lindsay, *Emails from an Asshole*)

Personne ne va écrire ta saloperie de CV pour toi, espèce de grosse tache. D'ailleurs, as-tu la moindre idée de ce qu'est un CV ? Ou crois-tu que c'est simplement un document magique qui va te donner un job ?

I hate you, you smug bastard! he screamed inwardly. You shit, you little **turd**, you've ruined my life! But all he said was, 'Congratulations. She's a fabulous girl. Lovely. Lucky chap.' (William Boyd, *A Good Man in Africa*)

Je te déteste, espèce de salaud suffisant ! hurlait-il en son for intérieur. Sac à merde, dégueulis d'étron, tu as détruit ma vie ! Mais il s'est contenté de dire, « Toutes mes félicitations. C'est une fille super. Adorable. Veinard, va. »

De multiples injures, tout aussi dénuées de sens que les précédentes, peuvent se construire à partir de *fuck*, en commençant par *fuck* même : *fuck, fucker, motherfucker, fuckhead, fuckface, fuckwad, fuckwit, fucknuts*, etc.

His conception of God was of an omnipotent being who was a union not of three persons in one Godhead, as in Christianity, but of two – a sick **fuck** and an evil genius. (Philip Roth, *Nemesis*)

Il voyait en Dieu un être omnipotent qui ne représentait pas l'union de trois personnes en une divinité, comme dans le christianisme, mais l'union de deux personnes – un taré pervers et un génie du mal.

I couldn't think of a fuckin' thing to say. I froze. The little **fucker** looked at me like I was a dummy. (Robert Stone)

Je ne trouvais pas la moindre putain de chose à dire. Je me suis figé. Le petit merdeux me regardait comme si j'étais un débile.

Paul arrived a few hours late with scraped palms and a black eye...
– Some **motherfucker** told me to get the fuck out of his

Paul arriva quelques heures en retard, les paumes des mains écorchées et un œil au beurre noir.
– Quelque fils de pute m'a dit de

motherfucking face, so I said, 'Fuck off, fuckface.' (David Sedaris, *Me Talk Pretty One Day*)

foutre le camp hors de sa putain de vue, alors je lui ai dit, « Va te faire foutre, espèce de salopard ! »

He had tried to teach the others about discipline and efficiency, about the fatal dangers of impetuosity. But that **fuckhead** Wiley was beyond reason. (Carl Hiaasen, *Tourist Season*)

Il avait bien essayé de leur enseigner la discipline et l'efficacité ainsi que les dangers fatals de l'impétuosité. Mais il était impossible de faire entendre quoi que ce soit à cet enfoiré de Wiley.

Knowing my career was as good as over now, I lashed back: – You know where your brains are, **fuckface**? In your ass! Go sit on 'em! (Robert Evans, *The Kid Stays in the Picture*)

Sachant qu'à présent ma carrière était quasiment derrière moi, j'ai riposté furieux : – Est-ce que vous savez où se trouve votre cerveau, gueule de rat ? Dans votre cul. Allez vous asseoir dessus !

A hand gripped the back of his neck and something cold pressed against the base of his skull. A gun. – Don't move, you little **fuckwad**. (Carl Hiaasen, *Double Whammy*)

Une main le saisit par la nuque et on lui enfonça un objet froid à la base de la tête. Un flingue. – Pas un geste, petit con.

She was notorious for having called one of her political opponents a **fuckwit**. And when asked to apologize, she refused, saying that in fact the man was demonstrably a fuckwit. (Paul Theroux, *The Happy Isles of Oceania*)

Elle était célèbre pour avoir traité un de ses adversaires politiques d'espèce de con. Et quand on lui demanda de s'excuser, elle refusa, arguant que l'homme était manifestement une espèce de con.

First they draft all the **fucknuts** who flunk out of school, and then they take the douchebags who bring home report cards like this. (Peter Farrelly, *Outside Providence*)

Ils commencent par incorporer tous les débiles profonds qui se font virer de l'école. Ensuite, ils prennent les connards complets qui ramènent des fiches d'évaluation comme celle-ci chez eux.

Malgré l'impression qu'aient pu donner les dernières pages, certains termes insultants conservent toutefois un semblant de rapport avec le monde réel. Traiter quelqu'un de *son of a bitch*, par exemple, se rapporte après tout à ses ascendants, même si l'ultime implication reste identique à celle des exemples précédents (à savoir que la personne à qui on s'adresse est méprisable ou sans aucune valeur). De même, dans la grande majorité des cas, un *cocksucker* ne sera pas un mâle qui pratique la fellation, pas plus que les *wankers, tossers* ou *jerkoffs* ne seront des masturbateurs invétérés, en dépit de ce que ces termes impliquent. Encore une fois, comme les *scumbags* et les *douchebags* (US), ils seront simplement des personnes méprisables ou sans aucune valeur.

That bastard! That bastard Ferragamo! What a conniving **son of a bitch**! (Nelson DeMille, *Gold Coast*)	Quel salopard ! Salopard de Ferragamo ! Quel fils de pute de magouilleur !
He insulted Billy. And then I walked over to him politely and he tells me to go fuck myself. Then he called me a faggot. So what do you think I do? I threw that **cocksucker** out. (*Casino*)	Il a insulté Billy. Puis je me suis approché poliment de lui et il m'a dit d'aller me faire foutre. Puis il m'a traité de pédé. Alors que croyez-vous que j'ai fait ? J'ai jeté ce connard dehors.
Well, fuck me. If it isn't one of our glorious leaders. I wonder what the fuck this mentally retarded **wanker** wants. (Ken Lukowiak, *A Soldier's Song*)	Merde alors. Je crois bien que voici un de nos brillant officiers. Je me demande ce que ce branleur de débile mental vient chercher ici.
– Nobody will give him a job. – I wun't give him a job neither. He's a **tosser** who can't get his arse out of bed before three in the afternoon. (Sue Townsend, *Adrian Mole: The Prostate Years*)	– Personne ne va lui donner un boulot. – Moi non plus, je ne lui en donnerais pas. C'est un branleur qui est incapable de sortir du lit avant trois heures de l'après-midi.
A man in Bermuda shorts and a baggy T-shirt stood on the flawless front lawn, watering it with a hose. – Everybody else on earth, Keller said, sets up a sprinkler and leaves it the hell alone. That **jerkoff** has to stand there and hold it. I guess he's the kind's got to be in charge. (Lawrence Block, *Hit and Run*)	Un homme vêtu d'un bermuda et d'un t-shirt ample se tenait sur l'impeccable pelouse, qu'il arrosait avec un tuyau. – La terre entière, dit Keller, installe un arroseur automatique et basta ! Mais ce branleur doit se mettre là, son tuyau à la main. Je parie qu'il fait partie de ces types qui doivent tout régenter.
Were you born a fat slimy **scumbag**, you piece of shit, Private Pyle? Or did you have to work on it? (*Full Metal Jacket*)	Est-ce que c'était ton lot, Pyle, espèce de crevure, de naître sac à merde gros et visqueux, ou t'a-t-il fallu t'entraîner pour y parvenir ?

– This is America. If you don't make money you're a fucking **douchebag**. What are you going to do?
– Make more money.
– That's the spirit! (*The Departed*)

– On est en Amérique ici. Si tu ne gagnes pas d'argent, tu es un connard fini. Alors, qu'est-ce que tu vas faire ?
– Gagner plus d'argent.
– Ça, c'est la bonne attitude !

5.3 Arse-licker – *lèche-cul*

Mais loin de nous de prétendre que le *bad language* n'est jamais spécifique. Au contraire, certains comportements ont toujours donné lieu à une imagerie et une terminologie caractéristiques et très précises. Dante, dans l'*Enfer*, enterre les flatteurs dans des fosses d'excréments ; d'une certaine manière, le langage quotidien fait de même avec les *arse-lickers*, *arse-kissers*, et *brown noses* ou *brown-nosers* de tous genres. Les verbes correspondants, transitifs et intransitifs, sont : *brown-nose, lick someone's arse, kiss someone's arse, suck someone's arse* et, dans le registre moins vulgaire, *suck up to someone*.

Wherever I went I fomented discord... Besides, I wasn't a good **ass-licker**. That marked me, no doubt. People could tell at once when I asked for a job that I really didn't give a damn whether I got it or not. And of course I generally didn't get it. (Henry Miller, *Tropic of Capricorn*)

Partout où j'allais, je semais la discorde. Par ailleurs, je ne savais pas cirer les pompes de quiconque. Je suppose que ça me distinguait des autres. Quand je cherchais un boulot, les gens savaient d'emblée que je me fichais pas mal de l'avoir ou pas. Et évidemment, la plupart du temps, je ne l'avais pas.

O.J. would never be a movie star because he possessed the expressive range of a turtle. He'd transformed himself into a confirmed **ass-kisser** who could never appear truly heroic or dangerous on-screen. (James Ellroy, *Crime Wave*)

O.J. ne deviendrait jamais une star du cinéma car son étendue d'expressions égalait celle d'une tortue. Il s'était transformé en lèche-cul confirmé et ne pourrait jamais paraître véritablement héroïque ou dangereux à l'écran.

He had spent five years of his life as a **brown-nose**, arse-licking apprentice, assistant, dogsbody to the incompetent, asthmatic Mr Cruikshank. (Peter Carey, *Oscar and Lucinda*)

Il avait passé cinq ans de sa vie en tant qu'apprenti, assistant et homme à tout faire, à cirer les pompes et lécher le cul de l'incompétent et asthmatique M. Cruikshank.

A master of office politics, Colton knew when to schmooze with the right people... when to **brownnose** and when to plant his feet, and perhaps most important of all, how to plan for his own advancement. (Michael Schumacher, *Will Eisner*)

Expert en intrigues de bureau, Colton savait passer de la pommade à ceux qu'il fallait. Il savait à quel moment faire de la lèche et à quel moment rester ferme. Mais il savait surtout comment planifier son ascension dans la hiérarchie.

Chikange really worked with maximum zeal and dedication... However, a few shop assistants saw Chikange as an Uncle Tom, always ready to **lick** the boss's **ass**. They surmised he was soliciting for a quick promotion. (Henry M. Musenge, *Flames of Gondola*)

Chikange travaillait vraiment avec zèle et dévouement. Cependant, quelques vendeurs le percevaient comme un Oncle Tom, toujours prêt à lécher le cul du patron. Ils en déduisirent qu'il était à l'affût d'une promotion rapide.

The poor bastards have pissed off their parents so bad that they've all been sent away to a scary Marine-style boot camp. The fat dude in the safari hat is the camp director, and the kids are alternately sobbing and abjectly **kissing** his **ass**. (Francine Prose, *A Changed Man*)

Les pauvres petites canailles ont tellement emmerdé leurs parents qu'ils ont tous été envoyés à un terrifiant camp d'entraînement, style Légion étrangère. Le gros gus au chapeau de safari en est le directeur et les gosses sont, soit en train de pleurer, soit en train de lui cirer les pompes d'une manière abjecte.

After **sucking** the boss's **ass** for a whole week – it's the thing to do here – I managed to land Peckover's job. (Henry Miller, *Tropic of Cancer*)

Après avoir léché le cul du patron pendant une semaine, c'est comme ça que ça marche ici, j'ai réussi à décrocher le boulot de Peckover.

I wouldn't get anywhere **sucking up to** him... he's the sort of man who only respects people who are tougher or smarter than he is. (Ian Fleming, *Goldfinger*)

Cela ne m'amènerait à rien de lui passer de la pommade. C'est le genre d'homme qui respecte seulement ceux qui sont plus durs ou plus malins que lui.

5.4 Bullshit – *conneries*

Un *bullshitter* ou *bullshit artist* est une personne qui propage le *bullshit*, c'est-à-dire des absurdités ou des propos prétentieux ou trompeurs. *Bullshit* peut être un verbe, un substantif ou un adjectif. Le terme s'applique aussi bien aux choses dites qu'au comportement général, ainsi qu'aux situations qui ne riment à rien. Un *piss artist* est un genre spécial de *bullshitter* : une grande gueule stupide qui vous fait perdre votre temps.

He said what he meant and he meant what he said and could back it all up. Hammond was no **bullshitter**. (Bob Dylan, *Chronicles, Volume 1*)

Il disait ce qu'il pensait et il faisait ce qu'il disait et il pouvait le prouver. Hammond n'était pas homme à raconter des foutaises.

– The one thing you've always had going for you, Chil, you're the most confident guy I know. You have a cool way of making it sound like you know what you're talking about.
– You saying I'm a **bullshit artist**?
– One of the best.
(Elmore Leonard, *Be Cool*)

– La chose qui a toujours tourné en ta faveur Chil, c'est que tu es le mec le plus sûr de lui que je connaisse. Tu as une manière bien à toi de faire avaler que tu sais vraiment de quoi tu parles.
– Es-tu en train de me dire que je suis un roi du baratin ?
– L'un des meilleurs.

Grant's a **piss artist**... He has us all round a big table once a week inventing words for things we've been doing perfectly well for twenty years without them. (John le Carré, *A Perfect Spy*)

Grant est un guignol. Une fois par semaine, il nous réunit autour de la grande table pour inventer des mots inutiles pour des choses que nous faisons parfaitement bien depuis vingt ans sans ces mots.

She decided to drop out of school altogether because it was too much **bullshit** and, being a night owl, she hated the hours. She thought she might get herself a job in the music industry. (David Sedaris, *Barrel Fever*)

Elle avait décidé de quitter l'école parce qu'elle la trouvait vraiment trop stupide, et parce qu'elle était une créature de la nuit et détestait les heures de cours. Elle envisageait de trouver un travail dans l'industrie de la musique.

He saw that the sky had begun to grow light, a phenomenon he hadn't witnessed in ages, not since he was in college and stayed up through the night **bullshitting** about women and metaphysics and gulping beer from the can. (T. C. Boyle, *After the Plague*)

Il vit que le ciel commençait à s'éclaircir. C'était un phénomène qu'il n'avait pas observé depuis très longtemps, depuis l'époque où il était à la fac et restait debout toute la nuit à raconter des inepties sur les femmes et la métaphysique, tout en descendant canette après canette de bière.

– But, Your Honor, she is of age, after all, a consenting adult...
– Don't **bullshit** me with legalisms, Portnoy. You knew right from wrong. (Philip Roth, *Portnoy's Complaint*)

– Mais, Votre Honneur, elle est majeure, après tout, adulte et consentante.
– Ne m'emmerdez pas avec vos formules juridiques, Portnoy. Vous savez parfaitement la différence entre le bien et le mal.

Sometimes a city describes itself as a 'metroplex'. This is one of those **bullshit** word formations whereby a community tries to sound forward and progressive, in spite of all the evidence to the contrary. (George Carlin, *Brain Droppings*)

Quelquefois, une ville se bombarde « métroplexe ». C'est l'un de ces mots à la con par lequel une communauté cherche à étaler sa modernité et sa progressivité, même si tous les faits la contredisent.

Quand *bullshit* veut dire absurdités, ses synonymes sont : *shit, horseshit, crap, balls, bollocks* (UK) *cock* (UK) et *cobblers* (UK). Tous ces mots sont souvent utilisés avec des phrases comme *a lot of, a load of, a bunch of*, etc. Notons aussi les impératifs *Cut the shit !* et *Cut the crap !* qui enjoignent au parleur de cesser de raconter n'importe quoi.

– This might be a bomb. I want you to very quietly call the police while I take this outside.
– Are you **shitting** me?
– Just call the police, okay? (Janet Evanovich, *Eleven On Top*)

– Ça pourrait être une bombe. Je veux que tu appelles la police, très calmement, pendant que je sors ça d'ici.
– Tu te fous de moi, n'est-ce pas ?
– Écoute, appelle la police, d'accord?

I got better things to do than hang around here and **talk shit** with you. (Robert B. Parker, *Small Vices*)

J'ai mieux à faire que de traîner ici à balancer des conneries avec toi.

– Who's your boss?
– My employer wishes to remain anonymous.
– Don't jerk me off. We all know what this is. You don't work with me if I work with you without knowing who I'm working for. Now let's **cut the shit**. Who's the man? (*The Usual Suspects*)

– Qui est ton patron ?
– Mon employeur souhaite rester anonyme.
– À d'autres. Nous savons tous ce qu'il en est. Tu ne travailles pas avec moi si je dois travailler avec toi sans que tu saches pour qui je travaille. Alors, arrête de déconner maintenant. Qui est ton patron ?

– I haven't been this scared ever, she told him.

– Je n'ai jamais eu si peur de ma vie, lui dit-elle.

– Probably physical. The mind-body problem extended.
– Please stop **talking shit**, she begged him. (Robert Stone, *Dog Soldiers*)

– You wouldn't be normal if you were never afraid. Even the bravest men experience fear. One of the biggest jobs we all face in combat is to overcome our fear.
– Oh, come on, Major. Can't we do without that **horseshit**? (Joseph Heller, *Catch-22*)

When I was in my teens I used to read all those crappy magazines about how to find Mr Right and how to make him yours for life. Shit! Every penny I had went on clothes and make-up. I really swallowed all that **crap**. (E.A. Whitehead, *Old Flames*)

An army is a team. It lives, sleeps, eats, fights as a team. This individuality stuff is a lot of **crap**. (*Patton*)

– Susan, this may sound very chauvinistic, but there are times when a man—
– **Cut the crap**. (Nelson DeMille, *Up Country*)

Operation Wildlife was an utter cock-up. Total. The intelligence that prompted it was a lot of **balls**, two innocent people were shot dead, and there's been a three-year cover-up by all parties involved. (John le Carré, *A Delicate Truth*)

– C'est probablement physique. Un prolongement du problème cerveau-corps.
– S'il te plait, arrête de dire des conneries, le supplia-t-elle.

– Vous ne seriez pas normaux si vous n'aviez jamais peur. Même les hommes les plus courageux connaissent la peur. L'une des tâches majeures, à laquelle nous devons tous faire face au combat, est de surmonter notre peur.
– S'il vous plait, Commandant. Ne pourriez-vous pas nous épargner ces poncifs de merde ?

Quand j'étais adolescente, je lisais toutes ces revues de merde sur comment trouver le prince charmant et comment le garder. Merde ! Je dépensais chaque centime en vêtements et maquillage. J'avais vraiment gobé toutes ces conneries.

Une armée est une équipe. Elle vit, elle dort, elle mange et elle se bat comme une équipe. Ces histoires d'individualité sont un ramassis de conneries.

– Susan, au risque de paraître macho, sache qu'il y a des moments où un homme ...
– Mais arrête tes salades !

L'opération Wildlife s'est soldée par un véritable bordel. De A jusqu'à Z. Les renseignements qui lui ont donné naissance ne valaient pas un clou. Deux personnes innocentes ont été tuées et toutes les personnes concernées étouffent l'affaire depuis trois ans.

– 'Resolve is never stronger than in the morning after the night it was never weaker.' What do you think of that?
– It's a load of **bollocks**. (*Naked*)

– What Reg was saying... You don't think he could be right, do you?
– Don't **talk cock**. Reg has never been right about anything in his life. (Laura Wilson, *An Empty Death*)

All the guff about mutual respect between police and criminals was just a load of old **cobblers**. (G.F. Newman, *Law and Order*)

– « La résolution n'est jamais plus forte qu'au matin suivant la nuit où elle n'a jamais été plus faible. » Que penses-tu de ça ?
– Des fadaises de première.

– Tu sais, ce que Reg racontait... Tu ne penses pas qu'il pourrait avoir raison quand même ?
– Ne dis pas de conneries. Reg n'a jamais eu raison sur quoi que ce soit dans sa vie.

Toutes ces idioties sur le respect mutuel entre police et criminels n'étaient qu'un tissu d'âneries.

5.5 Shithole – *trou à rats*

Certains termes servent à décrier les lieux. Ils insistent, en général, sur le manque d'attrait et de sources de divertissement, leur éloignement, leur isolement géographique, etc. Les termes principaux sont imprégnés par un fort élément anal : *shithole, pisshole* et *asshole* ou *arsehole of the world* (ou *earth* ou *universe*) et *arse-end of nowhere*.

People say, 'Don't you miss it, Gal?' I say, 'What, England? Nah, fucking place is a dump... Grey, grimy, sooty. What a **shithole**.' (*Sexy Beast*)

Kaliningrad... I was stationed there when I was in the navy. It was a top-secret **pisshole**. You couldn't even find it on the map. (Martin Cruz Smith, *Tatiana*)

I sat on a manioc tin beside him, blowing the occasional very small mosquito, a blanquin, out of my mouth or nose... 'This place is the pits... This place is the **arsehole of the earth**'. (Redmond O'Hanlon, *In Trouble Again*)

Les gens me disent, « Elle ne te manque pas, Gal ? » Moi, je dis, « Quoi ? L'Angleterre ? Non, c'est un putain de bouge. Gris, crasseux, charbonneux. Quel trou à rats. »

Kaliningrad... J'y étais posté quand j'étais dans la marine. C'était un trou merdique secret-défense. Introuvable, même sur une carte.

Je m'assis à côté de lui sur une conserve de manioc. De temps en temps, j'enlevais un très petit moustique de ma bouche ou de mon nez en soufflant. « Cet endroit est la chiure du monde. C'est le trou du cul de la terre. »

Entering a penal institution is akin to descending into Dante's ninth ring of hell. Prison is, metaphorically speaking, the **asshole of the universe**. (T.J. English, *Whitey's Payback*)

Entrer dans une institution pénale est semblable à une descente dans le neuvième cercle de l'enfer de Dante. Métaphoriquement parlant, la prison est le trou du cul du monde.

Rather than complain that he was really a sophisticated Parisian intellectual forced by circumstances to join an army unit exiled to the **arse-end of nowhere**, he attempted to make the most of his situation and dedicate himself without remorse to his current role of 'soldier'. (Gary Cox, *How to Be an Existentialist*)

Il ne se plaignait pas. Il ne disait pas qu'il était en réalité un intellectuel parisien sophistiqué obligé par les circonstances de se joindre à une unité militaire exilée au fin fond du cul de nulle part. Il essayait au contraire de tirer le meilleur parti de sa situation et de se consacrer sans regrets à son rôle actuel de « soldat ».

5.6 Pisser – *emmerdement*

Malgré les apparences, le mot *pisser* ne désigne pas une personne en train d'uriner mais plutôt une situation ou une tâche désagréable ou difficile. Un *real pisser* est une situation ou une tâche excessivement désagréable ou difficile. On peut aussi exprimer cette idée avec d'autres mots que vous connaissez déjà: *bitch, son of a bitch, bastard, bugger, fucker, motherfucker* et *cunt*.

Charles Gigante shaking his head over and over, looking down at the ground, muttering... 'Christ, what a **pisser**, a real pisser.' The failure of language when faced with intolerable emotions – love, hate, fear – all real pissers. And death – that was the biggest pisser of all. (Paul Luchessa, *Achilles in California*)

Charles Gigante secouait la tête sans interruption tout en fixant le sol et marmonnait, « Nom de nom, quel emmerdement, un sacré emmerdement. » L'échec du langage devant d'insupportables émotions – l'amour, la haine, la peur – tous de vrais emmerdements. Et puis la mort, le plus grand emmerdement de tous.

– The great task is to make the word 'American' mean what it meant in the beginning: new hope.
– That's going to be a **bitch**.
(Tracy Daugherty, *Hiding Man*)

– Notre grande tâche est de rendre au mot « américain » le sens qu'il avait au tout début : un nouvel espoir.
– Foutre! Ça ne va pas être de la tarte.

I expect you to work harder when you're at home. That means week-ends will be a **son of a bitch** for you. (Jim Trevis, *A Mile of Dreams*)

Je m'attends à ce que vous travailliez plus dur quand vous serez à la maison. Les weekends vont donc devenir un enfer pour vous.

Cal looked over his shoulder at a thunderhead sailing blackly over the mountains on the nervous March wind.
– Going to storm, he said. Going to be a **bastard**. (John Steinbeck, *East of Eden*)

Cal regarda par-dessus son épaule et vit un sombre cumulonimbus glisser par-dessus les montagnes dans un impétueux vent de mars.
– La tempête arrive, dit-il. Ça va être quelque chose.

But fog: I'm not saying it's the worst thing that can happen to you, but it's the nastiest... You can't see the sun or the stars, so you don't know where you are. If it's a real **bugger** of a fog, you can hardly tell day from night, so you lose track of time. (Tom Holt, *Meadowland*)

Quant au brouillard, je ne dis pas que c'est la pire chose qui puisse t'arriver, mais c'est la plus détestable. Comme tu ne vois plus ni soleil, ni étoiles, tu n'as pas la moindre idée de là où tu te trouves. Si c'est un brouillard particulièrement vicieux, tu peux à peine faire la différence entre le jour et la nuit et tu finis par perdre la notion du temps.

It was the beginning of 1980. I was twenty and about to face one **fucker** of a year. It began with my grandmother. Dini was very sick. She'd had a stroke and was in the hospital, dying. (Mackenzie Phillips, *High On Arrival*)

Nous étions au début de l'année 1980. J'avais vingt ans et une année d'emmerdements carabinés devant moi. Cela commença par la grave maladie de ma grand-mère, Dini. Elle avait eu une attaque et était en train de mourir à l'hôpital.

I learned that the Florida alligator has rather more intense maternal instincts than various other reptiles, and it can be a real **motherfucker** to contend with one of those future handbags if it suspects you of menacing its young. (Christopher Poole, *Renaissance Killer*)

J'appris que l'alligator de Floride a un instinct maternel plus développé que nombre d'autres reptiles. S'il vous soupçonne d'en vouloir à ses petits, ça devient un vrai casse-tête de vous confronter à un de ces futurs sacs à main.

'Never take much on Wednesdays,' he said wistfully as he reached up and switched on the burglar alarm.

« La recette n'est jamais bonne le mercredi, dit-il tristement en levant les mains pour brancher l'alarme

'Wednesday's a **cunt** of a day.' (Ian McEwan, *In Between the Sheets*)	Mercredi, c'est une journée de merde. »

5.7 Fuck-up – *merdier*

Un *fuck-up* peut être une personne, une erreur ou la situation causée par l'erreur de la personne. Présenté différemment : la situation causée par le *fuck-up* d'un *fuck-up* est également un *fuck-up*. Le verbe correspondant, *fuck up*, est transitif ou intransitif.

– You have to admit he's not too bright. – I wouldn't go as far as to say that. – He moves his lips when he reads, what does that tell ya? Let's say he's streetwise. I'll give him that. He's still a **fuck-up**. (*Jackie Brown*)	– Tu dois reconnaître que ce n'est pas une lumière. – Je n'irais pas si loin. – Il bouge les lèvres pendant qu'il lit, à quoi ça te fait penser ? Allez, disons qu'il connaît la rue. Je le reconnais. Mais c'est un pauvre con quand même.
When the rescue choppers came in, one of them crashed, and in the confusion they started loading the dead bodies first instead of the wounded. It was a total **fuck-up**. (John Parker, *Inside the Foreign Legion*)	Quand les hélicoptères de secours arrivèrent, l'un d'entre eux s'écrasa au sol et la confusion était telle qu'ils commencèrent à charger les cadavres au lieu des blessés. C'était un merdier sans nom.
If I vouch for this guy and he **fucks up**, I'll put a bullet in his fucking head. (*Donnie Brasco*)	Si je me porte garant de ce type et qu'il fout la merde, je lui mettrai une balle dans sa putain de tête.
John Kerry explained why he voted to allow the US to use military force in Iraq... 'I voted for what I thought was best for the country ... Did I expect George Bush to **fuck it up** as badly as he did? I don't think anybody did.' (*Guardian*, 10/9/14)	John Kerry expliqua pourquoi il avait voté l'autorisation de la force militaire en Irak. « J'ai voté pour ce que je pensais être la meilleure chose pour le pays. Est-ce que je m'attendais à ce que George Bush salope le boulot comme il l'a fait ? Je ne pense pas que personne l'ait envisagé. »

L'erreur étant ce qu'elle est, c'est-à-dire humaine, *fuck up* a beaucoup de synonymes. Ils comprennent *screw up, balls up, make a balls of, make a ballocks of, bugger up* et *cock up*. Les substantifs correspondants sont *screw-up, balls-up* et *cock-up*. *Screw-up* est le seul à être couramment utilisé comme *fuck-up* pour décrire une personne.

As the deadline for completing the iMac drew near, Jobs's legendary temper reappeared in force... He went around the table assailing everyone, starting with Rubinstein. 'You know we're trying to save the company here,' he shouted, 'and you guys are **screwing** it **up**!' (Walter Isaacson, *Steve Jobs*)

À mesure que le délai de complétion de l'iMac se rapprochait, le tempérament légendaire de Jobs se manifesta en force. Il faisait le tour de la table, s'en prenant à tout le monde, à commencer par Rubinstein. « Tu sais pourtant que nous essayons de sauver l'entreprise, hurla-t-il, et vous autres, vous bousillez tout. »

Everyone in the family except me knew that my dad got reamed by the IRS for some bookkeeping **screwup** when he tried to start that pathetic electrical business... My dad lost everything. (Francine Prose, *A Changed Man*)

Tout le monde dans la famille, sauf moi, savait que mon père s'était fait entuber par le fisc sous des prétextes de comptabilité mal tenue. C'était au moment où il avait essayé d'ouvrir un minable atelier d'électricien. Il a tout perdu.

Contract killings are used by gangs to rid themselves of a member who is perceived as disloyal, a **screw-up**, or a danger to the gang. (Mauro V. Corvasce, *Modus Operandi*)

Les gangs se servent des meurtres sous contrat pour se débarrasser d'un membre perçu comme étant déloyal, ou d'un fouteur de merde ou de quiconque représente un danger pour le gang.

My new book is a Utopia in the form of a novel. I **ballsed** it **up** rather, partly owing to being so ill while I was writing it... We haven't definitely fixed the title, but I think it will be called 'Nineteen Eighty-Four'. (George Orwell, *Collected Essays, Journalism & Letters, Vol.4*)

Mon nouveau livre est une utopie sous forme de roman. Je l'ai plutôt salopé, en partie à cause de mon état de santé lamentable pendant son écriture. Nous n'en avons pas encore définitivement arrêté le titre, mais je pense que ce sera « 1984 ».

George doesn't bother me normally... About once a year he makes a complete **balls-up** of something, usually a tricky piece of probate, and he comes to me to sort it out for him. (Andrew Davies, *Getting Hurt*)

D'habitude, George ne me dérange pas. Mais environ une fois par an, il transforme quelque chose en boxon complet, généralement une homologation de testament délicate. Alors il vient me voir pour que je règle la question à sa place.

I mean to say, said Lamont, whether a yarn is tall or small I like to hear it well told. I like to meet a man

Je veux dire, dit Lamont, que peu m'importe la longueur d'une histoire. Moi, j'aime qu'elle soit

that can take in hand to tell a story and not **make a balls of** it. (Flann O'Brien, *At Swim-Two-Birds*)

bien racontée. Il me plait de rencontrer un homme qui assume la responsabilité de raconter une histoire et qui ne la foute pas en l'air.

Someone this thorough, if he'd gone out there intending to kill her, he wouldn't have **made** such a **bollocks** of it... I think the meeting was planned for a completely different reason, and then something went badly wrong. (Tana French, *The Likeness*)

Quelqu'un de si méticuleux, qui est allé là-bas avec l'intention de la tuer, n'aurait pas foutu un tel bordel. À mon avis, la réunion devait se tenir pour une raison complétement différente de celle-là, et quelque chose a foiré vilain.

Did my rhubarb come up, I wonder? I had a lot, and then last year the frost **buggered** it **up**. I don't know whether it survives that or not. (George Orwell, *A Life in Letters*)

Je me demande si ma rhubarbe est sortie de terre. J'en avais beaucoup jusqu'à l'année dernière, avant que le gel ne lui fasse la peau. Je ne sais pas si elle peut survivre à ça ou non.

In my experience, valour in action counts for far less than simply performing one's commonplace task without **cocking** it **up**. (Steven Pressfield, *Killing Rommel*)

Selon mon expérience, la bravoure sous les tirs de l'ennemi compte pour bien moins que l'accomplissement des tâches banales sans bavures.

Over the years, I have encountered extraordinary deceits in official war diaries and suchlike, often designed to achieve post-facto rationalization of what was, to those who took part, merely a '**cock-up**' which cost lives. (Max Hastings, *Armageddon*)

Au fil des années, j'ai trouvé des tromperies inimaginables dans les journaux officiels de guerre, etc. Leur but était souvent de fournir une rationalisation post-facto d'événements qui, à en croire ceux qui les ont vécus, n'étaient que des merdiers foireux qui ont coûté des vies.

Un *fuck-up* à grande échelle ou particulièrement complexe est un *clusterfuck*. Voici l'origine possible du mot :

Clusterfucking was a term Durwood had picked up in Vietnam, where soldiers in the field weren't supposed to gather in clusters, lest all be wiped out by a single strike. (Tom Wolfe, *A Man in Full*)

Clusterfucking était un terme que Durwood avait appris au Vietnam où les soldats ne devaient pas se rassembler en groupes [ou *clusters*, en anglais] pour éviter d'être tous abattus par une seule frappe.

I appreciate all you did for me… I'm sorry I got you into this shit. I didn't think it would turn into such a **clusterfuck**. (Janet Evanovich, *Motor Mouth*)	J'apprécie tout ce que vous avez fait pour moi. Je m'excuse de vous avoir entraîné dans une telle merde. Je ne pensais pas que ça virerait au bordel innommable.

Snafu, terme parfaitement respectable de nos jours, signifie aussi une situation confuse ou chaotique. Le mot, pour autant qu'on le sache vraiment, a été inventé comme un acronyme par un soldat inconnu pendant la Seconde Guerre mondiale. Les lettres représentaient *Situation Normal All Fucked Up*. Une fois ces origines oubliées, cependant, le mot est entré dans la langue quotidienne en tant que substantif et verbe.

His soft spot for pretty women could even defuse his temper. Whenever his staffers had a scheduling **snafu** sure to throw him into a tantrum, they would delegate the best-looking young secretary they could find to break the news to him. (Walter Isaacson, *Kissinger*)	Son faible pour les jolies femmes influait jusqu'à son humeur. Chaque fois que ses conseillers découvraient une erreur de planning de nature à le mettre hors de lui, ils chargeaient la plus jolie des jeunes secrétaires de l'en informer.
Because of payment cycles **snafued** by byzantine accounting procedures and slipshod deals, the Beatles had earned virtually nothing in 1968. (Bob Spitz, *The Beatles*)	À cause des cycles de paiements totalement tarabiscotés par des procédures comptables byzantines et des contrats peu méticuleux, les Beatles n'avaient gagné quasiment rien en 1968.

On peut mentionner ici quelques termes militaires apparentés, mais qui n'ont pas connu le même succès : *fubar (fucked up beyond all recognition), fubb (fucked up beyond belief), fumtu (fucked up more than usual), janfu (joint army-navy fuck-up)*, et *sapfu (surpassing all previous fuck-ups)*. Si un tel vocabulaire ne sert à rien d'autre, du moins il nous permet de comprendre combien difficile il serait de vivre sous le drapeau sans le concept phare de *fuck-up*

5.8 Fuck about / around – *glander*

Comme la plupart des verbes à particule, *fuck about* (ou *around*) peut signifier plusieurs choses : ne rien faire, manquer de sérieux, se comporter bêtement, perdre son temps d'une manière futile, faire perdre du temps à quelqu'un d'autre, et ainsi de suite. On peut combiner d'autres verbes avec les mêmes prépositions pour exprimer ces idées de base. Ainsi : *arse about, bugger about, fart about, piss about, piddle about,* etc.

All the fellas would have a drink and a chat and the kids'd be **fucking about** and getting up to mischief. (Ray Winstone, *Young Winstone*)

Tous les gars prenaient un verre et bavardaient pendant que les gosses faisaient des conneries et s'apprêtaient à en faire d'autres.

You said you wanted to win. Or are you people just **fucking around**? I suspect that might be the case. Well, stop fucking around and make up your mind. (George Carlin, *Brain Droppings*)

Vous avez dit que vous vouliez gagner. N'êtes-vous pas plutôt en train de glandouiller ? À mon avis, c'est peut-être le cas. Alors, cessez de glander et décidez-vous.

Will you stop **fuckin' about** and fidgetin' in my peripherals – I'm trying to concentrate. (*Naked*)

Arrête de bouger constamment autour de moi, bordel, et tiens-toi tranquille. J'essaie de me concentrer.

– Nothing's ever definite with you.
– Can you see me as an architect?
– It's the rest of your life, Sean. Stop **arsing about** and make a decision. (Mark Illis, *Tender*)

– Rien n'est jamais certain avec toi.
– Tu me vois en architecte ?
– On parle du reste de ta vie, Sean. Arrête de merder et décide-toi une bonne fois pour toutes.

We should stop **buggering about** and face up to the fact that drugs are really dangerous and that there is no safe way of taking them. (Frank Chalk, *It's Your Time You're Wasting*)

Nous devrions cesser de tourner en rond et admettre que les drogues sont en fait extrêmement dangereuses et qu'il n'existe aucun moyen inoffensif de les consommer.

A man, he walks in here, well-dressed ... comes into a junkshop looking for coins. He **farts around**, he picks up this, he farts around, he picks up that. (David Mamet, *American Buffalo*)

Un homme entre, bien habillé. Il entre dans une brocante à la recherche de pièces de monnaie. Il traîne par-ci, par-là, prend quelque chose à la main, il traîne un peu plus, il examine autre chose.

We both left the vessel, leaving Groves **pissing about** with his bilge pump. He had done nothing in the hour that I was on the boat. (Tim Daly, *The British Connection*)

Nous avons tous les deux quitté le bateau en laissant Groves en train de déconner sérieusement avec sa pompe de cale. Pendant toute l'heure que j'avais passée sur le bateau, il n'avait strictement rien fait.

She did not want to sit at home all day, **piddling about** and bored to death. She wanted to do something that she could do from home, while the kids were at school. (L.L. King, *The Lying Tree*)	Elle ne voulait pas rester à la maison toute la journée à zoner et mourir d'ennui. Elle voulait faire quelque chose dont elle pourrait s'occuper à la maison pendant que les enfants étaient à l'école.

5.9 Shitty – *de merde*

Parmi les adjectifs qui dénotent la mauvaise qualité de quelque chose, ou son insignifiance, ou sa nullité, les plus usités sont encore une fois associés aux excréments : *shit* ou *shitty*, *crap* ou *crappy*, *chickenshit*, *piss-poor* et *pissy*.

Indigenous peoples all over the world get **shit** land that can't be farmed… And then someone discovers minerals on it and the government wants it back. (Paul Theroux, *The Happy Isles of Oceania*)	Dans le monde entier, les indigènes reçoivent des terres de merde impossibles à cultiver. Et puis quelqu'un découvre qu'elles contiennent des minéraux. Alors le gouvernement veut les récupérer.
You want to go back to your **shitty** little existence? Go ahead, leave. There's the door. No one's stopping you. (*Swimming With Sharks*)	Tu veux retourner à ta petite existence merdique ? Vas y, va t'en. Tu sais où est la porte. Personne n'essaiera de te retenir.
He thinks of all the **crap** jobs he's had, laying paving slabs, shuffling papers in a council office, and wanting, trying, to do something creative. (*Guardian*, 10/8/02)	Il pense à tous les jobs merdiques qu'il a eus : la pose des dalles de pavage, le brassage de la paperasse dans un bureau municipal ; et tout le temps voulant et essayant de faire quelque chose de créatif.
One night, after another **crappy** day of feeling lousy, when I was rummaging for yet another late-night snack, I opened a drawer and found a loaded shotgun. (Ashley Judd, *All That Is Bitter and Sweet*)	Certain soir, après une nouvelle journée de mal-être de merde, j'ai fouillé ma cuisine à la recherche d'un énième en-cas tardif, puis j'ai ouvert un tiroir et trouvé un fusil de chasse chargé.
The choice was made and there was nothing to be had from **chickenshit** speculation. The roshis were right: the mind is a monkey. (Robert Stone, *Dog Soldiers*)	Le choix était fait et rien de plus ne sortirait de vaines spéculations de merde. Les roshis avaient raison : l'esprit est un singe.

'In war,' said the general, quoting an old army axiom, 'as in life, lack of prior planning produces a **piss-poor** performance.' (Nelson DeMille, *The Talbot Odyssey*)	« À la guerre, comme dans la vie, dit le général, citant un vieil axiome militaire, le manque de planning préalable vous conduit directement à la purée noire. »
The weather out there today is hot and shitty with continued hot and shitty in the afternoon. Tomorrow a chance of continued crappy with a **pissy** weather front coming down from the north. (*Good Morning, Vietnam*)	Aujourd'hui, le temps est chaud et merdique et ce temps chaud et merdique se poursuivra dans l'après-midi. Demain, possibilité d'un temps toujours merdique avec un front pluvieux venu du nord.

Half-arsed et *half-assed* expriment aussi une attitude critique mais, pour autant qu'on puisse la fixer, leur cible est plutôt l'inachèvement, l'insuffisance, ou encore le manque d'efficacité. *Raggedy-assed* (US), en revanche, veut dire en mauvaise condition, miteux.

I've got no reason to believe that if he found himself in the mayor's chair he wouldn't continue to extrude **half-arsed** ideas. (*Guardian*, 19/1/00)	Je n'ai aucune raison de croire que catapulté au poste de maire, il ne continuerait pas à pondre des idées de merde.
This is Florida's so-called leadership in the year 2011. Screw the sick, poor, and elderly, and grovel worshipfully before any **half-assed** company with a letterhead and a lobbyist. (Carl Hiaasen, *Dance of the Reptiles*)	Voici les idées du soi-disant leadership de la Floride en 2011: baisez les malades, les pauvres et les personnes âgées, et rampez devant toute société de margoulins avec du papier à en-tête et un lobbyiste.
I spent the night in Wells, Nevada, the sorriest, seediest, most **rag-gedy-assed** town I've ever seen... Everyone in town seemed to collect old cars. They sat rusting and win-dowless in every yard. (Bill Bryson, *The Lost Continent*)	J'ai passé la nuit à Wells, Nevada. C'est la ville la plus triste, la plus miteuse que j'aie jamais vue. Tout le monde dans la ville semblait collectionner les vieilles voitures. Sans fenêtres, elle rouillaient lentement dans chaque jardin.

En post-scriptum à cette section sur les attitudes critiques, on peut évaluer le cas du verbe *suck*. Utilisé intransitivement dans des expressions comme *it sucks!* ou *you suck!* il indique quelque chose ou quelqu'un de désagréable, rébarbatif ou sans valeur intrinsèque. C'est encore un de ces mots qui s'est tellement éloigné de ses anciennes connotations sexuelles que même les jeunes enfants l'utilisent de nos jours en toute innocence.

Emmie, I hate my life. My life **sucks**. I am totally fucked... I am in such pain. (Erica Jong, *Any Woman's Blues*)	Emmie, je déteste ma vie. Elle craint, tu sais. Je suis totalement foutu. Si tu savais comme je souffre.
We're going to spend half the night driving around the hills looking for one party and then leaving 'cause **it sucks**. Then we're going to look for this other party you heard about. But, Trent, all the parties and bars, **they** all **suck**. (*Swingers*)	Nous allons passer la moitié de la nuit à rouler dans les collines à la recherche d'une soirée. Puis on s'en ira parce que c'est nul. Alors on partira vers cette autre soirée dont tu as entendu parler. Mais écoute-moi, Trent, toutes ces soirées, tous ces bars sont tous archi-nuls.

6. Le langage raciste

6.1 Nigger – *nègre*

De nos jours, la plupart des gens s'entendent sur au moins une chose : il ne faut sous aucun prétexte utiliser les surnoms péjoratifs des personnes dont la race, nationalité, communauté ou culture ne sont pas les vôtres. Ici, le mot-clé est « péjoratif ». Certains surnoms (*Yank*, *Brit*, *frog* même) n'offensent personne. Il en va tout autrement des mots comme *nigger* qui dérangent beaucoup de monde. Et pas seulement ceux qui sont directement concernés. Ce qui était acceptable il y a encore quelque décennies ne l'est plus. Quand j'étais enfant, l'équivalent anglais de *Am, stram, gram, pique et pique et colégram*, que nous récitions tous gaiement, était :

Eeney meeney miney moe,	Eeney meeney miney moe,
Catch a **nigger** by the toe.	Attrape un nègre par l'orteil.
If he squeals let him go,	S'il pousse un cri, laisse-le partir,
Eeney meeney miney moe.	Eeney meeney miney moe.

De nos jours, on estime qu'il est moins dangereux d'encourager les enfants à saisir *a tiger by the toe*. Tous les synonymes de *nigger* sont logés à la même enseigne, ils sont tous inacceptables : *coon* (diminutif de *racoon*, raton laveur), *spade* (de *ace of spades*, as de pique), *darky*, *boogie* (US), *jigaboo* (US), *jungle bunny* (US), *smoke* (US), *spook* (US), *shine* (US), *sooty* (UK), *wog, nignog* (UK), *Paki* (UK, abréviation de Pakistani mais qui désigne tous les non-blancs) et, comme formes d'adresse directe, *Sambo, Rastus* et, le mot détesté entre tous, *boy*.

He'd have loved to have gone to Africa and hired out as a mercenary. 'Imagine getting paid to kill **niggers**,' he mused. (Joseph Wambaugh, *The Choirboys*)	Il aurait adoré aller en Afrique et être recruté comme mercenaire. « Imagine qu'on te paie pour tuer des noirpiots, » dit-il d'un air songeur.
He sees things on telly and he'll go, 'Dirty **coon**,' and 'Dirty Paki'. That's only what he's picked up from being	Il regarde certaines émissions à la télé et sa réaction est de dire : « Sale nègre » ou « Sale Paki ». Et ça, c'est

in the house. I walk in from work some nights and he'll go, 'White power, daddy,' with his right arm in the air. (Leo Regan, *Public Enemies*)

Fucking **spades** come in here like they own the place... You know how many million niggers we got on welfare you and me are supporting with our taxes? (Brian Garfield, *Death Wish*)

New Jersey's chock-full of Jews and spicks and **darkies** and towelheads and commies, all needing to be rounded up and reminded of a few things. (Richard Ford, *Independence Day*)

Lots of **boogies** comin' in now, since the war. Williamsburg. Brownsville. Bedford-Stuyvesant, that's where they're movin' into. Fuckin' apes, I call 'em. Boy, do I hate those boogies. Apes! (William Styron, *Sophie's Choice*)

Those jalopies Detroit puts out are slapped together by **jigaboos** wearing headphones pumping music into their ears and so zonked on drugs they don't know a slothead screw from a lug nut. (John Updike, *Rabbit Is Rich*)

Never ceases to amaze me. Fuckin' **jungle bunny** goes out there, slits some old woman's throat for twenty-five cents. Fuckin' nigger gets Doris Day as a parole officer. But a good fella like you gets stuck with a ball-busting prick. (*Reservoir Dogs*)

Art turned saying, 'Fuckin **smoke**.' The clerk, a black guy with size,

seulement ce qu'il apprend à la maison. Certains soirs, à mon retour du travail, il m'accueille ainsi, « Le pouvoir aux blancs, Papa, » et il brandit son bras en l'air, à la Nazi.

Ces putains de métèques débarquent ici comme si tout leur appartenait. Vous avez une idée des millions de zoulous qui vivent de l'aide sociale ? Et c'est vous et moi qui l'alimentons avec nos impôts.

Le New Jersey dégorge de juifs, de latinos, de nègres, de ratons, de cocos. Il faudrait tous les rassembler et leur rappeler une chose ou deux.

Depuis la guerre, plein de bamboulas viennent ici. À Williamsburg, Brownsville, Bedford-Stuyvesant, c'est là qu'ils vont. Putains de singes, c'est comme ça que je parle d'eux. Mon Dieu, je déteste ces bamboulas. Des singes !

Les bagnoles qui sortent de Detroit sont assemblées à la va-vite par des nègres avec des écouteurs qui défouraillent de la musique dans leurs oreilles. Ils sont tellement défoncés qu'ils ne font pas la différence entre une vis et un écrou.

Ça m'étonnera toujours. Un noircicot sort de chez lui et coupe la gorge d'une vieille dame pour vingt-cinq cents. On donne Blanche Neige comme contrôleur judiciaire à ce putain de nègre. Mais à un bon gars comme toi, on impose un putain de connard qui te casse les couilles.

Art se retourna en disant, « Putain de moricaud. » L'employé, un noir

asked if he was speaking to him. Art said, 'No, Sambo, I wasn't talking to you, I was talking to my partner.' (Elmore Leonard, *Mr. Paradise*)

'Don't you think it's going to be tough for you in the Met, being a nigger?' said Assistant Commissioner Latham... 'The Met doesn't like **spooks**. Spades. **Sooties**... Haven't you heard? We're institutionally racist. We don't like niggers.' (Stephen Leather, *Tango One*)

This place called Florian's was under the same name when it was a white night trap. The sign was expensive so the **shines** just went on using it when they took over. (Raymond Chandler, *Farewell, My Love*)

I want to give this story our full attention, Peter. It makes us look better and better, the more we do for this Lamb family. Poor little Lambs, poor little fuzzy-wuzzy **wogs**. (*Bonfire of the Vanities*)

I can't improve, unfortunately, on the old image of the mask sticking to the face and his coming not to see any distance between 'shoot the **nignogs**' as a sort of thing to say to your chums and really believing it. (Zachary Leader, *The Life of Kingsley Amis*)

The Habib Bank is just a damn front for their bloody ISI. You know how these filthy **Pakis** are... Give the buggers an inch and there they are with their terror factories. Those bastards will never stop. (Mukui Deva, *Lashkar*)

baraqué, demanda si c'était à lui qu'il s'adressait. Art répondit, « Non, Bamboula, ce n'est pas à toi que je parlais. Je parlais à mon partenaire. »

« Tu ne crois pas qu'être un nègre risque de te compliquer la vie à la Met ? dit l'assistant commissaire divisionnaire Latham. La Met n'aime pas les noirpiots, les bamboulas, les moricauds. Tu n'as pas encore compris ? Nous sommes des racistes institutionnalisés. Nous n'aimons pas les nègres. »

Le Florian portait le même nom à l'époque où il était l'attrape-gogos nocturne des blancs. Quand les nègres l'ont repris, ils ont continué à se servir de ce nom, car l'enseigne coûtait cher.

Je veux qu'on consacre toute notre attention à cette histoire, Peter. Plus on en fait pour cette famille Lamb, plus on se fait bien voir. Pauvres petits Lamb, pauvres petits bougnouls crépus.

Je ne peux malheureusement pas faire mieux que la vieille image du masque qui finit par coller à la peau. À la longue il ne faisait plus la distinction entre un « faut descendre les zoulous » dit devant les copains et une croyance réelle dans ces propos.

La banque Habib est juste une couverture pour leur bordel d'ISI. Tu sais comment ils sont ces saletés de Pakis... Tu leur donnes un doigt à ces saligauds et ils répliquent avec leur usines à terreur. Ces salauds n'arrêteront jamais.

'Get the fuck out of my building,' Podolak said. He looked at Hawk. 'And take **Sambo** the fuck with you.' The blue-haired staff pretended he hadn't said that. All of them appeared to have typing to do. (Robert B. Parker, *Cold Service*)

« Sors de mon putain de bâtiment, » dit Podolak. Il regarda Hawk. « Et emmène Sambo avec toi, bordel. » Les employées aux cheveux bleus firent semblant de ne pas avoir entendu. Il leur parut urgent de se mettre à taper à la machine.

How difficult it must have been for him, how very surreal and disorientating, to have arrived at King William's and found that he was the only black boy there and that we all made fun of him and called him **Rastus**. (Jonathan Coe, *The Rotter's Club*)

Tout cela a dû être incroyablement difficile pour lui, surréaliste et déstabilisant : que ce soit son arrivée à l'école King William, sa découverte qu'il y était le seul garçon noir, ou le fait que nous nous moquions tous de lui et l'appelions Bamboula.

How racist is '**boy**'? Is that word, by itself, by a white man to a black man in the South, 'always' proof of racism…? It was often used in a racist way, of course, a usage that met a powerfully elegant response when civil-rights marchers carried signs reading 'I Am a Man' in the 1960s. (*The Economist*, 1/11/10)

Le mot *boy* est-il vraiment raciste ? Ce mot, adressé par un homme blanc du sud des États-Unis à un homme noir, est-il en soi une preuve de racisme ? Bien sûr il fut souvent utilisé de manière raciste. Un usage qui provoqua une réponse élégante et forte des marcheurs pour les droits civiques des années 1960. Ils portaient des pancartes avec les mots « Je suis un Homme ».

Quel est donc le terme adéquat à utiliser, ou en tout cas le moins provocant ? Jusqu'à récemment, le mot *Negro* était considéré acceptable mais il est tombé subitement en disgrâce et maintenant l'anglais américain comme l'anglais britannique le tiennent pour insultant. À son tour, le mot *coloured* est venu, puis a disparu. Dans les années 1960 apparurent le *black power* et le *black pride*. C'était l'époque de *black is beautiful*. La question était donc résolue et tout allait pour le mieux. Jusqu'à ce que *black* commence à ne plus avoir la cote. La situation actuelle, selon l'*Economist Style Guide* (de 2009), est que « dans de nombreux pays, y compris les États-Unis, beaucoup de noirs se satisfont du terme *black* bien que d'autres préfèrent le terme *African-American*. *Black* est plus court et plus simple, mais à vous de choisir ».

6.2 Kike – *youpin*

Quiconque a vu un film avec Samuel L. Jackson sait que *nigger* n'est pas nécessairement un mot insultant. Quand Samuel le dit à Denzel, par exemple, ou à Morgan, ou peut-être à Barack, il n'y a pas le moindre problème. Tout est donc question de casting. De même, le mot *Yid*, rétroformation de Yiddish (qui veut simplement dire juif), est souvent utilisé par les juifs eux-mêmes. *Kike* aussi, quand ils veulent parler d'autres juifs qu'ils méprisent. Mais dans la bouche des non-juifs, et surtout dans la bouche des antisémites, tous les mots argotiques désignant les juifs sont des épithètes virulents : *hebe*, *heebie* ou *heeb* (du mot *Hebrew*), *jewboy*, *sheeny* ou *sheenie*, et *mocky* ou *mockie*.

You're a **kike**, Weiss, a kike, the kind of mean little creep that gives Jews a bad name. (William Styron, *Sophie's Choice*)

Tu es un youpin, Weiss, un youpin, le genre de petit saligaud mesquin qui donne une sale réputation aux juifs.

My father was a social worker who… fought housing discrimination against Jews. Yet I once heard him describe an objectionable Jew as a **kike**. All this, it must be remembered, occurred before the Holocaust revealed to the world where such ugliness ultimately led. (H.L. Mencken, *Diary*)

Mon père était assistante sociale. Il se battait contre la discrimination que connaissaient les juifs dans l'accès au logement. Pourtant, je l'ai une fois entendu traiter un juif désobligeant de youpin. Il faut se souvenir que tout cela avait lieu avant que l'Holocauste ne révèle au monde à quoi ce genre de discours pouvait mener.

– How do you feel about Jews?
– Just fine. I have no problem with anybody.
– Good, because Jews invented this business, and most of the people who run it are Jewish. They're great people, and I don't like it when people call them **yids** or tell kike jokes. (Rick Barron, *The Prince of Beverly Hills*)

– Comment vois-tu les juifs ?
– Aucun problème. Je n'ai de problème avec personne.
– Ça tombe bien. Les juifs ont inventé ce business et la plupart de ceux qui le dirigent sont juifs. Ils sont formidables et je n'aime pas que les gens les traitent de youtres ou racontent des blagues sur les youpins.

How come the **hebes** all drive Cadillacs? You're a detective, you got an answer for that? (James Ellroy, *The Big Nowhere*)

Comment se fait-il que tous les youpins conduisent des Cadillac ? Toi, le détective, tu as une raison à ça ?

A waiter brought a plate of lobster and set it in front of Solly...
– I thought you **Jewboys** weren't supposed to eat shellfish, Micky said with lazy insolence.
Solly was as impervious as ever to such remarks:
– I'm only kosher at home, he said. (Ken Follett, *A Dangerous Fortune*)

Un serveur apporta une assiette de homard et la posa devant Solly.
– Je croyais que vous les juifs n'étiez pas censés manger des crustacés, dit Micky avec une insolence laconique.
Comme à l'accoutumée, Solly resta sourd à ce genre de remarques :
– Je mange kascher à la maison seulement, dit-il.

She had much to say about the 'niggers', 'wops', and '**sheeneys**' who get all the jobs; adding that a good honest American is out of luck. (Eli Ginzberg, *The Unemployed*)

Elle avait beaucoup à dire sur les « nègres », les « Ritals » et les « youpins » à qui on donnait tous les jobs. Tout en précisant qu'un bon et honnête Américain n'avait aucune chance face à eux.

There was the time they had made that raid into Dorchester, and had taught the Yids a lesson. They had picked one kid about eleven... had surrounded him, and Whitey Lydon had asked, 'What the hell are ya?' The kid had trembled and said, 'I don't know.' 'You're a **mockey**,' Whitey had told him, 'that's what you are, a fuggin mockey.' (Norman Mailer, *The Naked and the Dead*)

Une fois, ils avaient fait un raid à Dorchester pour donner une leçon aux youtres. Ils avaient attrapé un garçon d'environ onze ans, l'avait cerné, et Whitey Lydon lui avait demandé : « Tu es quoi, au juste, toi ? » Le gamin, tremblant, avait répondu, « Je ne sais pas. » « Tu es un youpin, » lui dit Whitey, « c'est ça que tu es, un putain de youpin. »

6.3 Raghead – *raton*

Freud, qui n'avait pas toujours tort, estimait que « la société civilisée est en permanence menacée de désintégration à cause de l'hostilité primaire des hommes les uns envers les autres ». Pour soutenir cette vision pessimiste, il cita, entre autres, les horreurs de la Première Guerre mondiale. (Il écrivait en 1930, donc n'avait pas connaissance des horreurs de la Seconde Guerre mondiale.) Cette « hostilité primaire des hommes les uns envers les autres » trouve son expression la plus aboutie dans le conflit armé, toujours accompagné, voire souvent précédé, par un déluge de stéréotypes xénophobes et d'injures ethniques. Prenons le cas des récentes intrusions anglo-américaines au Moyen-Orient. Désormais un arabe est un *raghead* ou un *towel-head* (de leur coiffure à carreaux rouges et blancs), ou un *camel jockey* ou plus explicite encore, un *camelfucker*, ou un *fig-eater* ou un *sand nigger* ou un *dune coon*. Même *A-rab* ou *Ay-rab* (dit pour rimer avec Ahab), *haji* (un musulman qui a fait le pèlerinage à la Mecque) et *Abdul* ainsi que d'autres noms personnels courants sont devenus des termes dérogatoires.

– I am not a **raghead**, Habib shouted. Do you see a rag on this head? I am in America now, and I do not wear these things. And it is not a nice way that you say this. – Raghead, Mitchell said. Habib narrowed his eyes. – Filthy American dog. (Janet Evanovich, *Hot Six*)	– Je ne suis pas une « tête à torchon », hurla Habib. Est-ce que vous voyez un torchon sur ma tête ? Je suis en Amérique maintenant et je ne porte pas ces choses-là. Et ce n'est pas gentil de votre part de me dire ça. – Tête à torchon, dit Mitchell. Habib rétrécit ses yeux. – Chien d'Américain pourri.
Then September 11 happened, and I began to hear new words like **'towel-head'** and 'camel jockey'... These words did not initially come from my fellow lower-enlisted soldiers, but from my superiors... All the way up the chain of command, these viciously racist terms were suddenly acceptable. (Aaron Glantz, *Winter Soldier*)	Puis le onze septembre arriva et je commençai à entendre de nouveaux mots comme *towel-head* et *camel-jockey*. Ces mots ne provenaient pas au début des simples soldats qui étaient mes collègues mais de mes supérieurs. Ces termes vicieux et racistes étaient soudainement devenus acceptables pour toute la hiérarchie.
It's a policy not to give out the names of pilots involved in a bombing mission. The government thinks these stupid **camel jockeys** are going to come to America and take revenge. Bullshit. (Nelson DeMille, The *Lion's Game*)	La politique consiste à ne pas donner le nom des pilotes qui participent à un bombardement. Le gouvernement pense que ces stupides enculeurs de chameaux vont venir aux États-Unis prendre leur revanche. Quelle connerie.
He was seated in the sixth row, next to a man of Middle-Eastern descent... On his lap, the **camelfucker** clutched a suspicious-looking package. Sam thought about requesting a seat change, but the plane was full. (Brandon Halsey, *Assorted Poems and Purple Prose*)	Il était assis au sixième rang, à côté d'un homme du Moyen Orient. Sur ses genoux, le raton tenait un paquet d'apparence suspecte. Sam envisagea de demander à l'hôtesse qu'on le change de place mais l'avion était déjà plein.

I mean 'Nam was a foot soldier's war... Just me and Charlie, man, eyeball to eyeball... Worthy fuckin' adversary... Not a bunch of **fig-eaters** with towels on their heads. (*The Big Lebowski*)

If Stroman's attitudes towards blacks were harsh, they were considerably more lenient than his feeling towards other ethnic minorities. At least blacks were American. The bottom of the food chain was reserved for those who weren't. The only thing worse than a nigger was a **sand nigger**. (Dominic Streatfeild, *A History of the World Since 9/11*)

He identifies so strongly with black culture... that when other Marines use terms like 'nigger juice' to describe black coffee, or refer to Arabs as '**dune coons**' – as a couple do – Stafford shakes his head and mutters, 'Racist ofay motherfuckers.' (Evan Wright, *Generation Kill*)

We parked curbside. Jigaboos perched on porches checked our fuzzmobile. We bopped to the front door. Tim rang the bell. A full-drag dune coon opened up...
I said, 'Ahab the **A-rab**. Where's your camel, motherfucker? (James Ellroy, *Destination Morgue*)

When I got to Iraq in 2003, I learned a new word, '**haji**'. Haji was the enemy. Haji was every Iraqi. He was not a person. (Aaron Glantz, *Winter Soldier*)

Tu vois, le Vietnam, c'était une guerre de fantassins. Juste moi et le Vietcong, mec, les yeux dans les yeux. Un putain d'adversaire digne de ce nom. Pas un ramassis de mangeurs de figues avec des torchons sur la tête.

Si l'attitude de Stroman envers les noirs était dure, elle était néanmoins considérablement plus indulgente que ne l'étaient ses sentiments envers d'autres minorités. Au moins, les noirs étaient Américains. Le bas de l'échelle alimentaire était réservé à ceux qui ne l'étaient pas. La seule chose en dessous du nègre était le crouille.

Il s'identifie tant à la culture noire que quand les autres Marines utilisent des termes comme « jus de nègre » pour parler du café noir ou traitent les arabes de « nègres des dunes » – comme quelques-uns le font – Stafford hoche la tête et murmure, « Enculés de blancs racistes. »

Nous nous sommes garés au bord du trottoir. Juchés sous les porches, des bougnouls scrutaient la voiture de flics. Nous sommes allés rapidement à la porte d'entrée. Tim appuya sur la sonnette. Un raton sapé en travesti nous ouvrit la porte.
Je lui dis, « Ahab l'arabe, espèce d'empaffé, où donc est ton chameau ? »

Quand je suis allé en Irak en 2003, j'ai appris un nouveau mot : *haji*. *Haji* était l'ennemi. *Haji* représentait chaque Irakien. Il n'était pas une personne.

Then he was back in the gym in Fallujah... They'd started kicking the **Abduls** around the gym, and pulling their clothes off. (Stephen King, *Under the Dome*)	Puis il était de retour dans la gym de Fallujah. Dans la salle ils avaient commencé à envoyer des coups de pied aux ratons et à leur arracher les vêtements.

6.4 Gook – *le jaune*

Les conflits précédents en Asie de l'est avaient déjà fourni une riche moisson de termes injurieux, dont plusieurs sont toujours courants. *Gook*, par exemple, terme inventé par les militaires américains, est devenu mondialement célèbre lors des guerres de Corée et du Vietnam. Maintenant le mot englobe tout asiatique de l'est, tout polynésien et tout immigrant d'origine asiatique de l'est. Un *Chink* est un Chinois, un *Jap* ou *Nip* (de Nippon) un Japonais, et un *dink* un Vietnamien. À part ça, il n'y a pas eu d'effort particulier pour différencier les races. *Slope, slopehead* et *slant* (faisant allusion au stéréotype des yeux bridés), comme *gook*, sont des termes fourre-tout.

Too many foreigners own liquor stores. Vietnamese, Koreans, they can't fuckin' speak English. You tell them, 'Empty out the register', and they don't know what it fuckin' means. We keep on, one of those **gook** motherfuckers' gonna make us kill 'em. (*Pulp Fiction*)	Trop d'étrangers sont propriétaires de magasins d'alcool. Des Vietnamiens, des Coréens, et ces cons ne parlent pas un mot d'anglais. Tu leur dis, « Vide la caisse », et ils ne comprennent pas ce que ça veut dire. Si ça continue comme ça, une de ces raclures de jaunes va nous forcer à le tuer.
Belle de Jour tells the story of a beautiful girl, married to a man so considerate and handsome and successful that she has no choice but to go off to a brothel in the afternoons, there to be fucked by twenty-stone **Chinks**. (Martin Amis, *The Rachel Papers*)	*Belle de Jour* raconte l'histoire d'une belle femme mariée à un homme si prévenant, si beau et si prospère qu'elle n'a forcément pas d'autre choix que de se rendre à un bordel chaque après-midi pour se faire sauter par des Chinetoques de cent-trente kilos.
Like every small boy in America, he had hated the **Japs** and played games in which he slaughtered them by the dozen in his imagination. (Ken Follett, *The Third Twin*)	Comme tous les autres petits garçons américains, il détestait les Japs et s'amusait avec des jeux où, dans son imagination, il les massacrait par douzaines.

I wonder if you would comment on racial slurs allegedly made by your associate Detective Graham...? We've been told he referred to them as 'fucking Japs'. He also called them 'little **Nips**'. Do you think that kind of talk is appropriate to an officer on duty? (Michael Crichton, *Rising Sun*)

Je me demande si vous voudriez faire un commentaire sur les propos racistes qu'aurait proférés votre partenaire, l'inspecteur Graham ? On nous a dit qu'il les a traités de « putains de Japs » et également de « petits Japs ». Pensez-vous que ce genre de langage soit approprié de la part d'un officier en service ?

Maybe the pilots were reluctant: who'd want to fly into heavy small-arms fire to drop napalm on a few more **dinks** when the war was so close to being over? (Stephen Hunter, *A Time to Hunt*)

Les pilotes étaient peut-être réticents. Qui aurait voulu subir des tirs d'arme légère nourris pour lâcher du napalm sur quelques jaunes de plus alors que la guerre était sur le point de se terminer ?

– What did the **slope** look like?
– I don't know. Stringy Oriental guy, is all. I remember one thing. He smiled when he brought me a martini and he had a mean smile. (Joseph Wambaugh, *The Glitter Dome*)

– De quoi avait-il l'air, ce jaune ?
– Je ne sais pas. Un type filiforme et oriental, c'est tout. Mais je me souviens d'une chose. Il souriait en me portant un martini. Et c'était un sourire vicieux.

Roscoe... wondered why people didn't like him. After all he had been willing to treat them all the same, even niggers and **slopeheads**. (Joseph Wambaugh, *The Choirboys*)

Roscoe se demandait pourquoi les gens ne l'aimaient pas. Après tout, ne s'était-il pas montré disposé à les traiter tous de la même manière, bougnouls et bridés compris ?

– What's that?...
– Oh, some Chincom propaganda the **slants** left in my cell. It's the standard Commie crap, misspelled English and all. (Robert Ludnum, *The Road to Gandolfo*)

– Qu'est ce que c'est que ça ?
– Oh, de la propagande chinetoque que les bridés ont laissé dans ma cellule. C'est la merde habituelle des cocos, avec fautes d'orthographe et tout le tintouin.

6.5 Mick – *Irlandais*

En règle générale, les insultes raciales sont infligées par un groupe dominant à un groupe dominé. Pendant des siècles les Irlandais en ont été les victimes, de la part des Anglais d'abord, des Américains ensuite (avec l'exode massif vers les États-Unis au dix-neuvième siècle). À l'époque, on parlait d'une manière méprisante de *Mick* et de *Paddy* – diminutifs des deux prénoms irlandais courants, Michael et Patrick. Depuis lors, ces termes ont perdu de leur causticité et peuvent même être utilisés plaisamment. Bien entendu, cela dépend de qui les utilise et dans quelles circonstances. Par contre, on voit difficilement comment deux autres termes, *bogtrotter* et *bogwog* (en référence aux régions marécageuses, les *bogs*, qui couvrent la majeure partie du centre de l'Irlande) pourraient être perçus comme autre chose qu'insultants.

Hell's Kitchen was dominated by the Irish, and it was said there used to be signs on the piers there that read NO WOPS; in Brooklyn the Italians were in charge, and they put up signs on the piers there that said NO **MICKS**. (Malachy McCourt, *A Monk Swimming*)	Le quartier de Hell's Kitchen était tenu par les Irlandais et on disait que certains panneaux sur les quais indiquaient PAS DE RITALS. À Brooklyn, les Italiens menaient la danse ; eux, ils avaient placardé des panneaux sur les quais avec la mention PAS D'IRLANDAIS.
The sergeant sneered, 'Off down the pub to get pissed up?... Then, when you're all pissed up, all arseholed, all brave, going out and blowing up a few kiddies, a few little girls. That's the fucking **Paddy** weekend, eh?' (Gerald Seymour, *The Journeyman Tailor*)	Le sergent ricana. « Alors tu vas au pub te soûler la gueule ? Et quand tu seras bien torché, ivre mort et super courageux, tu iras faire exploser quelques gosses, hein, quelque fillettes ? C'est ça le typique putain de weekend irlandais, n'est-ce pas ? »
It's a couple of minutes before half time so I go up to the bar and get the beers in before the rush. Kieran's serving and wearing his Republic of Ireland shirt, the **bog-trotting** bastard. (Mark Engineer, *Blue Mondays*)	Il reste quelques minutes avant la mi-temps, alors je me dirige vers le bar pour commander quelques bières avant la ruée. Le barman, c'est Kieran. Il porte une chemise République d'Irlande, ce salaud de crevure d'Irlandais.
A strain of frankly racist condescension... was encapsulated in a term frequently used in military circles to describe the Irish: **bogwog**. (Tim Pat Coogan, *The Troubles*)	Un élément de condescendance franchement raciste était résumé en un terme fréquemment utilisé dans les cercles militaires pour parler des Irlandais : *bogwog* [littéralement, nègre des marécages].

6.6 Polack – *Polack*

Tout comme les Français se gaussent de la prétendue stupidité des Belges en racontant des anecdotes spirituelles à leur sujet, les Anglais se moquent des Irlandais et les Américains des personnes d'origine polonaise. Pour désigner ces derniers, le terme dérogatoire utilisé est *Polack*. Mais pourquoi devrait-on voir *Polack* comme un terme dégradant ou offensant alors que le mot anglais tient ses origines directement du mot polonais *Polak*, qui signifie Polonais ? Le monde recèle bien des mystères. Sans doute la nature des blagues en est-elle en partie responsable car, comme le signale l'*Encyclopedia of American Folklore*, « les caractéristiques immuables du Polonais tel qu'il est décrit dans ces histoires sont sa pauvreté, sa stupidité, sa saleté, son ineptie et son manque de goût ». Qui aimerait qu'on lui colle un stéréotype pareil ? Quelque chose d'équivalent s'est produit avec les Hongrois, à qui on a attaché l'étiquette de *bohunk*. Très vite, le terme fut appliqué sans distinction à tout immigrant d'Europe centrale ou du sud-est, y compris les Polonais. L'image associée à ce mot est encore celle d'un balourd maladroit, stupide, rustre et de classe inférieure – tout en muscles et rien dans la tête.

Ned was one of those teenagers that could talk easily with adults, especially adults like the twins, who knew sports and weren't too geekish to tell an occasional **Polack** joke or one about girls' periods or boobs. (Jeffery Deaver, *Shallow Graves*)

Ned faisait partie de ces adolescents qui pouvait facilement parler avec les adultes. Surtout des adultes comme les jumeaux qui étaient férus de sport et n'étaient pas formels au point de ne pas raconter une blague occasionnelle sur les Polonais ou sur les règles ou les nichons des femmes.

The campaign of denigration used derisive propaganda – Polish cavalry charging German tanks was a great favourite – including 'Polish jokes' (much enjoyed, it is said, by *Der Führer* himself)... Inevitably such jokes spread to the U.S.: he had heard the term 'dumb **Polack**' used in his own house. (Peter Matthiessen, *In Paradise*)

La campagne de dénigrement se servait d'une propagande moqueuse (la cavalerie polonaise, par exemple, attaquant les chars allemands, était un grand favori) qui comprenait les « blagues polonaises » (très appréciées, dit-on, par le Führer en personne). Inévitablement, ces blagues se répandirent aux États-Unis : il avait d'ailleurs entendu le terme « stupide Polonais » prononcé dans sa propre maison.

I saw Bujak pacing across the road toward us. Warily I monitored his approach. I had seen this hulking **Bohunk** or throwback Polack from my study window, busying himself down on the street, always ready to flex his primitive can-do and know-how. (Martin Amis, *Einstein's Monsters*)	Je voyais Bujak marcher à pas mesurés vers nous de l'autre côté de la rue. J'avais déjà vu ce mastodonte de Hongrois ou de Polonais atavique depuis la fenêtre de mon bureau, s'affairant là-bas dans la rue, toujours prêt à faire étalage de ses capacités et connaissances primaires.

6.7 Wop – *Rital*

Les États-Unis du dix-neuvième siècle, en pleine expansion, ont également accueilli des centaines de milliers d'immigrants italiens. Ceux-ci, naturellement, ont eu droit à leur lot de surnoms de la part des autres groupes déjà installés. *Wop* (d'un sens obsolète de l'italien *guappo* : vaurien) est certainement le terme le plus utilisé de nos jours. D'autres, tout aussi insultants, sont *guinea*, *greaseball* et *dago*. À l'origine, *guinea* s'appliquait à un noir (probablement à un esclave transporté depuis la côte de la Guinée, en Afrique de l'ouest), plus tard à quiconque au teint basané, finalement aux personnes d'origine italienne. *Greaseball* [boule de graisse] est un terme polyvalent. Il fait allusion à la cuisine basée sur l'huile d'olive et peut désigner non seulement les Italiens, mais aussi les Grecs, les Espagnols, les Portoricains et les Latino-Américains. *Dago*, bien que dérivant du prénom espagnol Diego, vise généralement les Italiens. *Eyetie*, né pendant la Première Guerre mondiale, est moins choquant maintenant qu'il ne l'a été par le passé, mais reste néanmoins irrespectueux.

An American fuckin' car. Made in the motor city US... not some fuckin' **wop**, faggot, greaseball-built pile of tin shit for queers! A Lamborghini! Bruce, I am surprised at you. When you drive a foreign car you are driving over American jobs.' (Ben Elton, *Popcorn*)	Une putain de voiture américaine. Fabriquée à Detroit USA. Pas quelque tas de fer blanc macaroni construit par des pédés ritals à l'intention des tapettes. Une Lamborghini ! Bruce, franchement tu m'étonnes. Si tu conduis une voiture étrangère, tu détruis des boulots américains.
I spent hundreds of thousands of dollars on her, I was gonna make her a big star!... And then Johnny	J'ai dépensé des centaines de milliers de dollars pour elle. Je m'apprêtais à faire d'elle une

Fontane comes along with his olive oil voice and his **guinea** charm, and she runs off. (*The Godfather*)

grande star ! Et puis arrive Johnny Fontane avec sa voix à l'huile d'olive et son charme de macaroni, et elle décampe avec lui.

Now, these old **greaseballs** might not look it, but believe me, these are the guys who secretly controlled Las Vegas. (*Casino*)

Ces vieux Ritals n'ont pas l'air de grand-chose, mais, mine de rien, ce sont eux qui contrôlaient secrètement Las Vegas.

– What's the ceiling that **dago** painted?
– The Sistine Chapel?
– Yah, that. (*Misery*)

– Comment ça s'appelle, le plafond peint par ce macaroni ?
– Tu veux dire la Chapelle Sixtine ?
– Ouais, c'est ça.

Many were so drunk they could scarcely stand. The fans then colonized the town centre, sitting... in sidewalk cafés singing 'Fuck the Pope' over and over again, occasionally getting up to piss in the street. And that was when they were being well behaved, and not attacking the 'fuckin' **eyeties**' with sticks, knives or bottles. (Jeremy Paxman, *The English*)

Beaucoup d'entre eux étaient si ivres qu'ils pouvaient à peine se tenir debout. Les supporters colonisèrent le centre de la ville, s'assirent sur la terrasse des cafés en chantant « Que le pape aille se faire foutre » à l'infini, se levant de temps en temps pour pisser dans la rue. Et ça, c'étaient ceux qui se comportaient bien et n'attaquaient pas ces « putains de Ritals » avec des bâtons, des couteaux ou des bouteilles.

6.8 Spic – *Mexicain*

Un habitant hispanophone d'Amérique Centrale, d'Amérique du Sud ou des Caraïbes, mais surtout du Mexique, est un *spic* ou *spick*, un *greaser*, un *beaner* ou *bean-eater*. Un *wetback* [littéralement, un dos mouillé] est toujours mexicain car ce sont eux qui traversent le Rio Grande à la nage pour entrer illégalement aux États-Unis. Depuis la guerre des Malouines, *Argie* reste le terme préféré par la presse britannique pour désigner un Argentin.

You want to know about **spic** business go ask the spics... I don't know nothing about Valdez... He's a spic, it's spic business. Spics don't come in here. (Robert B. Parker, *Pale Kings and Princes*)

Tu veux te renseigner sur les affaires des Mexicains, demande-le-leur directement. Je ne sais rien sur Valdez. C'est un Mexicain, donc c'est une affaire de Mexicains. Les Mexicains ne viennent pas ici.

I am hard but I am fair. There is no racial bigotry here. I do not look down on niggers, kikes, wops or **greasers**. Here you are all equally worthless! (*Full Metal Jacket*)

Je suis dur mais je suis juste. Il n'y a pas de bigoterie raciale ici. Je ne crache sur personne : ni sur les nègres, ni sur les youpins, ni sur les Ritals, ni sur les Mexicains. Ici, vous êtes tous des moins que rien.

Mr. Gummer wanted the Argentine mainland to be bombed – why not flatten Buenos Aires? After all, the Argies had captured a British sheep station. Those bloody **bean-eaters** had to be taught a lesson. (Paul Theroux, *The Kingdom by the Sea*)

M. Gummer voulait que la partie continentale de l'Argentine soit bombardée. Pourquoi ne pas raser Buenos Aires ? Après tout, les Argentins avaient bien capturé un élevage de moutons britannique. Il fallait montrer à ces salauds de mangeurs de haricots qui était le chef.

– I wish you would keep from saying the word 'nigger'... It hampers conversation.
– It bothers you? It's just a word back where I come from. I'm a cracker, you're a nigger, Pablo's a **beaner**, and Chin's a chink. But okay. I don't have to use the word. (Walter Mosley, *Six Easy Pieces*)

– J'aimerais bien que tu cesses d'utiliser le mot « nègre ». Ça nuit à la conversation.
– Ah, ça te gêne ? C'est juste un mot comme ça, de là où je viens. Je suis un plouc blanc, moi, toi, tu es un nègre, Pablo est un bouffeur de haricots et Chin est un Chinetoque. Mais admettons. Rien ne m'oblige à me servir du mot.

She was uncool, an outsider, an embarrassment. She was invisible... The high school was half-Latino, half-white, the lines rarely crossed. She got used to being called '**wetback**' and 'spic' by some of the white girls and guys. (Robert Ludlum, *The Sigma Protocol*)

Elle jurait avec le décor, elle n'était pas des leurs, elle embarrassait tout le monde. Elle était invisible. Le lycée se partageait en deux moitiés : une latino, l'autre blanche. La ligne était rarement franchie. Elle s'acclimata à ce que quelques garçons et filles blancs la traitent de *wetback* et de *spic*.

Hands off, **Argies**! These'll soon be the richest islands on Earth: Oil off Falklands could earn islanders billions. (*Daily Mail*, 16/2/14)

Vous les Argies, pas touche ! Ces îles seront bientôt les plus riches de la terre. Du pétrole offshore des Malouines pourrait faire gagner des milliards de dollars aux insulaires.

6.9 Whitey – *sale blanc*

Les mots argotiques pour qualifier les Américains (*Yank, Yankee*), les Anglais (*Brit, limey*), les Français (*frog, froggie*) ou habitants d'autres pays membres du G8 sont maintenant si éculés et insipides qu'ils ne valent guère la peine d'être mentionnés. Même les mots argotiques relatifs aux Allemands, qui après tout ont suscité une certaine antipathie dans l'histoire relativement récente, ne sont plus pris au sérieux : *squarehead, hun, Fritz, Heinie, Boche*, etc. Pour afficher un minimum de mordant, tous ces termes doivent être fortement renforcés. Et encore.

– Jesus Christ! What the fuck is going on? How could it have been legal yesterday and not today without any change in the law? What's made them do a U-turn?
– Outside pressure – it's obvious…
– From the fucking **Yanks**? (Howard Marks, *Señor Nice*)

– Merde et merde ! Que se passe-t-il, bordel ? Comment est-ce que ça pouvait être légal hier et pas aujourd'hui, sans aucun changement dans la loi ? Qu'est-ce qui les a poussés à faire volte-face ?
– De la pression venue de l'extérieur. C'est évident.
– De ces putains de Ricains ?

Now listen, you stupid **limey** bastard. You're doing all right. But don't press your luck. (Ian Fleming, *You Only Live Twice*)

Écoute bien, salopard de rosbif stupide. Ça gaze pour toi. Mais fais attention à ne pas pousser le bouchon trop loin.

One night the telephone rang and a foreign-sounding fellow introduced himself as Barbet Schroeder, a film director. Bukowski's number was unlisted and he did not take kindly to the intrusion. 'Fuck off, you French **frog**,' he said. (Howard Sounes, *Charles Bukowski*)

Une nuit le téléphone sonna et un gars à l'accent étranger se présenta comme étant Barbet Schroeder, le cinéaste. Le numéro de Bukowski était sur liste rouge et il n'apprécia pas du tout une telle intrusion. « Va te faire foutre, espèce de bouffeur de grenouilles, » dit-il.

She brought back all this gooey cheese and this smelly sauerkraut. Fucking German **squarehead** bastards. (James Ellroy, *Clandestine*)

Elle a ramené tout ce fromage poisseux et cette choucroute qui sentait fort. Putains de salopards de Fritz.

Pour conclure, voici quelque termes dérogatoires de l'argot des Américains noirs pour parler des blancs, individuellement et collectivement : *whitey, honky*, et *ofay* (du français *au fait*, dans le sens obsolète de socialement acceptable, respectable). Pour une fois, ce sont les dominés qui décrivent les dominants d'une manière insultante.

Trying to fail the physical examination, he took a drug to make his heart sound defective. Shorty felt about the war the same way I and most ghetto Negroes did: '**Whitey** owns everything. He wants us to go and bleed for him? Let him fight.'
(Luis Alvarez, *The Power of Zoot*)

Dans une tentative d'échouer à l'examen physique, il prit une drogue qui faisait croire que son cœur était défectueux. Shorty avait les mêmes sentiments concernant la guerre que moi et la plupart des noirs du ghetto : « Le blanc a tout. Il veut que je parte saigner à sa place. Qu'il aille se battre lui-même. »

The pusher was getting nastier. He was always angry with himself when he laid some good stuff on an anaemic-looking **honky** like this instead of bashing his head in and taking the money and the junk.
(Nelson DeMille, *The Smack Man*)

Le dealer l'avait mauvaise. Il s'en voulait toujours d'offrir de la bonne came à un sale blanc aussi malingre que celui-ci, au lieu de lui faire exploser la tête et de partir avec l'argent et la came.

Most of the **ofays**, the white people, who came to Harlem those nights were looking for atmosphere. Damn few of them brought any along.
(Billie Holiday, *Lady Sings the Blues*)

La plupart des blancs qui venaient la nuit à Harlem à cette époque cherchaient de l'ambiance. Mais ils n'en portaient guère avec eux.

7 Les jurons religieux

7.1 God ! – *mon Dieu !*

Jusqu'au milieu du dix-neuvième siècle, les gros mots les plus répréhensibles se composaient principalement de jurons religieux. La loi de base en la matière était : « Tu ne prononceras pas en vain le nom du Seigneur ton Dieu » (*Exode* 20.7). « En vain » signifiait d'une manière irrévérencieuse ou frivole, ce qui revenait à dire hors du contexte religieux. Quand j'étais à l'école dans les années 60, Mlle Sloane, notre prof de français, insistait pour que nous traduisions l'exclamation courante « mon Dieu ! » par *my goodness!* – jamais par *my God!* car cela aurait été irréligieux. Certes, cela se passait en Irlande du Nord (où, dit-on, les pilotes des avions sur le point de se poser rappelaient aux passagers de remettre leur montre cinquante ans en arrière), mais tout de même.

Le tabou biblique – qui avait mené à la création de tant d'euphémismes du nom sacré (*golly, gosh, by Jove, by George, good grief, my goodness*, etc.) – était toujours en vigueur à cette époque-là. S'il paraît difficile de nos jours d'imaginer que quelqu'un puisse trouver à redire à une exclamation comme *oh, my God!* (ou *OMG* comme on dit sur Internet), rappelons-nous que le fondamentalisme religieux chrétien existe bien dans le monde. Il y a encore des endroits, surtout aux États-Unis, où il faut toujours utiliser le nom de la divinité avec prudence. Voici quelques exemples du genre de langage que la plupart d'entre nous trouvent anodin, mais que Mlle Sloane aurait fortement désapprouvé.

– Look, Melissa, there's something you're not getting. You're the mother of our child...
– Oh **for God's sake**, Michael. And you're the father of our et cetera. I can't believe the crap you talk sometimes. (Ian McEwan, *Solar*)

– Mélissa, il y a quelque chose que tu ne comprends pas. Tu es la mère de notre enfant.
– Oh, pour l'amour de Dieu, Michael ! Et tu es le père de notre bla bla bla. Je n'arrive pas à croire que tu puisses parfois sortir des conneries pareilles.

Where the hell have you been? And what **in God's name** have you done to your face? (William Boyd, *A Good Man in Africa*)

Ou diable étais-tu ? Et, mon Dieu, qu'as-tu fait à ton visage ?

If she'd only shut up... But, oh, **for the love of God**, couldn't she keep her stupid mouth shut for a minute? (Charles Williams, *The Big Bite*)

Si seulement elle l'avait fermée... Mais pour l'amour de Dieu, ne pouvait-elle pas fermer son stupide clapet l'espace d'une minute ?

We became lovers forever – eternally. Big words, I know. But I truly felt that no matter what happened we would always be in love. And **God almighty**, things did happen. (James Kaplan, *Frank:The Voice*)

On est devenu amants pour la vie – pour l'éternité. De bien grands mots, je sais. Mais je sentais au fond de moi que quoi qu'il arrive, nous serions toujours amoureux. Et Grand Dieu, il s'en est passé des choses.

Si la plupart des expressions contenant *God* sont inoffensives, elles servent néanmoins à expliquer d'où proviennent d'autres expressions, elles nettement plus fortes et totalement illogiques. Ainsi, par exemple, il est évident que *fuck* remplace *God* dans des expressions comme *for fuck's sake, thank fuck, fuck knows* et *in the name of fuck*.

The next thing I can really remember was lying on the floor; my mouth seemed full of dirt or dust... I clearly remember someone's voice saying 'I can smell gas.' I was on my knees when I heard the comment and I yelled '**For fuck's sake**, get me out of here.' (Ken Wharton, *Long, Long War*)

La prochaine chose dont je me souviens avec clarté, c'est d'être étendu sur le sol, la bouche pleine de saletés ou de poussière. Je me rappelle avoir distinctement entendu une voix dire « Je sens le gaz. » J'étais agenouillé quand je l'ai entendue et je me suis mis à hurler, « Nom de Dieu, sortez-moi d'ici ».

The ball was in the centre circle. The ref picked it up and blew his whistle; game over, ten minutes early.
– **Thank fuck**, said Pat Conlon. It's fuckin' freezin'. (Roddy Doyle, *The Van*)

Le ballon était au milieu du terrain. L'arbitre le ramassa et siffla. C'était la fin de la partie, dix minutes plus tôt que prévu.
– Bordel de Dieu, merci, dit Pat Condon. Je me gèle les couilles.

What **in the name of fuck** are you doing here? (William Boyd, *Armadillo*)

Bordel de merde, qu'est-ce que tu fous ici ?

He's worried about you, **fuck knows** why after what you did to him, but he is, and you fucking lied to him, and to me. (Anonymous, *A Fucked-Up Life in Books*)

Il s'inquiète pour toi. Dieu seul sait pourquoi après ce que tu lui as fait, mais c'est ainsi. Et tu lui as menti sans vergogne, bordel, et à moi aussi.

7.2 Jesus! – *Seigneur Jésus !*

Le tabou de base selon lequel il ne faut pas invoquer le nom de Dieu en vain s'applique également à Jésus. Il est même encore plus fort dans le cas du fondateur du christianisme. Naturellement, cela a donné naissance à un nombre considérable d'euphémismes quotidiens, surtout aux États-Unis, du genre : *gee, gee whiz, jeez* et *jeepers*. En tant qu'exclamation, *Jesus!* peut exprimer la surprise, le désarroi, l'impatience, l'irritation, l'admiration – ou toute autre émotion que peut entraîner la situation. Le juron peut être un simple mot ou il peut être qualifié d'une manière ou d'une autre : *Jesus wept* (*Jean* 11.35, le verset le plus court de la Bible), *Holy Mother of Jesus, suffering Jesus, sweet Jesus*, etc.

Thomas swerved the car away from the house and drove fast toward the gate. Once on the highway, he shot forward as if he were being pursued.
– **Jesus**! Sarah Ham said. Where's the fire? (Flannery O'Connor, *Everything That Rises Must Converge*)

Thomas fit une embardée pour s'éloigner de la maison et roula à toute allure vers le portail. Une fois sur l'autoroute, il accéléra, comme s'il était poursuivi.
– Jésus-Marie-Joseph, dit Sarah Ham. Où est l'urgence ?

– He wouldn't have abandoned me if it hadn't been for ... for what happened. He couldn't help it, he was true to me. I swear to you – he loved me!
– Loved you! **Jesus wept**!
He threw his head back, for the laughter was almost strangling him. (Wilbur Smith, *Dark of the Sun*)

– Il ne m'aurait pas abandonnée s'il ne s'était pas passé ... enfin, ce qui s'est passé. Il n'avait pas le choix. Il ne m'a pas laissée tomber. Je vous jure, il m'aimait !
– Vous aimait ! Seigneur Jésus !
Il jeta sa tête en arrière tellement le rire l'étouffait.

Travelling in Stan's big trailer with the cattle in the back, occasionally the smell wafted into the cabin. **Holy Mother of Jesus**! It was something else. (Billy Connolly, *Route 66*)

Quand nous étions dans le camion-remorque de Stan, le bétail à l'arrière, leur odeur venait parfois envahir la cabine. Sainte Marie Mère de Dieu ! Ça dépassait de loin tout ce qu'on pouvait imaginer.

A coup in Moscow? **Sweet Jesus!** We'll be having the Martians in next. (Kingsley Amis, *Russian Hide and Seek*)

Un coup d'état à Moscou ? Jésus-Marie-Joseph ! La prochaine fois, c'est les Martiens qui débarquent !

The sky was full of what looked like huge bats, all swooping and screeching and diving around the car, and a voice was screaming: '**Holy Jesus!** What are these goddamn animals? (*Fear and Loathing in Las Vegas*)

Le ciel était rempli de ce qui paraissait être de gigantesques chauves-souris. Elles fondaient sur la voiture et poussaient des cris stridents. Une voix hurla, « Seigneur Jésus ! C'est quoi ces satanés animaux ? »

– Do you love me, that's all… That's the only thing that matters.
– I want to … I do in a way…
– **Fucking Jesus** … just yes or no, don't mess around.
(Margaret Atwood, *Surfacing*)

– Est-ce que tu m'aimes ? C'est tout. C'est la seule chose qui compte.
– Je voudrais … Oui, d'une certaine façon…
– Nom de Dieu … oui ou merde, mais arrête de tourner autour du pot.

7.3 Christ! – *nom de Dieu !*

De la même manière que *Jesus!* est plus fort que *God!*, *Christ!* est encore plus fort que *Jesus!* Les variantes euphémistiques comprennent *crikey*, *cripes* et *Christmas*. L'expression idiomatique *for crying out loud*, exclamation d'irritation ou d'exaspération, est ce qu'on appelle un euphémisme de diversion. Au lieu de dire *for Christ's sake*, le nom divin est converti en un terme inoffensif, *crying*, qui entraîne le reste de la phrase. Par contre, *chrissakes*, *chrissake* et *for chrissakes* restent proches du juron original et sont par conséquent tout aussi offensants.

Poor stupid Alma to think her rich Jew-boss might fall in love with her and marry her. **Christ!** (Joyce Carol Oates, *Tattooed Girl*)

Pauvre et stupide Alma qui s'imaginait que son riche patron juif allait tomber amoureux d'elle et l'épouser. Il faut être con quand même !

He couldn't see her legs properly, she was wearing those horrible flared trousers that were back in fashion – shiny green, **for Christ's sake** – and what looked like Doc Martens. (Michel Faber, *Under the Skin*)

Il ne parvenait pas à voir ses jambes correctement. Elle portait un de ces horribles pantalons à pattes d'éléphant qui étaient revenus à la mode – et qui plus est dans un vert fluo, bordel de merde – et ce qui ressemblait à des Doc Martens.

You're a thirty-year-old man, Chaos. Time to stop whining about your parents. Start a family of your own, **for chrissake**. (Jonathan Lethem, *Amnesia Moon*)

Tu as trente-et-un ans, Chaos. Il est temps d'arrêter de geindre au sujet de tes parents. Fonde ta propre famille, putain de merde !

– Sir, there's someone in the conference room to see you.
– Oh, **for the love of Christ**, who can be so fucking important? (*The Long Kiss Goodnight*)

– Monsieur, il y a quelqu'un dans la salle de conférence qui veut vous parler.
– Nom de Dieu, qui diable peut être important à ce point ?

It's all very fine and easy for you young things to come to me on campus and tell me I'm cagey. **Merciful Christ** – cagey! Don't you even know better than that? (Christopher Isherwood, *A Single Man*)

Ça vous va bien à vous les jeunes de venir me voir sur le campus et de me dire que je suis méfiant. Dieu de Dieu, méfiant ! C'est tout ce que vous pouvez dire ?

7.4 Jesus Christ! – *nom de Dieu !*

Si l'utilisation du nom complet peut être une expression gratuite de surprise, d'approbation, de désapprobation, de colère, etc., elle est tenue pour blasphématoire et offensante non seulement par les chrétiens, mais aussi, si l'on en croit les enquêtes, par la plupart des personnes âgées, quelle que soit leur religion. En fait, selon un sondage, une majorité de collégiens britanniques reconnaissent *Jesus Christ* comme un juron, sans savoir qu'il s'agit également d'un personnage historique.

A wild dog appears out of nowhere, lunging and snarling against the windows on the right side of the vehicle. '**Jesus Christ**!' Colbert jumps, more startled than I have ever seen him. (*Evan Wright, Generation Kill*)

Un chien sauvage surgit de nulle part, en grognant férocement, et s'élança contre les vitres du côté droit du véhicule. « Nom de Dieu ! » Colbert fit un bond, plus effrayé que je ne l'avais jamais vu.

Can't we even tip them off so they'll get out of the way? ... They won't even take shelter...They'll pour out into the streets to wave when they see our planes coming, all the children and dogs and old

Ne peut-on même pas les prévenir de notre arrivée pour qu'ils s'éloignent de là ? Ils ne chercheront même pas à s'abriter. Tous ces enfants, ces chiens, ces personnes âgées, ils sortiront en masse dans

people. **Jesus Christ**! Why can't we leave them alone? (Joseph Heller, *Catch-22*)

les rues pour nous saluer dès qu'ils verront venir nos avions. Bordel, pourquoi ne les laisse-t-on pas tranquilles ?

On renforce le juron par l'insertion d'autres éléments tabous (par exemple : *fucking, motherfucking, cocksucking*, etc.), généralement de manière purement instinctive :

One of the most powerful instances was the spontaneous exclamation, captured on television, of a woman witnessing the attack on the World Trade Center on September 11, 2001. She screamed out, '**Jesus fucking Christ**!' (Geoffrey Hughes, *An Encyclopedia of Swearing*)

L'un des cas les plus convaincant fut l'exclamation spontanée, reprise par la télévision, d'une femme qui assistait à l'attaque du World Trade Center le 11 septembre 2001. Elle hurla, « *Jesus fucking Christ !* »

I mean **Jesus fucking Christ**... Have you ever listened to women talk, man? Have you? Well I do, I do till it's fucking coming out of my ears... and you know what they talk about, don't you? Being fucked up by some guy. That's all that's on their minds. (*Shampoo*)

Nom d'un bordel de Dieu d'enfoiré... As-tu déjà entendu des femmes parler entre elles, mec ? Moi oui, je le fais tellement que mes putains d'oreilles dégueulent leurs paroles. Et tu veux savoir de quoi elles parlent ? D'avoir été rétamées par quelque type. C'est la seule chose qu'elles aient en tête.

– Christ Almighty, you're making this up. You're trying everything you can think of to throw me off track. **Jesus motherfucking Christ**.
– Keep your eyes on the road, please, or slow down. Don't get us both killed. (Shirley Kennett, *Act of Betrayal*)

– Seigneur Jésus tout-puissant ! tu es en train d'inventer cette histoire. Tu essaies tout ce à quoi tu peux penser juste pour me désorienter. Enculée de putain de ta mère !
– Garde tes yeux sur la route, s'il te plait, ou ralentis. Ne nous tue pas tous les deux.

I picked up the phone and called Sergeant Reuben Ramos at Rampart Division.
– Reuben, this is Fred Underhill.
– **Jesus H. Christ on a crutch**, where the hell have you been? (James Ellroy, *Clandestine*.)

Je pris le téléphone pour appeler le sergent Reuben Damos, section Rampart.
– Reuben, c'est Fred Underhill à l'appareil.
– Jésus Christ sur la croix ! Où diable étais-tu ?

Why did she put on the mother act? Why didn't she admit she despised him for his drinking, for everything? Instead of this cool, constant, silent bitterness and the desperate mother act...? Oh, it was awful. Awful. **Jesus H. Christ**, it was awful. (William Styron, *Lie Down in Darkness*)

Pourquoi jouait-elle le numéro de la mère aimante ? Pourquoi n'admettait-elle pas qu'elle le méprisait pour ses excès d'alcool, et pour tout le reste ? Plutôt que cette amertume froide, constante, silencieuse ? Et ce numéro de pauvre mère éplorée ? Oh, mon Dieu, c'était horrible. Horrible. Oh, Jésus qui a porté la croix, c'était si horrible.

'Oh, **Jesus Christ Almighty**,' he told her during their first night together. 'Oh, baby, you're like nothing else I've ever known. You're like – you're like – oh, Jesus God, you're extraordinary.' (Richard Yates, *Collected Stories*)

Oh, Jésus Christ tout-puissant, lui dit-il au cours de leur première nuit ensemble. Oh, chérie, je n'ai jamais connu rien de tel auparavant. Tu es ... tu es ... oh, doux Jésus, tu es extraordinaire.

7.5 The devil – *diable*

Expression, selon l'*OED*, « d'impatience, d'irritation, de grande surprise, de désarroi ou de contrariété », *the devil* se place après un mot interrogatif (*who*, *what*, *where*, etc.) exactement comme *diable* en français. Le terme est maintenant si anodin que loin d'être un explétif, il est à peine impoli. Son intérêt est qu'il fournit le modèle pour d'autres expressions plus fortes, telles *the hell* et *the fuck*.

– Rogers is missing. He isn't in his room or anywhere else...
– Where **the devil** can he be? (Agatha Christie, *And Then There Were None*)

– Rogers n'est pas là. Il n'est ni dans sa chambre, ni ailleurs.
– Où diable peut-il être ?

– I am sorry, señor. No pictures are allowed.
– Why **the hell** not? Marty, why no pictures? This could be an an important story. (Michael Crichton, *Jurassic Park*)

– Excusez-moi, señor. Les photos ne sont pas autorisées.
– Et pourquoi pas, nom de nom ? Qu'est-ce que c'est que cette histoire, Marty? Ça pourrait être quelque chose d'important.

– There's a tiny door in that empty office. It's a portal, Maxine. It takes you inside John Malkovich. You see

– Dans ce bureau vide vous trouverez une petite porte. C'est un portail, Maxine. Ça vous amène à l'intérieur

the world through John Malkovich's eyes...
– Sounds delightful. Who **the fuck** is John Malkovich? (*Being John Malkovich*)

de John Malkovich. Vous verrez le monde à travers les yeux de John Malkovich...
– Ça a l'air super. Mais qui est-ce, ce putain de John Malkovich ?

– 'To live outside the law you must be honest'...
– What **the fucking hell** does that mean? (Nick Hornby, *A Long Way Down*)

– « Pour vivre en hors-la-loi, tu dois être honnête. »
– Et qu'est-ce que cette stupide connerie peut bien vouloir dire ?

7.6 Hell – *enfer*

La demeure du diable est évoquée avec beaucoup plus de fréquence chez les Anglais que chez les Français. Jusqu'à très récemment, quand le mot n'était pas utilisé littéralement, il était considéré comme sacrilège. Maintenant, il est seulement « familier ». Ceci dit, en 1990 encore, un ex-président des États-Unis, citant ses propres mémoires, se sentit obligé d'épeler le mot avec des tirets :

There was a lot of talk about not having a set-to with our allies. I firmly said to **h—l** with it. It's time to tell them this is our chance to bring the Soviets into the real world. (Ronald Reagan, *An American Life*)

On parlait beaucoup d'éviter un désaccord avec nos alliés. J'ai dit fermement, au diable tout ça. Il est temps de leur dire que voilà notre chance d'amener les Soviétiques dans le monde réel.

She stumbled into the bathroom and locked the door. He could hear her upchucking.
– Michelle, are you all right? Do you need help?
– Leave me **the hell** alone!
(David Baldacci, *Simple Genius*)

Elle entra en trébuchant dans la salle de bains et ferma la porte. Il l'entendit vomir.
– Michelle, est-ce que ça va ? As-tu besoin d'aide ?
– Fous-moi la paix !

Les termes de substitution acceptables étaient (et sont toujours) *heck* et *the blazes*. Certes, ils peuvent ne pas offenser les moralisateurs mais il leur manque la versatilité de l'original. Nous venons de voir comment *the hell* peut représenter une forme plus musclée de *the devil* mais on peut aussi s'en servir avec une variation linguistique plus étendue. Il peut, par exemple, accentuer la force, la vitesse, la violence, l'exhaustivité, etc. dans toute phrase verbale avec la forme Pinkeresque de VERB *the hell out of.*

This is a waste of time. Let's get **the hell out of** here. (Harlan Coben, *Tell No One*)

Mais quelle perte de temps. Foutons le camp d'ici.

We're going to take the enemy by the nose and kick him in the ass. We'll kick **the hell out of** him. (*Patton*)

Nous allons saisir l'ennemi par le nez et lui bastonner le cul. Nous allons le bastonner sévère.

The poster said 'More chilling than *The Exorcist* ... More haunting than *The Sixth Sense*. It will scare **the hell out of** you.' It bored the hell out of me. (*Guardian*, 2/12/99)

L'affiche disait : « Plus effrayant que *L'Exorciste* ... Plus obsédant que *Le Sixième sens*. Vous serez plus terrorisé que vous ne l'avez jamais été. Je me suis plus ennuyé que je ne l'avais jamais été.

Hell n'a bien entendu pas besoin d'être accompagné par l'article défini. Il peut être utilisé comme une exclamation isolée (une forme plus légère de *shit !* ou *fuck !*) ou renforcée de la manière habituelle (*fucking hell*). Il sert également d'intensificateur dans des descriptions de forme ADJECTIVE *as hell* et *a hell of a* NOUN.

What was it called?... What the devil was its name? Oh, **Hell**! Between Salisbury and Wilton ... (Ford Madox Ford, *A Man Could Stand Up*)

Comment s'appelait-il ? Comment diable s'appelait-il ? Oh ça me fait chier. C'est entre Salisbury et Wilton...

'We did it. We fucking did it!' He punched the air, then turned and hugged Donovan. '**Fucking hell**, Don, we did it.' (Stephen Leather, *Tango One*)

« On y est arrivé. Putain de merde, on y est arrivé ! » Il donna un coup de poing en l'air puis se retourna et serra Donovan dans ses bras. « Putain de bordel de merde, Don, on y est arrivé. »

I may not be able to keep this under control, Doniger said, but I'm sure **as hell** going to try. (Michael Crichton, *Timeline*)

Peut-être que je ne parviendrai pas à le contrôler, dit Doniger, mais croyez-moi, je vais vachement essayer.

He was worried **as hell**, that's why he kept laughing like that. Nervous laughter. (Ian Rankin, *Witch Hunt*)

Il était inquiet comme c'est pas possible. C'est pour ça qu'il riait de cette façon. Nerveusement.

The courtroom was crowded **as Hell**, and – despite the November weather – just as hot, and the air was foul. (Margaret Atwood, *Alias Grace*)

La salle d'audience était surpeuplée et, malgré le froid de novembre qui régnait dehors, c'était une véritable fournaise. Et l'air était fétide.

I do volunteer work in a new psychiatric ward, with facilities that are absolutely state of the art. Every room is fully fitted and kitted like a hotel room. It's made **a hell of a** difference. (Sarah Owen, *Bipolar Disorder*)	Je fais du bénévolat dans une nouvelle unité psychiatrique. Les installations sont ultramodernes. Chaque pièce est aménagée et équipée comme une chambre d'hôtel. Ça change vachement les choses.
Pointing to the gravestone, the gravedigger said, 'This guy here fought in World War Two. Prisoner of war in Japan. **Helluva** nice guy.' (Philip Roth, *Everyman*)	Pointant son doigt vers la pierre tombale, le fossoyeur dit, « Ce gars-là s'est battu pendant la Seconde Guerre mondiale. Il a été prisonnier de guerre au Japon. C'était un gars foutrement bien. »

Ainsi que nous le verrons bientôt, on se sert aussi de *hell* pour accentuer l'intensité de plusieurs autres expressions et on l'emploie dans beaucoup de tournures idiomatiques.

7.7 Damn – *merde*

Tabou pendant des siècles, *damn* fait partie de ces mots qui ont perdu quasiment toute leur puissance dans le grand passage du littéral au métaphorique puis au banal. Comme *hell*, on l'utilise comme exclamation pour exprimer la colère ou la frustration. (À ce propos, notez que l'exclamation est *Damn!* et non pas, comme on le voit souvent dans les BD françaises, *Damned!* Aucun anglophone de souche, même dans ses pires moments d'exaspération, ne dirait jamais *Damned!*). Le mot se retrouve aussi dans des imprécations comme *damn you* et *damn it*, ainsi que dans l'expression idiomatique *I'll be damned*. En tant que nom, il apparaît dans les tournures du genre *not give a damn* [s'en foutre] et *not be worth a damn* [ne valoir que dalle].

Le plus souvent, cependant, *damn* (ainsi cette fois-ci que *damned*) est adjectif ou adverbe. L'adjectif est entièrement emphatique et exprime la colère ou l'hostilité : l'adverbe est un quasi-équivalent de *very*.

'Ah, there's a taxi!' He signalled. '**Damn**! He didn't see me. Wait here a second.' (George Orwell, *Keep the Aspidistra Flying*)	« Ah, voici un taxi ! » Il fit signe au chauffeur. « Zut alors, il ne m'a pas vu. Attends-moi ici une seconde. »

– I don't want you here, he said harshly.
– Well, I'm staying anyway, she replied...
– **Damn you**, then, he said angrily, and he stormed out. (Ken Follett, *The Pillars of the Earth*)

– Je ne veux pas que tu restes ici, lui dit-il avec dureté.
– Et bien tant pis, je reste quand même, rétorqua-t-elle.
– Tu l'auras voulu, dit-il, en colère, et il sortit en claquant la porte.

– Come on, she giggled. It's only eight-thirty. You can't be that tired.
– I am.
– I bet you're not.
– Susan, **damn it**. I'm not in the mood. (Michael Crichton, *Disclosure*)

– Allez, gloussa-t-elle, il n'est que huit heures et demie. Tu ne peux pas être fatigué à ce point.
– Je le suis.
– Je parie que ce n'est pas vrai.
– Écoute Susan, tu me casses les pieds. Je ne suis pas d'humeur à ça.

'Well, **I'll be damned**,' mused General Peckem with astonishment, swearing aloud for perhaps the first time in his life. 'Cargill, did you hear that? Scheisskopf was promoted.' (Joseph Heller, *Catch-22*)

« Merde alors, » marmonna le général Peckhem d'un ton stupéfait. C'était peut-être la première fois de sa vie qu'il disait un gros mot. « Cargill, vous avez entendu ça ? Scheisskopf a été promu. »

– Rhett, Rhett ... Rhett, if you go, where shall I go? What shall I do?
– Frankly, my dear, I don't **give a damn**. (*Gone With the Wind*)

– Rhett, Rhett ... Rhett, si vous partez, où vais-je aller ? Que vais-je devenir ?
– Pour être tout à fait honnête, ma chère, je m'en fiche totalement.

Why should anyone buy the thoughts and opinions of Groucho Marx? I have no views that are **worth a damn**, and no knowledge that could possibly help anyone. (Groucho Marx, *Groucho And Me*)

Pourquoi quelqu'un achèterait-il les pensées et les opinions de Groucho Marx ? Je n'ai aucun point de vue qui vaille un clou et aucune connaissance qui pourrait aider quiconque.

Everywhere he goes, he hears the same **damn** question: What are you working on? (Andrew Shaffer, *Literary Rogues*)

Partout où il se rend, il entend la même ritournelle : sur quoi travaillez-vous ?

'Goddamnit!' He slammed his fist on the desk. 'Goddamned bitches, can't trust any of them to keep their **damned** mouths shut. (Nelson DeMille, *Spencerville*)

« Merde, merde, merde ! » Il abattit violemment son poing sur le bureau. « Espèces de salopes de bonnes femmes. Aucune d'elles capable de fermer sa sale gueule. »

Later in the morning, when the doctor called, Godfrey stopped him in the hall.
– She is **damn difficult** to-day, Doctor.
– Ah well, said the doctor, it's a sign of life. (Muriel Spark, *Memento Mori*)

Plus tard dans la matinée, le docteur fit une visite et Godfrey l'arrêta dans l'entrée.
– Elle est extrêmement difficile à vivre aujourd'hui, Docteur.
– Bien, dit le docteur, c'est un signe de vie.

He is paying child support for his seven-year-old daughter and giving his wife a **damned** generous monthly allowance besides. (Charles Willeford, *Shark Infested Custard*)

Il paie une allocation pour sa fille de sept ans et donne en plus une pension alimentaire sacrément généreuse à sa femme.

7.8 Goddamn – *merde et merde*

Goddamn est pareil à *damn*, seulement un brin plus fort. La différence principale est que le sujet du verbe est maintenant manifeste. Ce qui nous ramène, que nous en soyons conscients ou pas, au livre d'*Exode*, chapitre 20, verset 7. L'importance en est soulignée dans une scène de *Pulp Fiction* de Quentin Tarantino. Deux tueurs à gage échappent à une mort qui paraît si inéluctable que l'un d'entre eux est convaincu d'avoir assisté à un authentique miracle. Il annonce à son camarade son intention de changer sa manière de vivre :

– That's it for me. From here on in, you can consider my ass retired.
– Jesus Christ!
– Don't blaspheme!
– **Goddammit**, Jules.
– I said don't do that. (*Pulp Fiction*)

– C'est fini pour moi. À partir de maintenant, tu peux considérer que je suis à la retraite.
– Dieu du ciel !
– Ne blasphème pas !
– Nom de Dieu, Jules.
– Je t'ai dit de ne pas parler comme ça !

Si *God damn* (ou *Goddamn* ou *goddam*) est de nos jours un terme purement américain, ce ne fut pas toujours le cas. À l'époque de la guerre de Cent Ans, les Anglais s'en servaient tant que les Français, y compris Jeanne d'Arc, les appelaient avec mépris « les goddems ». Quelques siècles plus tard, Beaumarchais, ou plutôt Figaro, le tenait pour la base même du discours d'outre-Manche : « C'est une belle langue que l'anglais ! Il en faut peu pour aller loin. Avec *God-dam*, en Angleterre, on ne manque de rien nulle part... Les Anglais, à la vérité, ajoutent par-ci, par-là, quelques autres mots en conversant ; mais il est bien aisé de voir que *God-dam* est le fond de la langue. » Comme *damn*, il est à la fois verbe, nom, adjectif (*goddamn* ou *goddamned*) et adverbe. On l'utilise essentiellement pour rehausser l'intensité d'une parole.

What time is it? she screamed. I've overslept! Jesus, oh my God! You've let me oversleep, **goddamn you**! (Raymond Carver, *Where I'm Calling From*)

Quelle heure est-il ? cria-t-elle. J'ai trop dormi ! C'est pas possible, oh, mon Dieu ! Tu m'as laissée trop dormir, espèce de con !

Come down here and talk to me, **goddamn it**! Fuck you! Goddamn you, come out here! (*Casino*)

Viens ici et parle-moi, bougre de crétin ! Bordel de merde ! Tu ferais mieux de venir ici tout de suite, connard !

A few days later, he found himself sharing a room in a Welsh hospital with a young officer who had lost his leg. 'I really don't give a **Goddam** any more,' said his roommate... I just don't want to live this way.' The boy got his wish, for he died of septicaemia. (Max Hastings, *Armageddon*)

Quelques jours plus tard, il partagea une chambre dans un hôpital gallois avec un jeune officier qui avait perdu sa jambe. « Je me fiche de tout maintenant, dit son camarade de chambre. Je ne veux pas vivre comme ça. » Ses vœux ont été exaucés car il mourut de septicémie.

I don't believe you... I think you're a **goddam** mealy-mouthed liar. (John Steinbeck, *East of Eden*)

Je ne te crois pas. Je pense que tu es un de ces satanés menteurs, incapable de parler franchement.

7.9 Holy ----! — ---- !

Si vous avez besoin d'un terme pour exprimer l'étonnement, la déception, l'admiration ou toute autre émotion de ce type, vous pouvez probablement vous en fabriquer un avec *holy*. Sinon, vous pouvez en sélectionner un, ou plusieurs, dans la gamme étendue de collocations préexistantes, toutes plus ou moins absurdes. Du côté inoffensif de la fourchette, vous trouverez *holy cow* (peut-être une référence au bovin en or devant lequel les Israélites se prosternèrent), *holy Moses*, *holy Jehoshaphat*, *holy moly*, *holy crow* et *holy smoke*. De l'autre côté, on trouve quelques combinaisons qui sont moins innocentes : *holy God*, *holy Jesus*, *holy Christ*, *holy crap*, *holy shit*, *holy dogshit*, *holy fuck*, *holy*... N'y a-t-il plus rien de sacré ?

One of them stares at Berger with starstruck eyes. 'You're the lady on TV,' he pipes up. '**Holy smoke**. That lady judge.' (Patricia Cornwell, *The Last Precinct*)

L'un d'entre eux fixe Berger du regard, les yeux éblouis. « Vous êtes la dame de la télé, dit-il. Ça alors ! La dame juge. »

My eyes reluctantly open... I glance at my alarm. It's eight in the morning. **Holy Moses**, I've slept for a solid nine hours. (E. L. James, *Fifty Shades of Grey*)

Mes yeux s'ouvrent à contrecœur... Je jette un coup d'œil à mon réveil. Il est huit heures du matin. Nom de nom, j'ai dormi pendant neuf heures d'affilée.

The body of Robert Clinch lay on a long stainless-steel table. The stench was dreadful, a mixture of wet death and petrified french fries.
– **Holy Jesus**, said Dr. Pembroke. (Carl Hiaasen, *Double Whammy*)

Le cadavre de Robert Clinch était étendu sur une longue table en inox. L'odeur était épouvantable, un mélange de mort humide et de frites pétrifiées.
– Doux Jésus, dit Dr. Pembroke.

DeChooch stumbled forward and the gun discharged and shot a hole in a four-foot crucifixion painting hanging on the far wall...
– **Holy crap**, Carolli said. You shot Jesus. That's gonna take a lot of Hail Marys. (Janet Evanovich, *Seven Up*)

DeChooch trébucha vers l'avant et le pistolet se déchargea. La balle fit un trou dans un tableau de la crucifixion, mesurant un mètre et demi et suspendu au mur du fond.
– Merde, dit Carolli. Tu as tiré sur Jésus. Il va te falloir un paquet de « Je vous salue Marie » pour éponger ça.

Now Christmas was upon me. Everyone was coming over to my house the next day, and I had nothing to give them. I thought, **Holy fuck**, what am I going to do? (Mackenzie Phillips, *High On Arrival*)

Et Noël était déjà là. Tout le monde venait chez moi le lendemain et je n'avais rien à leur offrir. Je pensais, putain de putain, qu'est-ce que je vais faire ?

Guch woke me up. He's like, 'Jeff, wake up! There's a fire!' I jump up in my bed and Guch is a silhouette in front of this inferno glowing orange. I'm like, '**Holy fucking shit!**' (David Peisner, *Professional Idiot*)

Guch me réveilla. Il dit, « Jeff, réveille-toi ! Il y a le feu ! » Je me redressai brutalement et Guch n'était plus qu'une silhouette devant un enfer rougeoyant. Et je m'entendis dire, « Putain de Dieu de merde ! »

He drank deeply from the mug as he focused on the TV screens. When he inspected the picture from the parking lot camera he said: 'Oh my God,' and put the mug down... 'Holy shit,' he said. 'Holy, holy, shit. Christ on crutches. Holy shit. **Holy goddamned shit**.' (George V. Higgens, *Outlaws*)

Il but de longues goulées de sa tasse tout en se concentrant sur les écrans télé. Quand il étudia l'image de la caméra du parking, il dit : « Oh mon Dieu » et posa sa tasse... « Merde, dit-il, triple merde. Seigneur Jésus, merde. Putain de bordel de merde. »

8 Les usages emphatiques

8.1 Fuck! – *putain* !

Dans les moments particulièrement intenses de la vie (ceux d'un Anglo-Saxon en tout cas), un seul mot convient. Qu'il s'agisse de grande déception, de catastrophe imminente, de furie sans bornes, d'incrédulité extrême, d'insoutenable douleur ou d'euphorie irrésistible, *fuck!* est l'exclamation à taille unique qui se prête à l'occasion. Il existe d'autres explétifs à une syllabe – *Christ! shit! damn!*, etc – mais *fuck!* est celui qui atteint la cible le premier et le plus souvent. Notons qu'aucun des synonymes de *fuck* (*screw, bang, shag*, etc.) ne peut le remplacer dans son rôle exclamatif – preuve que le mot ne véhicule aucun sens précis, surtout pas sexuel, mais remplit une fonction purement cathartique.

Connie shot a hole in his foot. Actually, it was mostly just a chunk taken off the side of his shoe, but from the way he dropped his gun and started jumping around, you could assume she'd nicked his little toe.
– **Fuck**, fuck, fuck, he yelled. What the fuck! (Janet Evanovich, *Between the Plums*)

Connie lui tira une balle dans le pied et y fit un trou. En fait, c'était plutôt qu'un morceau de sa chaussure avait été arraché sur le côté. Mais à le regarder laisser tomber son pistolet et sautiller dans tous les sens, on aurait pu croire qu'elle lui avait touché le petit orteil.
– Merde, merde, merde, criait-il. Mais qu'as-tu fait, bordel !

– Did you bring the watch?...
– No.
– **Fuck**! Motherfucking shit! Do you fucking know how fucking stupid you are? Shit! Fuck! (*Pulp Fiction*)

– As-tu porté la montre ?
– Non.
– Putain ! Putain de bordel ! Est-ce que tu as la moindre putain d'idée de quel putain d'âne bâté tu es ? Merde ! Putain !

The sturgeon kebabs were the color of an Indian chicken tikka, their edges were charred black as the void, but their consistency was mealy and tender. '**Fuck**, fuck, fuck,' I whispered in appreciation. (Gary Shteyngart, *Absurdistan*)

Les brochettes d'esturgeon avaient la couleur d'un poulet tikka indien ; leurs bords étaient carbonisés, aussi noirs que le néant, mais leur consistance était moelleuse et tendre. « Oh nom de Dieu de nom de Dieu, » chuchotais-je avec satisfaction.

8.2 Fucking – *putain de*

Fucking sert d'adjectif ou d'adverbe. En tant qu'adjectif, il ne revêt aucune signification particulière ; sa fonction est généralement de souligner un mot ou d'équilibrer le rythme d'une phrase. En tant qu'adverbe, il ne vaut guère plus que *very*. Quoique sémantiquement et syntaxiquement absurde, le mot reste très commun dans le langage quotidien, où, peut-être pour éviter les chutes du sublime au ridicule, un *fucking* mène aisément à un autre. Pour illustrer ce point (et démontrer combien ténu est le lien entre le mot et sa dénotation), citons ce soldat inconnu :

I come home to my **fucking** house after three fucking years in the fucking war, and what do I fucking-well find? My wife in bed, engaging in illicit sexual relations with a male! (Steven Pinker, *The Stuff of Thought*)	Je rentre à ma putain de maison après trois putains d'années à la putain de guerre et qu'est-ce que je trouve, putain ? Ma femme au lit en train d'avoir des rapports sexuels illicites avec un mâle !

Bien sûr, divers degrés d'accentuation sont possibles. À un bout de l'échelle, le mot est utilisé avec une telle désinvolture qu'il n'ajoute strictement rien à la phrase dans laquelle il apparaît. Dans l'exemple suivant, sa suppression passerait inaperçue (et celui qui parle n'aurait pas à s'excuser).

Now this kid, this kid was great. They used to call him Spitshine Tommy. I swear to God. Oh, he'd make your shoes look like **fucking** mirrors. Excuse my language. (*GoodFellas*)	Et ce gosse, ce gosse était formidable. On l'appelait Spitshine Tommy. Je le jure, il t'astiquait les chaussures jusqu'à ce qu'elles ressemblent à des putains de miroirs. Vous me pardonnerez le langage.

Toutefois, dans les situations tendues, *fucking* se montre percutant :

You listen carefully! You ever **fuckin'** touch her again, you ever do anything like that again, I'll fuckin' kill you. Pure and simple. Do you hear me? Pure and fuckin' simple, I'll fuckin' kill you, you bitch. (*Casino*)	Écoute-moi bien ! Putain, si tu la touches encore une fois, si tu refais jamais quelque chose comme ça, putain, je te tuerai ! Pur et simple. Tu m'entends ? Pur et putain de simple. Putain, je te tuerai, espèce de salope.

If I beat up on you... I'd be within my rights, he told her. You can't deal with people in this outrageous **fucking** manner. (Robert Stone, *Dog Soldiers*)

Si je te cassais la gueule, je serais dans mon droit, lui dit-il. Tu ne peux pas te comporter avec les gens de cette putain de manière scandaleuse.

Encore une fois, aucun synonyme de *fuck* ne peut être utilisé ainsi, même si d'autres mots peuvent s'y substituer. Parmi eux, le plus fort est *motherfucking*, puis viennent *goddamn* ou *goddamned, frigging, bloody* ou *bleeding* (UK), *sodding* (UK), *poxy* (UK), et *effing*. Ce dernier, bien sûr, provient d'un usage euphémistique de la lettre *f* ; il revient souvent dans l'expression *effing and blinding*, c'est-à-dire jurant comme un charretier.

Look at those Korean mother-fuckers across the street. I betcha they haven't been a year off da **motherfucking** boat before they opened up their own place. A motherfucking year off the motherfucking boat and got a good business in our neighborhood. (*Do The Right Thing*)

Regarde ces salauds de Coréens de l'autre côté de la rue. Je parie que ça ne fait même pas un an qu'ils sont descendus du putain de bateau avant d'ouvrir leur magasin. Une seule putain d'année qu'ils sont descendus de cette saloperie de bateau et ils ont déjà monté une affaire, juteuse, dans notre quartier.

Cause me, once I decide I want something, there ain't a **goddam** motherfuckin' thing gonna stop me from gittin' it. (*Jackie Brown*)

Parce que moi, si je décide que je veux quelque chose, aucune crevure d'enculé de quoi que ce soit ne m'empêchera de l'avoir.

They need exactly three seconds for a satellite to track the digital fingerprint... and deploy the strike team. Why do you think bin Laden lives in a cave and writes his orders down on **frigging** toilet paper? (David Baldacci, *The Whole Truth*)

Il leur faut exactement trois secondes pour qu'un satellite puisse identifier l'empreinte digitale et qu'ils déploient l'équipe d'intervention. Pourquoi diable crois-tu que Ben Laden vit dans une grotte et donne ses consignes sur du papier cul ?

– It's a **bloody** funny thing. You know a bloke for six bloody years and all the time he's as calm as gentle Jesus... then he goes and does a thing like that. It's a bloody funny thing.
– Yeah. A bloody funny thing! (*Get Carter*)

– Voilà une chose vachement bizarre. Tu connais un type depuis six longues années et il te paraît aussi calme que l'enfant Jésus. Et puis, il sort de sa coquille et fait la chose qu'il a faite, comme ça. C'est vachement bizarre, quand même.
– Ouais. Vachement bizarre.

– You know, did he seem depressed? Do you think he'll eat the food?
– I'm an orderly, not a **bleeding** psychiatrist! I push things about, but I've little say what happens to them. (*An American Werewolf in London*)

– Dites-moi, est-ce qu'il avait l'air dépressif ? Pensez-vous qu'il mangera son repas ?
– Je suis un garçon de salle, pas un putain de psychiatre ! Je pousse les choses à droite et à gauche mais je n'ai pas mon mot à dire sur ce qui leur arrive.

It's a plot by British Telecom, that's what it is. The music they play to keep you hanging on... they put you on hold for hours. Who profits, huh? British **sodding** Telecom, that's who. (Stephen Leather, *The Tunnel Rats*)

C'est un complot de British Telecom, voilà ce que c'est. La musique qu'ils te passent pour te garder scotché au téléphone. L'attente qu'ils t'imposent pendant des heures. Dis-moi qui en tire profit, hein ? Ce foutoir de British Telecom, voilà qui en tire profit.

You have taken advantage of my kind gentle nature and have drained me emotionally and financially. But hey, I'll recover. Keep the **poxy** ring. (Sue Townsend, *Adrian Mole and the Weapons of Mass Destruction*)

Tu as profité de ma gentille et douce nature et m'as vidé émotionnellement et financièrement. Mais laisse-moi te dire une chose, je m'en remettrai. Et tu peux garder ta saleté de bague de fiançailles.

His only recorded utterance at the moment of battle was a stream of oaths, inviting the **effing** buggers to come and get their bloody guts blown out, or something to that effect. (Robert Hughes, *The Fatal Shore*)

Les seuls mots connus qu'il ait prononcés au moment de la bataille étaient une succession de jurons dans lesquels il invitait ces salopards de cons à venir se faire exploser leurs intestins de merde. Ou quelque chose dans ce genre.

The old building had a bit of character to it. And so did the old newsroom, everyone scuttling around like mad trying to put a story together. Editor with his sleeves rolled up, **effing and blinding**. (Ian Rankin, *Exit Music*)

Le vieux bâtiment avait un peu de caractère et l'ancienne salle de rédaction aussi. Tout le monde y courait comme des fous dans tous les sens, en essayant de terminer leur article. L'éditeur, les manches retroussées, jurait comme un charretier.

L'expression adverbiale *fucking well* peut quelquefois ajouter un soupçon de sens, comme « sans aucun doute, incontestablement ». On peut également ajouter *well* à la plupart des termes de substitution :

bloody well, goddam well, sodding well, effing well, etc. Ces expressions sont placées d'habitude devant le verbe en anglais britannique et après le verbe chez les Américains.

Neil got furious and said something about fucking incompetence. The airline clerk said severely that they didn't have to listen to obscene language... Neil said he'd **fucking well** say what he **fucking well** pleased. (Christopher Isherwood, *The Sixties*)	Neil devint fou furieux et fit une remarque sur la putain d'incompétence qui régnait ici. L'employé de la compagnie aérienne répondit froidement qu'ils n'étaient pas tenus de supporter ce genre de langage obscène. Neil rétorqua que bordel de merde, il dirait ce qu'il avait la putain d'envie de dire.
– What are you talking about? – You know **goddamn well** what I'm talking about, you sleazy bastard! (Hunter S. Thompson, *The Great Shark Hunt*)	– De quoi parlez-vous? – Putain, vous savez très bien de quoi je parle, espèce de salopard dégueulasse.
– Lumley's looking for you. – I'm not going... I'm **bloody well** not wasting my time. (John Le Carré, *A Small Town in Germany*)	– Lumley vous cherche. – Je n'irai pas. Je ne vais certainement pas gaspiller mon putain de temps.
– Come on, Guy. I never touched him. He can't sack me for that. – He can do whatever he **sodding well** likes. (Robert Harris, *Enigma*)	– Allons, Guy. Je ne l'ai jamais touché. Il ne peut pas me virer pour ça. – Il peut faire tout ce qui lui passe par la tête.
– I thought you were Mrs Power these days, said Nicolson, that is what we heard. – You **effing well** heard wrong. (Peter Carey, *True History of the Kelly Gang*)	– Ces temps-ci, je pensais que vous étiez Mme Power, dit Nicolson. C'était ce qu'on nous avait dit. – On vous a dit de sacrées bêtises, dit-elle.

8.3 The fuck / the fuck out of – *diable*

Nous avons déjà vu que *the fuck*, comme *the devil* et *the hell*, est souvent placé après des mots interrogatifs pour intensifier l'agressivité ou l'étonnement. Un exemple classique serait *What the fuck?* – ou *WTF* sur Internet. *The fuck* est bien entendu une expression autrement plus forte que *the devil* ou *the hell*. Elle est aussi plus polyvalente, car elle peut ajouter une ampleur rythmique non seulement aux questions hostiles mais aussi aux ordres et affirmations.

– What **the fuck** are you doing here?
– I wanted to surprise you...
– Yeah, well you've fucking surprised me. (Frederick Forsyth, *The Deceiver*)

– Qu'est-ce que tu fous ici, putain ?
– Je voulais te faire une surprise.
– Ah ouais ? Et ben, c'est une sacrée putain de surprise.

Jesus Christ, why don't you just shut **the fuck** up. You're yap, yap, yapping all the time. Gives me a fucking headache. (*Chasing Amy*)

Nom de Dieu, et si tu fermais ta putain de gueule pour changer ? C'est bla bla bla sans interruption. À cause de toi, j'ai un putain de mal de tête pas possible.

Whenever I am in here and you hear me typing, or whether you don't hear me typing, whatever **the fuck** you hear me doing in here, when I am in here that means that I am working – that means you don't come in. Now do you think you can handle that? Fine. Why don't you start right now and get **the fuck** out of here, hmm? (*The Shining*)

Quand je suis dans cet endroit et que tu m'entends taper à la machine, ou même si tu ne m'entends pas taper et quel que soit le bordel que tu m'entendes faire dans cette pièce, cela veut dire que je suis en train de travailler. Cela signifie que tu n'as pas le droit d'entrer. Dis-moi que tu comprends bien ce que je dis. Oui ? Très bien. Alors, commençons tout de suite et barre-toi d'ici aussi sec. Ça marche ?

Il ne faut pas confondre cette utilisation de *the fuck* avec une autre structure similaire : VERB *the fuck out of someone* ou *something*, où le verbe exprime en général une action violente telle *beat*, *kick*, *knock*, *hammer*, *punch*, etc. À titre d'exemple, *beat the fuck out of someone* veut dire rouer de coups la malheureuse personne sans pitié ni retenue. On peut aussi VERB *the shit*, *the crap*, *the hell* ou, dans la société polie, *the living daylights out of someone* ou *something*.

I know you went and got the tickets and all that, but Cheri said she doesn't want to go to some dark auditorium and watch two men beat **the fuck out of** each other all night. (George Pelecanos, *Right as Rain*)

Je sais que tu es déjà allé acheter les tickets et tout ça mais Cheri dit qu'elle ne veut pas se rendre dans une salle obscure dans le seul but de regarder deux hommes se battre à plates coutures pendant toute une soirée.

To carry out this job we need 1,000 lbs of mix (home-made explosives made from fertiliser)... But this is a chance in a lifetime so I think we'll up the mix to 1,500lbs. That should really blast **the fuck out of** the last two vehicles. If both those trucks are full of soldiers, hardly any will get out alive. (Martin McGartland, *Dead Man Running*)

Pour réaliser ce boulot nous avons besoin de 500 kilos de *mix* (explosifs faits maison à base de fertilisants). Mais nous avons là la chance d'une vie, alors je pense que nous devrions augmenter le mélange jusqu'à 750 kilos. Ça provoquerait une explosion qui pulvériserait les deux derniers véhicules. Si ces deux camions sont remplis de soldats, quasiment aucun n'en réchappera.

You're not supposed to assassinate heads of state. Some kind of stupid law – I think that pussy Carter signed the law... You can bomb **the shit out of** civilians, but you can't kill the boss. (Nelson DeMille, *The Lion's Game*)

On n'est pas censé assassiner des chefs d'état. Quelle loi imbécile. C'est cette poule mouillée de Carter qui a signé la loi. On peut bombarder toute la merde qu'on veut sur les civils mais on n'a pas le droit de tuer le grand patron.

There are certain basic skills that go with being a competent illustrator of adventure art: one is a knowledge of anatomy proficient enough to let you draw figures in action, hulking, muscular men chasing down and beating **the crap out of** one another. (Jules Feiffer, *Backing Into Forward*)

Tout illustrateur compétent de BD avec superhéros possède un certain savoir-faire élémentaire. Une de ses compétences est la connaissance approfondie de l'anatomie qui lui permet de dessiner des formes en action, des hommes massifs et musclés qui se courent après et se tabassent férocement.

I don't know who broke his phonograph last time... But if anybody so much as lays a finger on it next time I personally will kick **the hell out of** him. (John Steinbeck, *Cannery Row*)

Je ne sais pas qui a cassé son phonographe la dernière fois. Mais si quiconque s'avise de le toucher une autre fois, sachez que je lui casserai la gueule personnellement.

8.4 As fuck / like fuck – *foutrement*

Fuck remplace *hell* dans des comparaisons de forme ADJECTIVE *as fuck* et VERB *like fuck*. *Ugly as fuck*, par exemple, veut dire extrêmement laid, ou laid comme un pou ; *disappointed as fuck*, extrêmement déçu. *Hurt like fuck* veut dire faire atrocement mal ; *run like fuck*, prendre ses jambes à son cou.

The groups that got the most work were the ones who pretended to be English... Beatle clone groups were all over the place. We didn't have long hair, we didn't have band uniforms and we were ugly **as fuck**. We were, in the Biblical sense of the word, unemployable. (Frank Zappa, *The Real Frank Zappa*)

Les groupes qui obtenaient le maximum de travail étaient ceux qui faisaient semblant d'être Anglais. On voyait des groupes clones des Beatles partout. Nous, nous n'avions pas les cheveux longs, ne portions pas d'uniforme et étions moches à en pleurer. Nous étions, au sens biblique du terme, inemployables.

'Well, you tell him we're all disappointed **as fuck** he's not running for President,' said Hatry... 'It's a damn shame the only good man in America hasn't got the balls to stand.' (John Le Carré, *The Tailor of Panama*)

« Et bien vous lui dites que nous sommes vachement déçus qu'il ne se présente pas à la présidentielle, dit Hatry. C'est une sacrée honte que le seul homme honnête d'Amérique n'ait pas les couilles de se présenter. »

Men just can't help liking certain women, even when they know it's a really bad idea... And when they feel the tug – like a hook in a fish's lip, it hurts **like fuck** but you've got to go with it – it's not a blind bit of use people telling you how bloody stupid you're being. (Tom Holt, *Meadowland*)

Les hommes ne peuvent s'empêcher d'apprécier certaines femmes, même s'ils savent que ça ne finira pas bien. Quand ils ressentent ce petit coup, celui de l'hameçon dans la lèvre du poisson, ils souffrent atrocement mais il faut bien qu'ils s'en accommodent. Ça ne sert strictement à rien de leur dire qu'ils se comportent comme des cons.

If I give the word to run, run **like fuck**. (James Lovegrove, *Provender Gleed*)

Si je donne l'ordre de courir, courez comme des malades.

8.5 Like fuck! / am I fuck? – *mon cul !*

Like fuck! est aussi une exclamation, émise en réponse à ce qu'un interlocuteur vient de dire. Dans ce cas, il est suivi par un sujet et l'auxiliaire verbal approprié (souvent laissés sous-entendus) et signifie : certainement pas, il n'en est rien. Tout temps peut être utilisé.

– Now what? said Jess.
– You're going home, for a start, said Martin.
– **Like fuck** I am. Why should I?
(Nick Hornby, *A Long Way Down*)

– Et maintenant ? dit Jess.
– Pour commencer, toi tu rentres à la maison, dit Martin.
– Mon cul, oui ! Pourquoi je le ferais ?

– Who the bloody hell do you think you are, giving me your fucking orders?
– I wasn't giving any orders, I was merely making a suggestion.
– **Like fuck** you were. (Kingsley Amis, *Stanley and the Women*)

– Pour qui vous prenez-vous pour me balancer vos putains d'ordres ?
– Je ne donnais pas d'ordres. Je ne faisais qu'émettre une suggestion.
– Mon cul, oui !

– He came because he's concerned for his father.
– Toby concerned? Concerned for his father? **Like fuck**! He came because he's a little shit-stirrer. (David Hare, *Skylight*)

– Il est venu parce qu'il s'inquiéte pour son père.
– S'inquiéter, Toby ? Inquiet pour son père ? Ne me fais pas rire, bordel ! Il est venu parce que c'est un petit fouteur de merde.

Dans tous ces cas, on peut remplacer *like fuck* ! par une autre structure au sens identique, c'est-à-dire le scepticisme ou le vif désaccord. Cette fois-ci, l'auxiliaire et le sujet sont inversés et suivis par *fuck*.

– Let's have a look at that.
– It's my good-luck charm.
– Has it brought you much?
– **Has it fuck**! (*Naked*)

– Laisse-moi voir ça un moment.
– C'est mon porte-bonheur.
– Et il t'a été utile ?
– Tu parles !

You think I'm going to stick around for the so-called justice system to get its shit together? **Am I fuck**! Buses leave Martirio every two hours for Austin or San Antonio. (D.B.C. Pierre, *Vernon God Little*)

Tu penses que je vais végéter ici le temps que la soi-disant justice finisse de clore le dossier ? Merde, il faut pas exagérer ! Les autocars quittent Martirio toutes les deux heures pour se rendre à Austin ou San Antonio.

You're gonna come runnin' back with your tail between your legs, pleadin' to be let in out of the cold – and will I take you back? **Will I fuck**! No way! Not a snowball's chance in hell! (*44-Inch Chest*)

Tu vas revenir la queue entre les jambes et me supplier de te reprendre – mais est-ce que je vais te reprendre ? Tu me prends pour un con ? Hors de question ! Pas la moindre ombre d'une possibilité !

You know the old joke? Does she fuck? **Does she fuck**! It's ambiguous, of course. It could mean she fucks like a rabbit or she fucks not at all. (Harold Pinter, *One For the Road*)

Tu connais la vieille blague ? Est-ce qu'elle baise ? Tu parles, qu'elle baise ! La blague est ambiguë, bien entendu. Elle peut signifier qu'elle baise comme un lapin ou qu'elle ne baise pas du tout.

8.6 Fuck it ! – *au diable !*

Le verbe *to fuck* s'emploie transitivement dans des circonstances perverses et variées, mais le plus souvent en tant qu'imprécation. Toutefois, la singularité de la syntaxe en a déconcerté plus d'un :

What's the worst thing you can say to anybody? 'Fuck you, Mister.' It's weird, because if I really wanted to hurt you I should say 'Unfuck you, Mister.' Because 'Fuck you' is really nice! (Lenny Bruce, *The Essential Lenny Bruce*)

Quelle est la pire chose que vous puissiez dire à quelqu'un ? « Va te faire foutre. » C'est bizarre, parce que si je voulais vraiment vous faire mal, je devrais dire, « Ne va pas te faire foutre. » Parce que se faire foutre, c'est sympa !

Il est parfaitement clair que *fuck you!* ne veut pas dire, comme Bruce le suggère, « amusez-vous bien à faire des galipettes ». Pas plus que d'autres expressions qu'on pourrait utiliser à la place, telles *screw you*, *bugger you* ou *sod you* [de *sodomise*]. On peut comprendre ce genre d'expression de deux manières : ou bien comme une menace (*I'll fuck you, I'll sodomise you* – et pas de manière agréable !) ou bien, plus plausiblement, comme une formule de malédiction dans laquelle *fuck* remplace le *damn* de *damn you!* (forme abrégée de *may God damn you!*). Ainsi que l'explique Melissa Mohr : « Un mot fortement tabou lié au corps humain se substitue au mot à faible tabou lié à la religion afin que l'imprécation conserve son impact. » Ceci dit, si on regarde de près les verbes dans les exemples qui suivent, il apparaît évident qu'on ne veut aucun mal véritable aux objets de la « malédiction » – les voisins, le mari, le gouvernement, etc. Dans chaque cas, on peut paraphraser *fuck* comme étant une variante emphatique de « peu importe ».

– You are completely amoral and undependable, she said loudly.
– Darling, you'll wake up Justin, not to mention the neighbours.
– **Fuck the neighbours**. (Gordon Dyus, *Jigalig*)

– Tu es totalement amoral, tu n'es pas fiable, dit-elle d'une voix forte.
– Ma chérie, tu vas réveiller Justin, sans parler des voisins.
– Merde aux voisins !

At eleven o'clock it was all settled; they were going to run away, to Borneo. **Fuck the husband**! She never loved him anyway. (Henry Miller, *Tropic of Cancer*)

Tout fut décidé avant onze heures. Ils allaient s'enfuir à Bornéo. Et que le mari aille se faire foutre ! De toute façon, elle ne l'avait jamais aimé.

His madness seemed to be getting worse... he was constantly reminding everyone: 'I'm the governor round here... **Fuck the police, fuck the government**.' (Bobby Teale, *Bringing Down the Krays*)

Sa folie semblait prendre le dessus. Il rappelait constamment à tout le monde, « C'est moi le patron ici. Je dis merde à la police, je chie sur le gouvernement ! »

– Don't *shout*, I said. It frightens me.
– What's that?
– Don't *shout*. There might be keepers.
– **Screw the keepers**! he cried. (Roald Dahl, *Kiss Kiss*)

– Ne crie pas, lui dis-je. Tu me fais peur.
– Pardon ?
– Ne crie pas. Il y a peut être des gardiens.
– Je n'en ai rien à foutre des gardiens, s'écria-t-il.

Your son comes round fucking uninvited every night... I've been letting him in for his own safety. I won't fucking bother next time. **Sod the pair of you**. Now, if you've finished, you can piss off. (Nick Hornby, *About a Boy*)

Ton fils s'impose à la putain de maison tous les soirs. Jusqu'à présent, je l'ai laissé entrer pour le protéger. La prochaine fois, je ne vais plus m'emmerder avec ça. Allez vous faire voir, tous les deux. Maintenant, si tu n'as plus rien à dire, tu peux te tirer d'ici.

Suivi d'un pronom personnel, *fuck* signifie encore une fois l'indifférence totale envers l'autre.

Business bad? **Fuck you**, pay me. Oh, you had a fire? Fuck you, pay me. The place got hit by lightning, huh? Fuck you, pay me. (*GoodFellas*)

Les affaires ne sont pas bonnes ? Je m'en tape, file-moi le fric. Ah bon, tu as eu un incendie ? Je m'en contrefous, allonge plutôt le pognon. Comment, la foudre est tombée sur ta boîte ? C'est pas mes oignons, sors-moi le blé fissa.

The cabdriver leaned on the horn. Sam signaled for him to wait, ran around to the other side of the limo, and got in.
– Go, Sam said.
– What about the cabdriver?
– **Fuck him**.
(Christopher Moore, *Coyote Blue*)

Le chauffeur de taxi s'appuyait sur son klaxon. Sam lui fit signe de patienter, se précipita de l'autre côté de la limousine, et y monta.
– Démarre, dit Sam.
– Et le chauffeur de taxi ?
– Qu'il aille se faire foutre.

À l'occasion, néanmoins, *fuck you* peut être promu au niveau d'une attitude générale, voire utilisé comme adjectif pour exprimer un fort mépris envers les conventions et les bienséances.

If I ever die, and they stick me in a cemetery, and I have a tombstone and all, it'll say 'Holden Caulfield' on it, and then what year I was born and what year I died, and then right under that it'll say '**Fuck you.**' (J.D. Salinger, *The Catcher in the Rye*)

Si un jour je meurs et qu'ils me mettent dans un cimetière et que j'ai une pierre tombale et tout ça, je veux que ça dise « Holden Caufield » et puis l'année de ma naissance et l'année de ma mort, et puis un peu plus bas, « Merde aux cons ! »

When I was young, I really liked R. Crumb comics and that in-your-face, **fuck-you** attitude. (Jack Boulware, *Gimme Something Better*)

Quand j'étais jeune, je raffolais des bandes dessinées de R. Crumb et de leur façon ostentatoire de se foutre de la gueule du monde.

In the past, she had worn her lavish, tumbling hair long; there had been makeup, large jewelry... a demipunk, demi-glamorous style that seemed to express her youth and brave **fuck-you** spirit. (Paul Auster, *Brooklyn Follies*)

Autrefois, elle laissait flotter ses abondants cheveux et se maquillait et se couvrait de gros bijoux, un style à moitié punk, à moitié glamour qui semblait exprimer sa jeunesse et son défi courageux et outrecuidant de la société.

Fuck it exprime encore une nuance. Ces mots sont souvent utilisés de manière non spécifique pour accompagner la renonciation à une tâche pénible ou à une situation sans espoir. Eux aussi peuvent être considérés comme l'expression d'une attitude générale.

It's just not worthy work for a person to be doing... If I had any real guts, I'd say, '**Fuck it**', and walk out. I would be free. (Studs Terkel, *Working*)

C'est tout simplement un boulot indigne d'un homme. Si j'avais un semblant de courage, je dirais, « Merde, ça suffit » et je partirais. Je serais alors libre.

I was so tired of record companies shutting the door in my face, finally I said, '**Fuck it**, I'm going to a radio station that has nothing to lose by saying I like it or I hate it.' (Robert Dimery, *1001 Songs You Must Hear Before You Die*)

J'en avais tellement marre des sociétés de disques qui me claquaient la porte au nez que j'ai fini par dire, « Et puis merde, je vais trouver une station radio qui n'a rien à perdre en disant j'aime ça ou je déteste ça. »

– I can't solve your problems, sir, only you can.
– Ah **fuck it**.
– Sure! Fuck it! That's your answer! Tattoo it on your forehead! Your answer to everything! (*The Big Lebowski*)

– Je ne peux pas résoudre vos problèmes, Monsieur. Seulement vous pouvez faire cela.
– Ah, merde, laissez tomber.
– Évidemment ! Laissez tomber ! C'est tout ce que vous trouvez à dire ! Tatouez-le sur votre front ! C'est votre réponse à tout !

Et puis il y a le paradoxal *fuck me*, qu'on s'adresse à soi-même. Ni malédiction ni exhortation, c'est une simple expression de stupéfaction ou de colère.

As he turned onto Key Deer Boulevard and saw the smoke... Evan Shook was completely prepared to see a house on fire. He was not, however, expecting the house to be his own. The first words from his lips were '**Fuck me**!' (Carl Hiaasen, *Bad Monkey*)

Quand il bifurqua sur le boulevard Key Deer et aperçut la fumée, Evan Shook était tout à fait prêt à voir une maison en feu. Mais il ne s'attendait pas à ce que ce soit sa maison à lui. Les premiers mots qui sortirent de ses lèvres étaient « Putain, je n'en crois pas à mes yeux ! »

Jerzy... stood up and started pacing, and said, '**Fuck me**! You are one evil-eyed, cold-blooded, backstabbing devil-woman!' (Joseph Wambaugh, *Hollywood Moon*)

Jerzy se leva et commença à faire des allées et venues en maugréant, « Bordel de merde ! Espèce de sorcière envieuse, insensible et perfide ! »

Enfin, *fuck* peut être utilisé à la forme réfléchie (*fuck oneself*) sans qu'on s'inquiète trop de l'impossibilité physique de la chose. Cet usage advient presque toujours après le verbe *go* comme une expression vigoureuse de refus ou de rejet : *Go and fuck yourself!* Il s'apparente en cela aux injonctions *fuck off!* et *go to hell!*

They had none of the New York abruptness I was used to. Like the joke goes, the guy from the Midwest goes up to a New Yorker on the street and says, 'Excuse me, sir, can you tell me how to get to the Empire State Building, or should I just **go fuck myself**?' (Nelson DeMille, *Plum Island*)

Ils n'avaient rien de la brusquerie New Yorkaise à laquelle j'étais habituée. Comme dans la vielle blague du visiteur du Midwest qui aborde un New Yorkais dans la rue et lui dit, « Excusez-moi, Monsieur, pourriez-vous m'indiquer comment accéder à l'Empire State Building ou devrais-je juste aller me faire foutre ? »

– I want you to come back to Tel Aviv and run the operation from the office.	– Je veux que tu reviennes à Tel Aviv et que tu diriges l'opération depuis le bureau.
– You **go and fuck yourself**. (Ken Follett, *Triple*)	– Tu peux toujours te faire mettre.

– I'm going to pop down to see you...	– Je viens faire un saut pour te voir.
– Fine. But what about this man coming off the train at Victoria Station – the 10.22 from Boulogne?	– D'accord. Mais que faire de cet homme qui arrive à la gare Victoria par le train de 10h22 de Boulogne ?
– He can **go and fuck himself**. (Harold Pinter, *Victoria Station*)	– Il peut aller se faire voir chez les Grecs.

We're talking Congo, right? Elections won't bring democracy, they'll bring chaos. The winners will scoop the pool and tell the losers to **go fuck themselves**. The losers will say the game was fixed and take to the bush. (John le Carré, *The Mission Song*)	Soyons clairs, nous parlons bien du Congo. Les élections n'apporteront pas la démocratie mais le chaos. Les gagnants en tireront les bénéfices et diront aux perdants d'aller se faire foutre. Les perdants déclareront que le jeu était truqué et prendront le maquis.

8.7 Fuck all – *que dalle*

Fuck all veut dire « absolument rien ». L'expression est parfois préfixée, ironiquement, par l'adjectif *sweet*, mais cet ajout ne modifie en rien le sens. Des euphémismes, peu efficaces il faut le dire, incluent *FA* ou *sweet FA*. D'autres expressions synonymes sont *damn all*, *bugger all* et *Fanny Adams* ou *sweet Fanny Adams*, toutes britanniques. La dérivation de ces derniers termes n'est pas sans intérêt, car Fanny Adams a vraiment existé. Fillette de huit ans, elle fut la victime d'un meurtre au dix-neuvième siècle. Son tueur découpa son corps en petits morceaux pour s'en débarrasser. L'histoire défraya la chronique et les marins de la Royal Navy de l'époque – ils n'étaient pas des tendres – se mirent à appeler la viande hachée qu'on leur servait par le nom de l'infortunée fillette. Petit à petit, grâce en partie au heureux hasard des initiales du nom, le terme a pris le sens que nous connaissons.

Never accept what you don't want. Keep refusing, and in time you may get what you want. On the other hand you may end up with **fuck all**. (Philip Larkin, *Selected Letters*)	N'accepte jamais ce dont tu ne veux pas. Persiste dans ce sens et au bout du compte tu finiras peut-être par avoir ce que tu veux. Évidemment, tu pourrais aussi te retrouver avec que dalle.

He knows **sweet fuck all** about malaria (or anything else);... he gets out of bed one sunny day in Secunderabad or wherever and says to himself... 'Dear me, I don't know what I'm going to do with myself today, think I'll go and solve the scientific puzzle of the century.' (Amitav Ghosh, *The Calcutta Chromosome*)

Il ne connaît fichtrement rien sur le paludisme (ni sur rien d'autre d'ailleurs). Un beau jour ensoleillé, il se lève à Secunderabad, ou peu importe l'endroit, et se dit, « Mon Dieu, je ne sais pas comment je vais m'occuper aujourd'hui. Ma foi, je pense que j'irai résoudre l'énigme scientifique du siècle. »

My Spain book sold **damn all**, but it didn't greatly matter as my agent had got the money... in advance and the reviews were OK. (George Orwell, *A Life in Letters*)

Mon livre sur l'Espagne ne s'est pas du tout vendu mais ça n'était pas trop grave puisque mon agent avait déjà récolté les avances et les critiques étaient bonnes.

I get **bugger all** support. The community mental health team? Who? My CPN didn't actually contact me after I'd taken an overdose. She's so busy she's never available. (Sarah Owen & Amanda Saunders, *Bipolar Disorder)*

J'ai eu zéro soutien. L'équipe de santé mentale locale ? Qui ? Mon infirmière psychiatrique ne m'a contactée qu'après mon overdose de médicaments. Elle est tellement occupée qu'elle n'est jamais disponible.

They went deeper into the garden in pairs, one guarding the other... Into every nook. Around all the perimeter, safety catches off. Nothing. When the Sergeant came back he was sweating. '**Sweet fanny adams**, sir! Not a bloody whisper, nothing.' (James Clavell, *Gai-Jin*)

Ils avancèrent par équipes de deux dans le jardin, l'un protégeant l'autre. Ils regardèrent chaque recoin. Ils firent le tour du périmètre, le cran de sécurité enlevé. Rien. Quand le Sergent revint, il dégoulinait de sueur. « Que dalle, mon capitaine. Pas le moindre chuchotement, rien. »

8.8 Fucked – *foutu*

Le participe passé de *fuck* a aussi son lot d'usages métaphoriques. Si quelqu'un ou quelque chose est *fucked*, il se trouve dans une position intenable ou dans un état irréparable. *Buggered* (UK) est un synonyme plus modéré.

If what the Doctor says at the beginning is true, and joining AA is the only way to cure me, then I'm

Si ce que le médecin a dit au commencement est vrai et que devenir membre des Alcooliques Anonymes

completely **fucked**. Fucked fucked fucked. (James Frey, *A Million Little Pieces*)

est le seul moyen de me guérir, alors je suis totalement foutu. Foutu et archi-foutu.

If the ANC gets control of the government the country is **fucked**! These guys want to nationalize all the gold mines and big industry in the country. Next minute we'll be communist. (Granger Korff, *19 With a Bullet*)

Si l'ANC prend les rênes du gouvernement, le pays est foutu. Ces types veulent nationaliser toutes les mines d'or et toute l'industrie lourde du pays. En un rien de temps, nous serons communistes.

Once you sprain your ankle, you're **buggered**. You need to rest it for the next eight weeks. (Julian Beirne, *Diary of a Sapper*)

Dès que tu te foules la cheville, tu es dans la panade. Il faut qu'elle reste au repos pendant huit semaines.

She gave me the other news: the car was **buggered** and wouldn't start, the skylight had sprung a leak, the charlady hadn't shown up for almost a week. (Paul Theroux, *My Secret History*)

Elle m'a donné les autres nouvelles du jour : la voiture était foutue et refusait de démarrer, la pluie entrait par la lucarne, et la femme de ménage n'avait pas donné signe de vie depuis presque une semaine.

Fucked peut à l'occasion se substituer à *damned*, par exemple dans l'exclamation de surprise *I'll be fucked!*

When he saw that story in *Newsweek*... he said, 'Well **I'll be fucked**, that's Jann!' (Hunter S. Thompson, *The Great Shark Hunt*)

Quand il a vu cet article dans *Newsweek*, il s'est dit, « Merde alors, mais c'est Jann ! »

Mais le plus souvent, il s'emploie dans les expressions emphatiques d'ignorance, d'indifférence ou de refus : *I'm fucked if...* ou *I'll be fucked if...* Les substituts plus anodins sont *damned*, *goddamned* et, encore une fois, *buggered*.

Someone picked her up at a half after six and I haven't seen her since. And before you ask me who picked her up, I'm **fucked** if I know and I'm fucked if I care. (Anthony Mitchell, *Nazarene Eleven*)

Quelqu'un est venu la chercher à six heures et demie et je ne l'ai pas vue depuis. Et avant que tu ne me demandes qui est venu la chercher, sachez que je n'en ai pas la moindre putain d'idée et que je m'en fiche complétement.

We don't want to bury him close to the house... The ground's frozen hard around this place and I'll be **fucked** if I'm going to dig a hole that big in frozen ground. (Richard Brautigan, *The Hawkline Monster*)

Nous ne voulons pas l'enterrer trop près de la maison. Le sol a gelé ferme dans les environs et il est hors de question que je creuse un trou de cette taille dans de la terre gelée.

He claimed to have received a wire from his 'generous Daddy' reading: 'Dear Jack: Don't buy a single vote more than is necessary – I'll be **damned** if I'm going to pay for a landslide.' (Ted Sorensen. *Kennedy*)

Il prétend avoir reçu un télégramme de son « généreux père » qui disait : « Mon cher Jack, n'achète pas un vote de plus que ce dont tu as besoin – que le diable m'emporte si je dois casquer pour une victoire écrasante. »

That was an expensive dress. And I'm **buggered** if I'm going to waste time and money getting another one just for a stupid office darts match. (Tom Holt, *Life, Liberty and the Pursuit of Sausages*)

Cette robe était chère. Et je préfère crever que de perdre mon temps et mon argent à en obtenir une autre pour un simple et stupide match de fléchettes au bureau.

8.9 Fuck off – *foutre le camp*

Parmi tous les verbes à particule créés par l'ajout d'une préposition à *fuck*, aucun n'a connu plus de succès que *fuck off*. Dans sa préface à l'*Encyclopedia of Swearing*, Geoffrey Hughes prétend que « si les Français connaissaient les Anglais sous le nom de *goddems* il y a six cents ans, leurs successeurs contemporains les appellent les *fuckoffs*. » Le verbe veut simplement dire « partir » mais beaucoup dépend de la façon dont il est prononcé. Il peut être l'expression d'un scepticisme immédiat par rapport à ce qu'un interlocuteur vient de dire ou le rejet particulièrement agressif de l'autre personne. *Piss off* est légèrement moins hostile et *bugger off* encore un peu moins.

– Why don't you go to bed, okay? Get some sleep and then we'll talk.
– Why don't you **fuck off**? (Elmore Leonard, *Unknown Man No 89*)

– Pourquoi ne pas te mettre au lit, d'accord ? Dors un peu, ensuite nous parlerons.
– Et toi, pourquoi ne pas aller te faire foutre ?

Suddenly Calvin was angry. Furious, in fact… 'Oh, do **fuck off** with all your hypocritical airs and graces!' he snapped. 'You're not a lady, Dakota, you're a lying, cheating tart.' (Ben Elton, *Chart Throb*)

Soudain, Calvin se mit en colère. Furieux, en fait. « Fous le camp d'ici, toi et tes minauderies, cracha-t-il. Tu n'as aucune classe, Dakota, tu n'es qu'une pute qui triche et qui ment. »

– Tell me about John, he said.
– Oh, that cunt, she said, bitterly. He **fucked off** to Scotland last week. (William Boyd, *Ordinary Thunderstorms*)

– Qu'en est-il de John ? dit-il.
– Ah, ce connard-là, dit-elle avec amertume. Il a foutu le camp en Écosse la semaine dernière.

Did them both without a condom. Hate the things, they take all the fun out of screwing. They started moaning about wanting me to put one on, but I told them to **fuck off**. I know full well that they don't make their Thai boyfriends wear them. (Stephen Leather, *Private Dancer*)

Je me les suis faites toutes les deux sans préservatif. Je déteste ces trucs, ils enlèvent tout le plaisir de la baise. Elles ont commencé à se plaindre en disant que je devais en mettre un mais je leur ai dit d'aller se faire voir. Je sais pertinemment qu'elles ne demandent pas à leurs petits amis Thaïs d'en porter un.

What if I told you 'insane' was working fifty hours a week in some office for fifty years, at the end of which they tell you to **piss off**? (*Con Air*)

Et si je te disais que « la folie » consistait à travailler cinquante heures par semaine dans un bureau pendant cinquante années, pour qu'on te dise au bout de compte de ficher le camp de là ?

– Good morning, brother, said Brutha.
– **Bugger off**, said the man without looking around.
– The Prophet Abbys tells us: 'Woe unto he who defiles his mouth with curses for his words will be as dust,' said Brutha.
– Does he? Well, he can bugger off too, said the man, conversationally. (Terry Pratchett, *Small Gods*)

– Bonjour, mon frère, dit Brutha.
– Fous-moi le camp, dit l'homme sans se retourner
– Le prophète Abbys nous dit : « Malheur à celui qui souille sa bouche avec des jurons, car ses mots deviendront poussière, » dit Brutha.
– Vraiment ? Il dit ça ? Dans ce cas, qu'il foute le camp lui aussi, dit l'homme sur le ton de la conversation.

Les idiotismes

9.1 Avec *fuck*

Une locution idiomatique est une expression dont la signification ne peut être déduite des mots qui la composent. Par exemple, *go fuck a duck!* n'est évidemment pas l'ordre d'aller forniquer avec un palmipède. C'est simplement une façon légèrement humoristique de dire à quelqu'un qu'il doit partir. Cependant, les significations ne sont pas toujours aussi nettes, ce qui rend certaines tournures quotidiennes particulièrement difficiles à traduire. La traduction des expressions idiomatiques qui contiennent des mots tabous est encore plus délicate, car dans ce cas il faut tenir compte non seulement de leur sens mais également de l'effet de choc qu'elles produisent. Il est le plus souvent impossible de trouver un équivalent précis. Afin de conserver le sens des mots, le traducteur peut donc se trouver dans l'obligation d'en sacrifier la puissance émotive et de faire appel à une expression française plus modérée. Ceci étant, il n'est peut-être pas inutile de rappeler que toutes les expressions avec *fuck*, quelle qu'en soit la traduction, sont à manier avec la plus grande prudence.

Nous avons déjà vu que le verbe intransitif *fuck around* signifie perdre son temps en activités oiseuses. *Fuck someone around* signifie faire perdre son temps à quelqu'un, souvent dans le but de lui jouer un tour, de s'en moquer ou de lui créer des problèmes. *Fuck with someone* a le même sens.

– You're a nice guy, Mr. Mulvaney. Only don't **fuck around** with me, you know what I mean?
– I won't fool around with you. (*Dog Day Afternoon*)

– Vous êtes un chic type, Monsieur Mulvaney. Mais je vous préviens, ne me prenez pas pour un con, d'accord ?
– Je ne le ferai pas.

Being made a wiseguy ... means you belong to a family. It means that nobody can **fuck around** with you. It also means that you could fuck around with anybody just as long as they aren't also a member. (*GoodFellas*)

Être affranchi veut dire que tu appartiens à une famille. Ça veut dire que personne ne peut te traiter comme une merde. Et que toi, tu peux emmerder n'importe qui, pourvu qu'il ne soit pas affranchi lui aussi.

He was obviously a military man and he was the sort of guy you wouldn't **fuck around** with. (Colin Crawford, *Inside the UDA*)

Il était de toute évidence un militaire, pas du tout le genre de type avec qui on serait tenté de déconner.

- I preach self-reliance, he said.
- You and Emerson, I said.
- Who's Emerson?
- One of the Concord Transcendentalists, I said...
- Are you **fucking with** me?
- Sometimes I can't help myself. (Robert B. Parker, *Potshot*)

- Je prône l'autosuffisance, dit-il.
- Vous et Emerson, dis-je.
- Qui est Emerson ?
- Un des Transcendentalistes de Concord, dis-je...
- Tu te fous de ma gueule?
- Quelquefois c'est plus fort que moi.

Fuck somebody out of something signifie déposséder quelqu'un de quelque chose par le biais de la malhonnêteté ou de méthodes sournoises.

When a businessman sits down to negotiate with another businessman, the first thing he does is assume the other guy is a complete lying prick who's trying to **fuck him out of** his money. So he does everything he can to fuck the other guy a little bit faster and a little bit harder. (George Carlin, *Napalm and Silly Putty*)

Quand un homme d'affaires s'assied pour négocier avec un autre homme d'affaires, la première chose qu'il fait est d'assumer que l'autre type est un enfoiré de menteur fini qui essaie de lui piquer son putain de fric. Alors, il fait tout ce qu'il peut pour baiser l'autre type, un peu plus vite et un peu plus fort que l'autre ne le ferait.

Fuck someone over et *fuck someone up* veulent tous deux dire infliger des dégâts sérieux à cette personne, que ce soit physiquement ou mentalement.

- Your boyfriend Broadway Joe has a bayonet. He's gonna do you some nastiness with it tonight. He's on his way right now to **fuck you over**.
- Fuck me over?
- It won't be as nice as it sounds, Hicks said. (Robert Stone, *Dog Soldiers*)

- Ton petit ami Broadway Joe a une baïonnette. Il tient à te faire des trucs déplaisants avec ça ce soir. Il est en route à l'heure actuelle dans l'intention de te chambouler grave.
- De me chambouler ?
- Et crois-moi, ce ne sera pas une partie de plaisir, dit Hicks.

He joined the marines after high school... You know, take your orders from Big Daddy America, and Big

Il a rejoint les Marines après le lycée. Tu vois le style, tu suis les ordres de l'Oncle Sam et l'Oncle Sam

Daddy will take care of you. Big Daddy took care of him all right. Shipped him out to Desert Storm and did a major number on his head. **Fucked him up** bad. David goes downhill for a bunch of years and ends up on horse. (Paul Auster, *Brooklyn Follies*)

s'occupera de toi. Eh bien, c'est sûr que l'Oncle Sam s'est occupé de lui. Il l'a envoyé à Desert Storm et lui a baisé la tête sévère. L'a massacré très sérieusement. Ensuite David a dégringolé pendant de nombreuses années et a fini à l'héroïne.

Fucking A! est une exclamation de plaisir, de joie, de triomphe ou d'accord inconditionnel. Elle signifie « absolument, catégoriquement, c'est exact ».

– He's a real good card player.
– You're **fucking A** he is. The fucker won four hundred bucks last night. (David Mamet, *American Buffalo*)

– C'est un sacrément bon joueur de cartes.
– Putain oui, ça c'est sûr. Cet enfoiré a gagné quatre cents dollars la nuit dernière.

He displayed a somewhat brutal attitude towards the war... When he disagreed with my assessment of the situation, he would bellow: 'Come off it, Fisky,' as if I were peddling quack medicine. When he agreed, he would shout: '**Fucking A, man.**' (Robert Fisk, *Pity the Nation*)

Il faisait preuve d'une attitude quelque peu brutale envers la guerre. Quand il n'était pas d'accord avec mon opinion sur la situation, il se mettait à hurler : « Arrête, Fisky, » comme si je revendais des remèdes de charlatan. Quand il était d'accord, il criait : « Mon pote, tu as foutrement raison ! »

Not give a fuck (ou *damn* ou *shit*) signifie ne pas s'intéresser du tout à quelque chose. *Not give a flying fuck* a exactement la même signification mais est légèrement plus enjoué, évoquant l'idée d'une copulation acrobatique où le mâle saute et/ou plonge sur et dans la femelle.

What has allowed so many PPs to rise so high in corporations, and now in government, is that they are so decisive... Unlike normal people, they are never filled with doubts, for the simple reason that they **don't give a fuck** what happens next. (Kurt Vonnegut, *A Man Without a Country*)

Ce qui a pu permettre à tant de personnalités psychopathes de monter si haut dans les grandes entreprises, et maintenant au gouvernement, est leur capacité à prendre des décisions. À la différence des gens normaux, ils ne sont jamais taraudés par le doute pour la simple et bonne raison qu'ils se foutent royalement de ce qui peut arriver ensuite.

I **don't give a fuck** about stamp collecting or rare coins or pressing colorful autumn leaves in encyclopedias. (Lionel Shriver, *We Need to Talk About Kevin*)

Je me fous complétement des collections de timbres, de pièces rares ou des feuilles d'automne colorées et aplaties glissées entre les pages d'une encyclopédie.

I **don't give a flying fuck** about your life story... I want to know what you did with the freaking money. (Janet Evanovich, *Hot Six*)

Je me contrefous de l'histoire de ta vie. Je veux seulement savoir ce que tu as fait avec le foutu fric.

On peut également inviter quelqu'un à *take a flying fuck* (quelquefois *at the moon* ou, plus absurde encore, *at a rolling donut*). Cela signifie la même chose que *fuck off* ou *go fuck yourself*, voire *go fuck a duck*.

Gault repeated his story that R. J. Decker had demanded one hundred thousand dollars for the photographs...
– I told him he was nuts, Gault said. I told him to **take a flying fuck**. (Carl Hiaasen, *Double Whammy*)

Gault répéta son histoire selon laquelle R. J. Decker avait demandé cent mille dollars pour les photographies.
– Je lui ai dit qu'il était fou, dit Gault. Je lui ai dit d'aller se faire voir ailleurs.

– What do you say I teach you to play chess?
– Fuck you.
– It's for your own stupid good, Reitmeyer. Plus we have to pass the time somehow.
– **Take a flying fuck at the moon**. (Don Delillo, *Libra*)

– Que dirais-tu que je t'apprenne à jouer aux échecs ?
– Va te faire voir.
– Reitmeyer, c'est pour ton propre bien, imbécile. En plus, nous devons bien passer le temps d'une manière ou d'une autre.
– Va te faire voir chez les Grecs.

– You shouldn't add the scallions at the same time you do the potatoes. By the time the potatoes are done the scallions will be burned...
– Why don't you **take a flying fuck at a rolling donut**, she said. (Robert B. Parker, *Ceremony*)

– Il ne faut pas que tu ajoutes les échalotes en même temps que les pommes de terre. Sinon les échalotes seront brûlées avant que les pommes de terre aient fini de cuire.
– Et si tu mettais tes putains de suggestions là où je pense ?

I had heard my brothers and sisters use curse words but had never dared use one myself in front of anyone. But I had practiced alone in my room lots of times, trying out

J'avais entendu des mots grossiers dans la bouche de mes frères et sœurs mais je n'avais jamais osé les utiliser moi-même devant qui que ce soit. Toutefois, ce n'était pas le

different cadences and intonations: 'Fuck, fuck, fuck you, fucknut. Shit, shitstain, fucker! **Go fuck a duck**, you asswipe!' (Chelsea Handler, *My Horizontal Life*)

cas dans ma chambre, où je pouvais essayer seule des cadences et des intonations différentes. « Putain, putain, va te faire foutre, enculé de débile mental. Merde, sac à merde, enfoiré, casse-toi rapidos, trou du cul ! »

Fuck a duck! et *fuck me pink!* sont des expressions de stupéfaction ou d'incrédulité, donc synonymes de *well, I'll be fucked!*

The counter-girl shrieked, her huge eyes fixed on the arm. The cop looked down at it with his mouth open...
– **Fuck a duck**, the cop said in a low, amazed voice. (Stephen King, *The Regulators*)

La vendeuse hurla, les yeux exorbités fixés sur le bras. Le flic baissa les yeux et le vit. Il le regarda, la bouche ouverte.
– Nom de Dieu, dit-il d'une voix sourde et stupéfaite.

It was a long piece about the Beatles, pointing out that former member Pete Best was now working in a career guidance office in Liverpool. **Fuck me pink**, I thought. Imagine taking career advice from Pete Best. (Joseph O'Connor, *Sweet Liberty*)

C'était un long article sur les Beatles qui faisait remarquer qu'un ancien membre du groupe, Pete Best, travaillait à présent comme conseiller d'orientation professionnelle à Liverpool. Putain, je pensais, imagine un instant que Pete Best te donne des conseils sur ta carrière.

'This better be fucking important, man,' he growled, taking the note from the soldier's hand. His eyes bulged as he read the note. '**Well, I'll be fucked**,' he said slowly. He rose suddenly and hurried from the room. (Gary Blinco, *The Wounds of War*)

« Cela a intérêt d'être sacrément important, mon vieux, » grommela-t-il en prenant le papier de la main du soldat. La lecture de la note le fit écarquiller les yeux. « Que le diable m'emporte, » dit-il lentement. Il se leva brusquement et se précipita hors de la pièce.

Pour conclure, voici une expression d'indifférence égoïste totale envers l'autre : *fuck you, Jack, I'm all right.* Elle est souvent abrégée à ses trois premiers mots. (Bien entendu, le fait que la personne à qui l'on parle ne s'appelle pas Jack n'a aucune importance.) Expression militaire à l'origine, elle illustre l'arrogance de certains officiers de grade supérieur envers les hommes de troupe.

He can wheel himself about in a motorized chair... Gwen's selfless devotion to him verges on the saint-like... Old-fashioned self-discipline, old-fashioned virtue, old-fashioned devotion to a loved one is not often seen. There's none of that '**fuck you, Jack, I'm all right**' stuff about her. (Richard Burton, *Diaries*)

Il peut se déplacer en fauteuil roulant motorisé... Le dévouement altruiste de sa femme Gwen frise la sainteté. C'est la discipline de soi d'un autre temps, la vertu d'un autre temps, le dévouement d'un autre temps à un être aimé – tout cela est rarement vu de nos jours. Il n'y a rien chez elle du « garde tes merdes pour toi, moi ça va ».

9.2 Avec *shit*

Aux yeux de la plupart des gens, les excréments ont peu de valeur. Ainsi, si quelque chose est *not worth shit*, ça ne vaut rien. Si vous *get shit*, vous n'obtenez rien. *Not have shit* ou *have jackshit* veulent dire ne rien posséder du tout. *Not know shit* ou *know jackshit* est ne rien savoir. *Not know shit from Shinola* – Shinola est une marque de cirage marron pour chaussures – est encore ne rien savoir. *Not give a shit* est n'avoir cure de rien. Quand les choses *go to shit*, non seulement elles ne valent plus rien, elles entrent carrément dans les valeurs négatives. Naturellement, si une personne ou une chose est décrite comme *a piece of shit*, l'implication est qu'il ou elle ne vaut vraiment pas grand-chose.

– Maybe that's a question you have to ask your lawyer.
– My lawyer **ain't worth shit**. I ain't even seen him yet.
(Michael Connelly, *The Black Box*)

– C'est une question que tu devrais peut-être poser à ton avocat.
– Mon avocat ne vaut pas un clou. D'ailleurs, je ne l'ai encore même pas vu.

There's a gulf in this country, an ever-widening abyss between the people who have stuff, and the people who don't have **shit**. (*Grand Canyon*)

Il y a un fossé dans ce pays, un gouffre qui va croissant, entre ceux qui possèdent beaucoup et ceux qui n'ont que leurs yeux pour pleurer.

You think you know it all, don't you? You're 25 years old. You're a baby. You don't know **shit**. (*Swimming With Sharks*)

Tu crois tout savoir, n'est-ce pas? Mais tu n'as que vingt-cinq ans. Tu es un nouveau-né. Et tu sais des clopinettes.

Efficiency is all that matters and when you don't get efficiency you get **shit**. (John Cheever, *Falconer*)

L'efficacité est la seule chose qui compte et là où il n'y a pas d'efficacité, tu n'auras que dalle.

I don't think the Stones would have actually *coagulated* without Ian Stewart pulling it together... We didn't **know shit from Shinola**. It was his vision, the band, and basically he picked who was going to be in it. (Keith Richards, *Life*)

Je ne pense pas que les Stones auraient pu former une équipe si Ian Stewart ne l'avait pas soudée. Nous, nous étions des ignares complets. Le groupe, c'est lui qui en a eu l'idée, c'est surtout lui qui en a sélectionné les membres.

He'd always viewed the lottery as a potential way to get tons of free money without doing **jackshit**. (Carl Hiaasen, *Lucky You*)

La loterie avait toujours été pour lui un moyen potentiel de ramener beaucoup d'argent gratuit sans lever le petit doigt.

– I'll do it tomorrow.
– There's no hurry, man. Next week, the week after, I don't **give a shit**. (Charles Willeford, *Shark Infested Custard*)

– Je vais le faire demain.
– Il n'y a aucune urgence, mec. La semaine prochaine ou la semaine après, je m'en tape complétement.

The condo market has **gone to shit**. People are like sheep. They see a few players making a killing out of condo developments and they build and build until there are too many developments and not enough people to fill them.(Irvine Welsh, *If You Liked School, You'll Love Work*)

Le marché des copropriétés s'est cassé la gueule. Les gens sont comme des moutons. Ils voient quelques personnes se remplir les poches avec les développements immobiliers et ils se mettent à construire avec frénésie jusqu'à ce qu'il y ait trop de logements et pas assez de clients pour les remplir.

It turned out the young director didn't like the script at all, said it was rotten, and what they should do was ditch it all and start over, doing something in the genre but not this **piece of shit**. (William Goldman, *Adventures in the Screen Trade*)

Il s'avéra que le jeune réalisateur n'aimait pas du tout le scénario. Il disait que c'était archinul et qu'ils devraient le balancer et recommencer à zéro. Il voulait faire quelque chose du même genre mais surtout pas ce tas de merde.

He was cruel, a snob, a martinet, a sadist, a complete **piece of shit**. (James Patterson, *Big Bad Wolf*)

Il était cruel, snobinard, impitoyable, sadique, une vraie sous-merde.

This shit parle de la situation actuelle, qui laisse en général à désirer. *That shit* s'en réfère à une situation antérieure, déjà mentionnée, qui elle aussi laisse à désirer. Les mots *and shit*, souvent ajoutés à la fin d'une liste, signifient simplement « et cetera ».

Don't you dare hang up on me!... I don't need **this shit**.
(James Patterson, *Beach House*)

Ne t'avise pas de me raccrocher au nez ! Garde ce genre de connerie pour toi !

The car was how many seconds late? ... This is simply unacceptable! Don't you worry about it, though, leave it with me. You do not need **this shit**! You should not have to deal with **this shit**! (Ben Elton, *This Other Eden*)

La voiture avait combien de secondes de retard ? C'est tout simplement inacceptable ! Mais t'en fais pas, laisse-moi m'en occuper. T'as pas besoin de ce genre de merde. Tu ne devrais pas avoir à t'en occuper non plus.

He pissed Daddy off saying he wished to hell the Vietnam War hadn't ended so fast, he'd have liked to go over and 'see what **that shit** was all about'. (Joyce Carol Oates, *I Am No One You Know*)

Il avait prodigieusement agacé Papa en racontant qu'il était vachement déçu que la guerre du Vietnam se soit conclue si vite. Car ça lui aurait plu d'aller « y jeter un coup d'œil et se faire une idée de la chose ».

– I was feeling really shitty earlier in the day, I'd lost a little money, I was down in the dumps.
– Aw, forget about it.
– Yeah, man! Fuck it! I can't be worrying about **that shit**. Life goes on! (*The Big Lebowski*)

– Plus tôt dans la journée, je me sentais comme une vraie merde. J'avais perdu un peu de fric et j'avais le bourdon.
– Allez, oublie ça.
– T'as raison, mec ! Et puis basta ! Je ne vais pas passer mon temps à remuer cette merde. La vie continue !

You shoulda seen him afterward. He was fucked up. All crying and moaning and screaming **and shit**. (James Frey, *A Million Little Pieces*)

Tu aurais dû le voir après l'incident. Il était ravagé. Il pleurait, gémissait, criait, et tout à l'avenant.

'Kids were sneaking in here, leaving their beer cans **and shit** all over,' Cosgrove said, as if he had to explain why the barn was locked. (Michael Connelly, *The Black Box*)

« Les gamins se faufilaient là-dedans en laissant leurs canettes de bière et tout leur bordel un peu partout, » dit Congreve, comme s'il se devait d'expliquer pourquoi la grange était fermée.

Shit veut fréquemment dire *bullshit*. Donc, si une personne est *full of shit* ou simplement *full of it*, soit il trompe sciemment son monde, soit il est très mal renseigné ou stupide. La question *No shit?* [Sans blague ?] cherche en principe la confirmation d'une déclaration, mais elle est souvent ironique. *Shoot the shit* (US) signifie tailler une bavette et n'implique rien de méchant. *Pull some shit*, en revanche, signifie se comporter d'une manière malhonnête ou déloyale. Et un *crock of shit* est soit une profusion de mensonges ou d'absurdités, soit la personne qui les profère.

I was young, too. I felt just like you. Hated authority. Hated all my bosses, thought they were **full of shit**. (*Swimming With Sharks*)

J'ai été jeune, moi aussi. Je réagissais comme toi. Je détestais toute autorité. Je détestais tous mes patrons. Je pensais que c'était tous des cons.

You sit on a barstool next to a man who's **full of shit** and pretty soon you'll know it. (Ethan Coen, *Gates of Eden*)

Si tu t'assieds sur un tabouret de bar à côté d'un con, tu t'en rendras vite compte.

– The easiest place to pick up a fast lay in Miami is at the VD clinic.
– You're **full of it**, Hank… A girl who's just picked up the clap is going to be turned off men and sex for a long time.
– That's what I would have thought… But apparently it doesn't work that way.
(Charles Willeford, *Shark Infested Custard*)

– L'endroit le plus sûr pour trouver une fille facile à Miami est la clinique des maladies vénériennes.
– Tu ne racontes que des sornettes, Hank. Une fille qui vient d'attraper la chaude-pisse sera dégoûtée par les hommes et le sexe pendant un bon moment.
– J'aurais eu tendance à croire ça aussi. Mais apparemment, il n'en est rien.

– You free tonight? I found a new place in Chelsea… Incredible ass there.
– I'm married.
– **No shit?** When?
– You were at the wedding.
(Nelson DeMille, *NightFall*)

– Es-tu libre ce soir ? J'ai trouvé un nouvel endroit à Chelsea. On y trouve des culs exceptionnels.
– Je suis marié.
– Sans blague ? Depuis quand ?
– Tu as assisté au mariage.

Political life is rough on women… You have to be pretty tough to hack it. If you could do guy-talk, and **shoot the shit** about sports – men's teams, of course – that was even better. (Meghan McCain, *Dirty Sexy Politics*)

La vie politique est dure pour les femmes. Il faut être très solide pour tenir le coup. Si tu maîtrisais le langage des hommes et savais raconter des conneries sur le sport – les équipes masculines, bien entendu – c'était encore mieux.

'In many cases – most cases, actually – what violates the law is more a matter of opinion than anything else.' What **a crock of shit**! But it sounded awfully good. (Jordan Belfort, *The Wolf of Wall Street*)

« Dans de nombreux cas – dans la plupart des cas, en fait – ce qui viole la loi est plus une question d'appréciation que quoi que ce soit d'autre. » Quel tas de conneries absurdes ! Mais ça sonnait vachement bien.

The guy tells me he wants to talk about his financial situation. That's all he says. Except I got to come alone. Right away, I think he's **pulling some kind of shit**. Like the cops are there, waiting in the bushes.' (Elmore Leonard, *52 Pickup*)

Le type me dit qu'il veut parler de sa situation financière. C'est tout ce qu'il dit. À part que je devais m'y rendre seul. D'emblée, je soupçonne que c'est un sale coup qui se prépare. Et que les flics m'attendent là, en embuscade.

Shit signifie aussi des ennuis de toutes sortes. Être *in the shit, in deep shit* ou *up shit creek (without a paddle)* signifient tous se trouver dans une très fâcheuse position. Si vous apparaissez *on someone's shit list*, cette personne vous veut du mal et cherche probablement à se venger. *Land* ou *drop someone in the shit* est mettre cette personne dans une situation difficile. *When the shit hits the fan* identifie le moment où une crise se déclenche, avec des répercussions considérables. Une crise de cette nature qui se montre particulièrement confuse et dangereuse devient une véritable *shitstorm* [le boxon complet].

That's the way it is with most of them guys, I think, that get whacked... You got to be careful, these days. You do something, looks perfectly all right to you, and the right guy gets pissed off for no reason at all and you're **in the shit**. (George V. Higgins, *Cogan's Trade*)

Je pense que ça se passe comme ça pour la plupart des types qui se font buter. Il faut faire gaffe de nos jours. Tu fais quelque chose qui te paraît parfaitement correct, mais quelqu'un quelque part se fout en rogne sans raison et voilà, tu te retrouves alors dans une belle merde.

The economy was **in deep shit** from home-mortgage foreclosures, the virtual collapse of the real-estate market, the soaring cost of oil, and record federal-budget deficits. (John Barth, *Every Third Thought*)

L'économie se portait au plus mal à cause des saisies des maisons hypothéquées, de l'effondrement du marché immobilier, de l'envol du prix du pétrole et des déficits records du budget fédéral.

A class like Physics 101 doesn't attract Americans. It's been that way for years... We would be **up shit creek** if we didn't have the Orientals and Indians who come here to get doctorates in math and engineering, and then work for American companies. (Michael Crichton, *Rising Sun*)

Les cours de physique de base n'attirent plus les Américains. C'est le cas depuis des années. On serait dans la merde profonde si les Orientaux et les Indiens ne venaient pas ici passer leur doctorat en maths et en ingénierie avant de rejoindre une société américaine.

You are definitely top of my **shit list**, man. I don't care how long it takes. Sooner or later I'll get you for this. (*Bring Me the Head of Alfredo García*)

Tu es incontestablement numéro un sur ma liste noire personnelle, mec. Peu importe le temps que ça me prendra. Un jour, tôt ou tard, tu me le paieras.

Henry Van Meter is one of the most powerful men in this state and a totally ruthless bastard. If Henry doesn't want you to have custody, there will be a no-holds-barred battle and you will be **on his shit list** forever. (Phillip Margolin, *Sleeping Beauty*)

Henry Van Meter est un des hommes les plus puissants de l'État et un salaud des plus impitoyables. Si Henry ne veut pas que vous ayez la garde de votre enfant, ce sera une bataille sans merci et vous vous retrouverez sur sa liste noire à vie.

– Just wondered if you could give them a call and tell them I've been in touch with you...
– Okay, as long as you promise me that it's not going to **land me in the shit**. I've enough problems to deal with here. (John Gray, *The Novak Legacy*)

– Je me demandais si vous pourriez leur passer un coup de fil et leur dire que je vous ai contacté.
– D'accord, si vous me promettez que ça ne va pas m'attirer de gros ennuis. J'ai assez de problèmes à gérer ici.

The point is: We don't know what we'd do. Nobody knows what accident of fate or DNA or character will determine how we act **when the shit hits the fan**. (Francine Prose, *Guided Tours of Hell*)

Je veux dire, nous n'avons en fait aucune idée de ce que nous ferions dans ces cas-là. Personne ne sait ce que le destin, l'ADN ou la personnalité nous dictera au moment où ça se met à merder.

The FBI was all over Bridgeport... You could actually see it. There were undercover vehicles everywhere and people were getting hauled in... It was a **shitstorm**. (Jason Kersten, *The Art of Making Money*)

Le FBI avait envahi Bridgeport. Tu pouvais même t'en rendre compte. Il y avait des véhicules de surveillance de tous les côtés et partout on embarquait du monde. C'était le boxon complet.

Les deux expressions *shit a brick* et *have a shit fit* signifient être très contrarié ou très en colère. Si l'on est *scared shitless* ou *shit-scared*, on est terrifié.

– My lawyers'd **shit a brick** if they knew I was here.
– Why? Are you going to confess? (Carl Hiaasen, *Basket Case*)

– Mes avocats chieraient une pendule s'ils savaient que j'étais ici.
– Pourquoi ? Tu comptes passer aux aveux ?

She was invariably polite and friendly to her agent, her editors, her publishers, and her fans... She didn't **have a shit fit** about having to do rewrites – she just did them. (Holly Lisle, *Mugging the Muse*)

Elle était toujours polie et amicale envers son agent, ses éditeurs et ses admirateurs. Elle ne se mettait pas dans tous ses états à l'idée de devoir réécrire – elle le faisait, c'est tout.

– I was too young to be really afraid of death. But my cancer was my Great Experience, and I don't begrudge it.
– Bullshit.
– Okay, you're right. I was **scared shitless**. (Douglas Coupland, *Girlfriend In A Coma*)

– J'étais trop jeune pour craindre véritablement la mort. Mais le cancer a été ma grande Expérience et je ne lui en veux pas.
– Quelle connerie.
– D'accord, c'est vrai. Ça m'a foutu une peur bleue.

Several times they had run from gunfire, **shit-scared**, dodging into doorways. (Julian Barnes, *The Porcupine*)

À plusieurs reprises ils avaient dû courir pour échapper aux fusillades. Morts de trouille, ils se cachaient dans l'embrasure des portes.

Si vous *look like shit*, vous avez l'air très mal en point, mais si vous êtes *shit-faced*, vous êtes sérieusement ivre. Le deuxième de ces états mène souvent, et dans un intervalle de seulement quelques heures, au premier.

Anderson looked bone tired. There were bags under his eyes and his hands were trembling. He kept sniffing as if he was starting a cold...
– I'll be okay. Really.
– Well, you **look like shit**. (Stephen Leather, *The Birthday Girl*)

Anderson paraissait épuisé. Il avait des cernes sous les yeux et ses mains tremblaient. Il n'arrêtait pas de renifler comme s'il était en train de s'enrhumer.
– Ça ira, merci. Je vous jure.
– Peut-être bien, mais vous avez vraiment une sale gueule.

We'd all get **shit-faced** and roll over, fall asleep on the floor, wake up at six in the morning – we didn't know where we were. Well, when you're young and strong. (Mitchell Zuckoff, *Robert Altman*)

On se bourrait tous la gueule jusqu'à tomber, puis on s'endormait sur le sol. Éveillés à six heures du matin, nous n'avions aucune idée de l'endroit où nous nous trouvions. Et oui, c'est ce qu'on appelle être jeune et fort.

Get one's shit together signifie savoir s'organiser suffisamment bien pour pouvoir faire face à un problème ou pour arriver à ses fins. La manière polie de le dire est *get one's act together*.

After two sessions, the psychologist concluded that Hinckley was someone 'who needed to **get his shit together**', not a deeply troubled man. (Del Q. Wilber, *Rawhide Down*)

Après deux séances, le psychologue en conclut que Hinckley faisait simplement partie de ces gens « qui avaient besoin de s'organiser pour affronter les défis » et n'était pas quelqu'un de profondément perturbé.

Enfin, un *shitload* de quelque chose veut dire une grande quantité de ce dont vous parlez : *a shitload of idioms with 'shit'*, par exemple. On peut appliquer le terme à tout ce qui est bon, mauvais ou indifférent. *Tough shit*, par contre, est toujours mauvais : c'est la malchance.

Oh wow, she doesn't know you're here. Jesus, you could get in a **shitload** of trouble for this. (*Cruel Intentions*)

Ah ben dis donc, et elle ne sait pas que tu es là. Mon Dieu, tu pourrais t'attirer un tas d'ennuis à cause de ça.

Rogowski's got a broken collarbone and he's lost a **shitload** of blood, but he's stable. (Dennis Lehane, *A Drink Before the War*)

Rogowski a une fracture de la clavicule et a perdu une très grande quantité de sang. Mais son état est stable.

Your girlfriend doesn't love you? **Tough shit**, that's the way it goes. (*Swimming With Sharks*)

Ta petite amie ne t'aime pas ? Tant pis pour toi, pauvre con, c'est comme ça la vie.

I had to fend for myself and if I didn't, well, that was my **tough shit**. (Mackenzie Phillips, *High On Arrival*)

Il fallait que je me débrouille tout seul et si je ne pouvais pas le faire, et bien c'était dommage pour moi.

9.3 Avec *piss*

Piss et ses dérivés illustrent le bon mot de George Bernard Shaw selon lequel les Américains et les Britanniques sont « divisés par une langue commune ». Pour les Britanniques, *pissed* veut dire ivre ; pour les Américains, *pissed* et *pissed off* signifient agacé ou en colère. Donc, *get pissed* (UK) est se soûler tandis que *get pissed* (US) est se fâcher. Cela dit, l'usage Américain s'enracine maintenant au Royaume-Uni, même si la réciproque n'est pas vraie. Des deux côtés de l'Atlantique, to *piss someone off* signifie irriter quelqu'un.

He wasn't the sort of bloke who just sat around **getting pissed** all day in the Black Cross on Portobello Road. No, Keith's restless nature demanded variety. This week, for instance, he had been sitting around getting pissed all day in the Skiddaw on Elgin Avenue. (Martin Amis, *London Fields*)

Il n'était pas le genre de type à se contenter de rester sur le cul toute la journée dans le Black Cross de Portobello Road à se soûler la gueule. Non, non. La nature remuante de Keith exigeait de la variété. Cette semaine, par exemple, il est resté sur le cul toute la journée au Skiddaw de l'avenue Elgin à se soûler la gueule.

When I got home that night I had an argument with Karen. I **got** so **pissed** I packed my clothes and took the Long Island train to the place of a girl I knew, on East Eighty-ninth Street. (Nicholas Pileggi, *GoodFellas*).

Quand je suis rentré à la maison ce soir-là, je me suis disputé avec Karen. J'étais tellement bourré que j'ai mis mes vêtements dans une valise et j'ai pris le train de Long Island pour rejoindre l'appartement d'une fille que je connaissais, à la 89ᵉ Rue Est.

Kevin looked **pissed off**, but that's the only way Kevin's ever looked. (Dennis Lehane, *Darkness Take My Hand*)

Kevin avait l'air exaspéré. D'un autre côté ce n'était ni plus ni moins que son air coutumier.

Oscar pissed a lot of people off. He never passed an opportunity... And it's not a good thing to **piss off** four people in the middle of the Pacific if they're armed and you're not, and they can put you overboard, which they did. (Hunter S. Thompson, *Ancient Gonzo Wisdom*)

Oscar faisait chier beaucoup de monde. Il n'en ratait pas une. Et ce n'est jamais une bonne idée d'emmerder quatre personnes au milieu du Pacifique. Surtout si elles sont armées et que vous ne l'êtes pas. Surtout si elles peuvent vous passer par-dessus bord. Ce qu'elles ont fait.

Dans l'usage britannique, être *half-pissed* précède de très peu être *well pissed* ou *pissed as a newt*, c'est-à-dire, totalement ivre. Si vous êtes *on the piss*, vous êtes parti pour une soirée de beuverie, plus connue sous le nom de *piss-up*. Faire remarquer que quelqu'un *couldn't organise a piss-up in a brewery* [brasserie] est laisser entendre que la personne est totalement incompétente et trop stupide pour réaliser la tâche la plus simple.

One night David met Judy Garland, who was living in London in 1964... He thinks she was **half-pissed** at the time, but she came over and perched on his lap and started to sing along with one of the records on the jukebox. (Bobby Teale, *Bringing Down the Krays*)

Un soir, David rencontra Judy Garland qui vivait à Londres en 1964. Il pense qu'elle était à moitié pompette à ce moment-là, mais elle s'approcha et s'assit sur ses genoux et se mit à chanter une chanson en même temps que le jukebox la jouait.

Now beers vary. Some of them local brews, couple pints and you're **well pissed**. (Martin Amis, *London Fields*)

Toutes les bières sont différentes. Avec quelques-unes de ces bières locales, il suffit de deux ou trois pintes pour que vous soyez fracassé.

I saw him the day he was born. You know what he looked like? An alcoholic. **Pissed as a newt**. He could hardly stand. (Harold Pinter, *Celebration*)

Je l'ai vu le jour de sa naissance. Vous savez à quoi il ressemblait ? À un alcoolique. Totalement torché. Il pouvait à peine se tenir debout.

– You know how you feel when you wake up if you've been **on the piss** all night, Nobby? Well, he feels like that all the time.
– Poor bugger... I never realized. No wonder he's always so gloomy. (Terry Pratchett, *Guards! Guards!*)

– Tu sais comment on se sent en se réveillant le jour après une nuit de beuverie, Nobby ? Et bien, lui, il se sent comme ça tout le temps.
– Pauvre type. Je ne m'en rendais pas compte. Ce n'est pas étonnant qu'il ait l'air si lugubre.

In 1963, he and I were guests at the Galway Oyster Festival in Ireland.... Derek was representing the *Daily Express* and I was from *The Sunday Times*. Then, as now, young journalists are keen on covering anything which might turn out to be a free **piss-up**. (Hunter Davies, *The Beatles*)

En 1963, nous étions tous deux invités au Festival de l'huître de Galway en Irlande. Derek représentait le *Daily Express* et j'étais au *Sunday Times*. À l'époque, comme maintenant, les jeunes journalistes tenaient à couvrir tout ce qui pouvait éventuellement se transformer en soûlerie gratuite.

After we had been tabbing for bloody hours, we were suddenly ordered to turn back... We were completely pissed off and knackered. But not as pissed off as when we got back to where we had started only to be told to turn around and do it all over again! Typical army – **couldn't organise a piss-up in a brewery**, I thought. (Tony Banks, *Storming The Falklands*)

Après de longues heures de marche, on nous ordonna inopinément de revenir. Nous en avions par-dessus la tête et nous étions crevés. Mais nous n'en avions pas autant ras-le-bol que lors de notre retour à notre première base quand on nous dit de faire demi-tour et de recommencer ! C'est typique de l'armée, pensai-je, la putain d'incompétence totale.

Deux autres expressions britanniques, qui n'ont rien à voir avec l'ivresse, sont courantes. *A piece of piss* est quelque chose de très facile à faire. *Take the piss out of someone* signifie se moquer de la personne d'une manière subtilement agressive. Cette tournure est très similaire à l'expression américaine *fuck with someone*, dont nous avons déjà parlé.

Later, one of the gunman named Paul gave details of the operation to the IRA cell of which I was a member. He told us, 'It was **a piece of piss**. The bastard didn't even move. We got him still sitting on the sofa in the living-room.' (Martin McGartland, *Dead Man Running*).

Plus tard, un des tueurs, qui s'appelait Paul, a donné les détails de l'opération à la cellule de l'IRA dont je faisais partie. Il nous a dit, « C'était simple comme bonjour. Le salaud n'a même pas bougé. On l'a eu assis sur son canapé dans le salon. »

– She told me that when you used to **take the piss** out of Ian... that was when she decided she was going off you.
– You have to take the piss out of someone like that, don't you? That Leo Sayer haircut and those dungarees, and the stupid laugh and the wanky right-on politics. (Nick Hornby, *High Fidelity*)

– Elle m'a dit que c'est à partir du moment où tu as commencé à te foutre de la gueule d'Ian qu'elle a décidé qu'elle ne t'aimait plus.
– Mais on est obligé de se foutre de la gueule de quelqu'un comme ça, n'est-ce pas ? Cette coiffure à la Leo Sayer et ces salopettes et ce rire stupide et ces péteuses vues politiques si politiquement correctes.

Piss against the wind signifie faire quelque chose qui est manifestement contre-productif ou une perte de temps. *Piss something away* est le gaspiller. *Not have a pot to piss in* (US) signifie être très pauvre. Si on est *full of piss and vinegar* (US), on déborde d'énergie.

She doesn't want to settle... When he offers her more dough she raises the ante again. It's no use. The guy is **pissing against the wind** in Chicago. (Saul Bellow, *Humboldt's Gift*)

Elle ne veut pas régler l'affaire. Chaque fois qu'il lui propose plus d'argent, elle met la barre encore plus haut. Ça ne sert à rien. Le mec ne fait que pisser contre le vent de Chicago.

You have a big opportunity, kid... I had that opportunity and I blew it. Don't **piss it away**! Focus on the work, don't waste your energy acting out. It gets you nowhere. (Gene D. Phillips, *Godfather*).

Tu as une occasion en or, mon garçon. J'ai eu cette occasion et je l'ai laissée filer. Ne la gaspille pas ! Concentre-toi sur le travail. Ne gaspille pas ton énergie à piquer des crises. Ça ne t'amènera nulle part.

Bud was just out of jail... He **didn't have a pot to piss in**, except what he got from the VA or welfare or whatever it was. (T.C. Boyle, *After the Plague*)

Bud venait de sortir de prison. Il était fauché comme les blés, hormis ce qu'il recevait de l'Association des vétérans ou de l'aide sociale ou de quelque chose comme ça.

Kennedy and his people came in **full of piss and vinegar**... They were down at the office on Saturdays, sending messages out all over the place. Kennedy was just so young and enthusiastic. (Anthony Summers, *Official and Confidential*)

Kennedy et ses sbires arrivèrent à la Maison Blanche en pétant le feu. Ils étaient au bureau tous les samedis pour envoyer des messages au monde entier. Kennedy était tellement jeune et enthousiaste.

9.4 Avec *arse* / *ass*

Arse est 99,9 % britannique, *ass* 99,9 % américain. Mais les deux formes sont comprises partout. De même, selon leur contexte les expressions les plus courantes qui contiennent *arse* et *ass* sont compréhensibles où qu'elles soient utilisées. Les mots choquants dans des exclamations comme *my arse!* (qui impliquent, comme son équivalent français, le scepticisme ou l'incrédulité), *kiss my ass!*, *up your ass!*, ou *shove it up your ass!* (toutes des expressions de rejet méprisant) peuvent facilement être adaptées aux usages locaux. À noter toutefois que *arse* au Royaume-Uni est légèrement plus choquant que *ass* aux États-Unis.

Towards the end of his long career Saul Bellow wrote what many saw as a settling-of-accounts novel,

À la fin de sa longue carrière, Saul Bellow a écrit *Ravelstein*, que beaucoup considèrent comme un

Ravelstein... one wag jested the title page should carry the statement 'any resemblance to living persons is coincidental **my arse**'. (John Sutherland, *Curiosities of Literature*)

On 10 May 1994, as Gacy was executed by lethal injection at Stateville Correctional Centre in Illinois, rowdy crowds outside the prison walls threw execution parties... At no point did Gacy express any remorse for his crimes. His last words were '**Kiss my ass**'. (Bill Wallace, *Dead Men Walking*)

Niccolo, feeling that he was out of danger now, stepped part way outside. Holding the door ajar with one foot, he made a fist with his right hand and brought it up sharply and defiantly, slapping his left hand into the crook of the arm. **Up your ass!** That was the only language they understood. (Joseph Markulin, *Machiavelli*)

Carol was also getting more aggressive. When a plasterer set aside his hawk and praised her svelte figure – in demotic terms – she turned back and spat at him, '**Shove it up your fucking arsehole**.' (Will Self, *Cock and Bull*)

roman-règlement-de-comptes. Selon un plaisantin, la page de titre devrait porter la mention : « Toute ressemblance avec des personnes vivantes est purement fortuite, mon cul. »

Le 10 mai 1994, Gacy a été exécuté par injection létale à Stateville Correctional Centre dans l'Illinois. Pendant ce temps, à l'extérieur des murs de la prison, des foules bruyantes fêtaient l'événement. À aucun moment Gacy n'a exprimé le moindre remords pour ses crimes. Ses derniers mots ont été, « Allez vous faire foutre ».

Niccolo, se sentant maintenant hors de danger, franchit à moitié la porte. D'un pied, il la maintint entrebâillée. Il brandit subitement son poing droit d'un air de défi et en même temps, avec sa main gauche, se donna une claque au niveau du coude. Qu'ils aillent se faire mettre ! C'était le seul langage qu'ils comprenaient.

Carol aussi devenait plus agressive. Quand un plâtrier posa sa truelle et vanta sa silhouette svelte – en termes populaires – elle se retourna et cracha furieuse, « Va te faire enculer, connard ! »

Plusieurs expressions convergent sur l'idée de stupidité : *not know one's arse from one's elbow* et *not know one's ass from a hole in the ground* (c'est-à-dire être totalement ignorant ou incompétent), et *have one's head up one's ass* (être absorbé par soi-même jusqu'à en être idiot). *Talk out of one's arse* est, évidemment, tenir des propos erronés ou absurdes.

Look how confused he is. One day he's Allah this, Allah that. Next minute it's big busty blondes, Russian gymnasts and a smoke of the sinsemilla. He **doesn't know his arse from his elbow**. (Zadie Smith, *White Teeth*)

Regarde comme il est désorienté. Un jour, c'est Allah ceci, Allah cela. La minute suivante, ce sont les grandes blondes aux gros seins, les gymnastes russes et un bon pétard. Il est con comme un balai.

They were feeble and ignorant creatures, although rich... it was a wonder they could blow their own noses or wipe their own backsides... most of them **did not know their own arse from a hole in the ground**. (Margaret Atwood, *Alias Grace*)

Bien que riches, c'étaient des créatures faibles et incultes. On se demandait par quel miracle elles parvenaient à se moucher et s'essuyer le popotin. La plupart d'entre elles étaient plus connes que la moyenne.

By the summer of 1990, he had **his head so far up his ass** on drugs that he didn't see how his actions were tearing our family apart. Not only was he ruining his marriage carelessly, but he was also being a terrible father. (Michael J. Kerrigan, *Courage in America*)

Dès l'été 1990, sa tête était tellement bouffée par la came qu'il n'avait plus conscience que ses actions détruisaient notre famille. Non seulement il ruinait son mariage avec insouciance mais il était devenu un père en dessous de tout.

– It's easier if you do a handstand, commented Rebus.
– What is?
– **Talking out of your arse**.
(Ian Rankin, *The Black Book*)

– C'est plus facile si tu fais le poirier, dit Rebus.
– Qu'est-ce qui est plus facile ?
– De raconter des conneries plus énormes que toi.

Le travail est un secteur important d'un point de vue sémantique. Ainsi que nous l'avons vu, *work one's ass off* signifie s'appliquer avec zèle à quelque chose. Avant de pouvoir faire cela, cependant, il faut d'abord *get off one's arse* [cesser d'être fainéant], *get one's ass in gear* [se préparer à agir], et peut-être aussi *bust one's ass* [faire un effort considérable]. Si on est cadre, il faut à l'occasion *kick ass* [asseoir son autorité]. On peut même être contraint de *put* ou *lay one's ass on the line* [risquer sa tête]. Dans le monde des affaires, plus la situation est précaire, plus il faut impérativement *cover one's ass* [faire ce qu'il faut pour ne pas apparaître coupable de quoi que ce soit]. Cet élément indispensable de la culture d'entreprise est généralement identifié par les initiales *CYA*.

Working is bad enough, don't bug me. I would rather **work my ass off** for eight hours a day with nobody watching me than five minutes with a guy watching me. (Studs Terkel, *Working*)

Ne me casse pas les pieds, devoir travailler c'est suffisant. Je préférerais travailler comme une bête huit heures par jour sans le regard de quelqu'un posé sur moi que bosser pendant cinq minutes avec un type qui me fixe.

The reason he didn't have a job was that he couldn't be bothered to **get off his arse** and take one – probably afraid someone would ask him to get up before eleven. (Lucie Whitehouse, *Before We Met*)

La vraie raison pour laquelle il n'avait pas de travail, c'est qu'il était trop fainéant pour aller s'en dégoter un. Il avait probablement trop peur qu'on lui demande de se lever avant onze heures.

We're gonna get moving in five minutes so you all better **get your ass in gear**. (Norman Mailer, *The Naked and the Dead*)

Nous allons partir dans cinq minutes. Vous tous feriez bien de vous bouger le cul.

Chris said how much he respected Dad for starting from nothing, working his way through college, **busting his ass** to support eight kids. It was a moving speech. (Jon Krakauer, *Into the Wild*)

Chris dit combien il respectait Papa d'avoir commencé au bas de l'échelle, d'avoir travaillé pour payer ses études à l'université, de s'être tué à la tâche pour élever huit enfants. C'était un discours émouvant.

In a working-class neighborhood where as a kid you had to hold your own to make your mark, he earned a reputation of being one of the toughest on the block. He could **kick ass** with the best of them. (Anthony Destefano, *King of the Godfathers*)

Si vous étiez enfant dans un quartier ouvrier, il ne fallait pas vous laisser faire si vous souhaitiez marquer les lieux de votre empreinte. Lui avait mérité sa réputation de dur à cuire. Il savait s'affirmer comme les meilleurs d'entre eux.

Fat-assed sonofabitch called me yesterday to ask how it's going – don't worry, I covered for you. Told him you were making progress and we were all very excited. I told him it was great, so now MY ass is on the line. (*Barton Fink*)

Ce gros cul de fils de pute m'a appelé hier pour me demander comment ça allait – t'inquiète pas, je t'ai couvert. Je lui ai dit que tu faisais des progrès et que nous étions tous très excités. Je lui ai dit que c'était super, alors maintenant c'est MON cul qui est dans la ligne de mire.

I asked him what he learned from his experience. Referring to police

Je lui ai demandé ce qu'il avait retiré de son expérience. Au sujet des

and prosecutors, he said he learned 'that these people will do anything to **cover their asses**'. (Steve Bogira, *Courtroom 302*).

flics et des procureurs il dit avoir appris que « ces gens sont prêts à tout pour se protéger des répercussions ».

– Maybe we should have the Japanese liaison on hand for this bust.
– I thought you wanted to do it alone.
– Yeah, well, maybe you want to come over and help out... Just so everything is done by the book.
– Is this a **CYA**? (Michael Crichton, *Rising Sun*)

– Peut-être devrions-nous avoir l'officier de liaison japonais à portée de main pour assister à cette arrestation.
– Je croyais que tu voulais le faire seul.
– Ouais, bien sûr, mais peut-être que tu veux venir nous donner un coup de main. Juste pour que tout soit réglo.
– Tu cherches à te protéger ou quoi ?

N'oublions pas deux types humains : le *pain in the arse* (*pain in the neck* en termes polis), qui est irritant ou ennuyeux ; et le *horse's ass*, qui est un idiot suffisant.

She remembered what a charge you could get from fifteen-year-olds: how fresh they seemed, and confident and strong, and also, what **a pain in the arse** they could be. (Peter Carey, *Bliss*)

Elle se souvenait de l'adrénaline que dégageaient ces jeunes de quinze ans. Comme ils paraissaient frais et sûrs d'eux-mêmes et solides, mais aussi quels emmerdeurs ils pouvaient être.

'A woman should serve a man, not try to own him,' he'd say, as if he were quoting some kind of Holy Writ... What a pompous, chauvinistic **horse's ass** he was, really. (John Updike, *Terrorist*)

« La femme doit servir l'homme et non essayer de le posséder, » disait-il, comme s'il citait une quelconque Sainte Écriture sur le sujet. Mais vraiment, quel con suffisant, pompeux et macho.

9.5 Avec *balls / bollocks*

Étant donné la sensibilité et la vulnérabilité des testicules, *have someone by the balls* est avoir cette personne à sa merci.

With Karbala under American control, the road to Baghdad was clear. As Lieutenant General William Wallace, the task force commander,

Avec Karbala sous contrôle américain, la route vers Bagdad était dégagée. Comme le lieutenant-général William Wallace, commented later that day, 'At that point I was pretty confident that we **had** Saddam **by the balls**.' (Con Coughlin, *Saddam: His Rise and Fall*)

commandant de la force opérationnelle, l'a dit plus tard dans la journée : « À ce moment-là, j'étais plutôt confiant que nous tenions Saddam par les couilles. »

When you're superrich, you've **got** the world **by the balls**. Money buys everything – society, politicians, property, power. (Harold Robbins, *Dreams Die First*)

Quand vous êtes super riche, vous avez le monde entier par les couilles. L'argent achète tout : la société, les politiques, la propriété, le pouvoir.

Tout ce qui est ennuyeux peut être décrit comme *balls-aching*. L'adverbe *balls-achingly* précède souvent et renforce l'adjectif.

At 11.00 p.m. promptly we were summoned outside, interrupting a **balls-aching** conversation I was having with Douglas Hurd about a novel he was writing or had just written. In fairness, it was balls-aching for him as well. (Barry Gibbons, *Pushing Doors Marked Pull*)

À 11h00 heures tapantes, on demanda à Douglas Hurd et moi-même de sortir, ce qui mit fin à notre assommante conversation sur un roman qu'il était en train d'écrire ou venait d'achever. En toute justice, il faut reconnaître que c'était aussi barbant pour lui que pour moi.

Teaching is in fact a bit of a racket... Much of it is **balls-achingly** boring, especially the grading of papers, which means the endless correcting of spelling errors, grammatical mistakes, and other ineptitudes. (Joseph Epstein, *Distant Intimacy*)

En fait, l'enseignement n'est pas tout ce qu'il paraît être. Une grande partie du travail est immensément ennuyeux, surtout la notation des devoirs, c'est-à-dire l'interminable correction d'erreurs d'orthographe et de grammaire et autres sottises.

Break ou *bust one's balls* pour faire quelque chose signifie dépenser beaucoup d'énergie à faire cela et ressemble fort à *bust one's ass*. Dans le même ordre d'idées, un *ball buster* est une tâche extrêmement difficile ou un supérieur (très souvent une femme) trop exigeant. *Break* ou *bust someone's balls* – pas les siennes, évidemment – est taquiner ou irriter cette personne sans arrêt, à un tel point qu'elle finit par se mettre en colère. Toutes ces expressions sont américaines.

You haven't done a fucking bit of work in weeks and **I'm busting my balls**. Terrific teamwork, that is. (James Fritzhand, *Starring*)

Tu n'as rien foutu au turbin depuis des semaines pendant que je trime comme un fou. Quel magnifique travail d'équipe, tu ne trouves pas ?

She'd earlier heard of Jane's reputation, muttered by the male cops: Bitch. **Ballbuster**. Always on the rag. The woman who strode onto the crime scene that day had certainly been blunt, focused, and relentless. (Tess Gerritsen, *Die Again*)

Plus tôt, elle avait entendu les flics mâles marmonner sur la réputation de Jane : garce. Casse-couilles. Toujours de mauvais poil. Certes, la femme qui ce jour-là marcha à grandes enjambées vers la scène de crime avait été brusque, déterminée et implacable.

Is there, like, a particular reason you're here? Chaz inquired. Besides the sheer sadistic joy you obviously get from **busting my balls**. (Carl Hiaasen, *Skinny Dip*)

Y-a-t-il, dirons-nous, une raison particulière qui t'amène ici ? demanda Chaz. Autre que la pure joie sadique que tu éprouves à me casser les couilles.

– What a mouth on her. You shoulda hit her, no-good fuckin' Jewish cunt. **Breakin' our balls**. You shoulda hit her with a chair.
– Hey, watch your mouth. Don't talk like that. She's still my wife. (*Raging Bull*)

– Elle ne sait pas fermer sa gueule. Tu aurais dû la frapper, cette inutile putain de salope juive. Elle nous casse les joyeuses. Tu aurais dû la tabasser avec une chaise.
– Eh, fais gaffe à ce que tu dis. Ne parle pas comme ça. C'est toujours ma femme.

Balls, all balls, a lot of balls et autres expressions similaires signifient absurdité ou *bullshit*. Il en est de même pour les tournures britanniques *bollocks, a lot of old bollocks, a load of bollocks*, etc.

Remember the stuff they fed you in the history books? Remember Clive of India? What's happened to us, for Christ's sake? Why aren't we heroes any more? – or perhaps it was **all balls** and we never were. (Norman Lewis, *I Came, I Saw*)

Tu te souviens des trucs qu'on racontait dans les livres d'histoire ? Tu te souviens de Clive d'Inde ? Qu'est-ce qui nous est arrivé, bordel ? Pourquoi ne sommes-nous plus des héros ? Ou peut-être que nous ne l'avons jamais été et que ce n'était que des fariboles.

I spent a lot of time pondering... For instance, this stupid business of the world going round. It's all **a lot of balls**. If the world was going round we'd be falling about all over the room. (Harold Pinter, *The Hothouse*)

J'ai passé longtemps à méditer. Par exemple, à cette stupide histoire sur la terre qui tourne sur elle-même. Ce ne sont que des idioties. Si la terre tournait sur elle-même, on se casserait la figure partout dans la pièce.

I could tell you that I was grateful for any opportunities that came my way and did my best to grasp them with both hands in an appropriately appreciative and professional manner, but that would be **a complete load of bollocks**. (Ray Winstone, *Young Winstone*)

Je pourrais vous dire que je suis reconnaissant de toutes les opportunités qui m'ont été données. Et que j'ai fait de mon mieux pour m'en emparer des deux mains d'une manière reconnaissante et professionnelle. Mais tout ça serait un tissu de conneries.

Aux États-Unis, où l'innocent verbe *bollix* signifie bâcler quelque chose, le sens anatomique du mot a disparu et, avec lui, son pouvoir de choquer. Par contre, les expressions correspondantes britanniques, *bollocks up* ou *make a bollocks of something*, sont considérées comme de l'argot vulgaire, *bollocks* ayant conservé son sens premier et ses connotations taboues. *Give someone a bollocking* ou *bollocksing* (UK) consiste à sévèrement réprimander quelqu'un. Un cas rare de *bollocks* utilisé avec un sens positif est celui de l'expression *the dog's bollocks* (UK), qui signifie excellent ou exceptionnel.

I'm sorry I'm so late. **Bollocksed up** at work again, I fear. Millions down the drain. (*Notting Hill*)

Excusez moi d'être si en retard. J'ai encore déconné au boulot. Des millions sont partis par les fenêtres.

Have you heard tell of the unfortunate astronomer who got his sums mixed, and ended up with two planets where there should have been only one? Why, he **made a ballocks** of the orbit of Mars! (John Banville, *Doctor Copernicus*)

Avez-vous entendu parler du malheureux astronome qui s'est trompé dans ses calculs et a mis deux planètes là où il n'y en avait qu'une ? Figurez-vous qu'il a foutu le bordel dans l'orbite de Mars !

I go back to class. Hardly any kids are there. They must all be pissing about in the corridor or in the toilets. I go out and round them up, then **give them a bollocking** for being late. (Paul Murphy, *Experience Preferred But Not Required*)

Je retourne à la salle de classe. Quasiment aucun gosse n'est là. Ils doivent tous être en train de glandouiller dans les couloirs ou dans les toilettes. Je sors et les rassemble avant de leur passer une engueulade pour leur retard.

He had the most defined set of abs I'd ever seen. I was fascinated... They looked **the dog's bollocks**, I'd never seen anything like them in my life. (Paddy Doherty, *Hard Knocks & Soft Spots*)

Il avait les abdos super bien définis. Je n'avais jamais rien vu de tel. J'étais fasciné. Ils étaient tout simplement extraordinaires. Rien vu de pareil dans ma vie, jamais.

9.6 Avec *tits*

Les expressions métonymiques *tits and ass*, abrégées en *T&A*, et *tits and bum* (UK) se rapportent à l'utilisation d'images sexuelles crues de femmes sur la scène, dans les films, les magazines, etc. Un *tit man*, comme nous l'avons déjà noté, est un mâle qui préfère la poitrine à toute autre partie de l'anatomie féminine.

– Las Vegas… the entertainment capital of the world… What's the big attraction?
– **Tits and ass**…
– What's the second big attraction?
– More tits and ass. (Lenny Bruce, *The Essential Lenny Bruce*)

– Las Vegas, la capitale mondiale des divertissements. Quelle en est l'attraction principale?
– Les nichons et les culs.
– Et la seconde attraction principale ?
– Un peu plus de nichons et de culs.

In *USA Today* parlance, the top position on the front page is known as the 'talker'… A little **T&A** never hurt a front page either. (David Remnick, *The Devil Problem*)

Dans le jargon de *USA Today*, le gros titre en haut de la première page s'appelle le « parleur ». Quelques seins et un brin de cul n'ont jamais fait du mal à une première page non plus.

L'expression *as cold as a witch's tit* se rapporte d'habitude, mais pas toujours, au temps. Même sous sa forme tronquée, comme c'est le cas dans le second exemple, la signification est limpide.

The shower is a black hose running up one wall, with a round head of perforated metal. The dribble of water that comes out of it is **cold as a witch's tit**. (Margaret Atwood, *The Blind Assassin*)

La douche consiste en un tuyau noir qui court le long du mur et qui a une tête ronde en métal perforé. Le goutte à goutte qui s'en échappe est aussi froid que la banquise.

– Howdy, Mr. Clementine. Chilly night.
– Indeed, **a witch's tit**.
(J. P. Donleavy, *A Singular Man*)

– Bonsoir, M. Clementine. Il fait bien frais ce soir.
– En effet, on se les gèle.

Get on someone's tits (UK) signifie irriter quelqu'un intensément, mâle ou femelle. *Get one's tits in a wringer* [essoreuse à rouleaux] est se placer, mâle ou femelle, dans une situation extrêmement difficile. *Suck* ou *be on the tit* (US) veut dire accepter la charité ou quasi-charité sous la forme d'un travail peu exigeant.

– You could hardly expect Cara to go on. She was too upset.
– Cara **gets on my tits**. She's a wimp. (Hilary Mantel, *Beyond Black*)

– Tu ne pouvais pas t'attendre à ce que Cara monte sur scène. Elle était trop contrariée.
– Cara me porte sur le système. C'est une mauviette.

You three maniacs are gonna **get your tits caught in a wringer**! You mark my fucking words – sooner or later those bastards from the IRS are gonna come marching down here and do a complete fucking audit, and you three retards are gonna be in deep shit. (Jordan Belfort, The *Wolf of Wall Street*)

Vous trois, les maniaques, vous allez vous trouver avec les couilles coincées dans un étau ! Putain, vous verrez bien. Tôt ou tard ces salauds du fisc vont débarquer ici et faire un putain d'audit complet. Et là, vous trois, les débiles, serez dans la vraie merde.

It's exactly like corporate welfare. All these supposedly free-market companies sucking **on the tit** of the federal government. (Jonathan Franzen, *Freedom*)

C'est exactement comme l'aide sociale aux entreprises. Toutes ces sociétés qui font partie, paraît il, du marché libre, mais qui pompent l'argent du gouvernement fédéral.

9.7 Avec *hell*

Comme le dit Hugh Rawson, « la profusion des expressions basées sur *hell* suggère une absence de croyance sérieuse dans le châtiment éternel ou, tout du moins, un manque de respect substantiel pour le diable et ses œuvres. » À l'exception de *go to hell!,* qui exprime un fort rejet personnel, aucune des expressions suivantes ne provoquera le moindre ombrage en dehors des cercles fondamentalistes. L'*OED* les qualifie tous de « familiers ». *Not give a hoot in hell* est ne pas se soucier de quelque chose dans le moindre degré. *Not have a hope in hell* ou *not have a snowball's chance in hell* est ne pas avoir l'ombre d'une chance.

– Bloom is at the telephone, he said.
– Tell him **go to hell**, the editor said promptly. (James Joyce, *Ulysses*)

– Bloom est à l'appareil, dit-il.
– Dis-lui d'aller se faire pendre, répondit vivement l'éditeur.

They were very much the same, each attempting to force his picture of reality upon me and neither **giving a hoot in hell** for how things looked to me. (Ralph Ellison, *Invisible Man*)

Ils se ressemblaient beaucoup. Chacun essayait de m'imposer sa vision de la réalité. Ni l'un ni l'autre ne se fichait le moins du monde de comment moi je voyais les choses.

Did I say they were going to close us down? I've got a week to put together a proposal to the funding committee, but we haven't got **a hope in hell**. (Philip Pullman, *The Subtle Knife*)

Est-ce que je t'ai dit qu'ils allaient fermer notre bureau ? J'ai une semaine pour présenter un projet au comité de financement mais nous n'avons pas la moindre chance.

– Do you think Guayanos has a chance?
– About as much chance as **a snowball in hell**. (Harold Robbins, *The Adventurers*)

– Penses-tu que Guayanos a des chances ?
– Absolument et categoriquement aucune chance.

Hell est perçu, presque toujours, de manière négative. *Give someone hell* signifie réprimander sévèrement quelqu'un ou rendre sa vie très pénible. Si on dit qu'une personne ou chose est *from hell* (par exemple *the mother-in-law from hell, the job from hell*), on met l'accent sur la méchanceté ou la pénibilité qui les caractérisent. *Till hell freezes over* implique une période d'attente désagréablement longue. En revanche, faire quelque chose *just for the hell of it* signifie le faire pour aucune raison spécifique autre que le plaisir qu'il procure.

He had some excuse for why he didn't want to play... Boy, I **gave him hell**. Told him how ashamed I was of him... I said to him, you gonna sit up in your room like some kinda faggot while other boys gonna be out there on that football field, turning into men? (George Pelecanos, *The Night Gardener*)

Il donna quelque excuse pour ne pas vouloir jouer. Crois-moi, je lui ai passé un savon qu'il n'oubliera pas de sitôt. Je lui ai dit comme j'avais honte de lui. Je lui ai dit, vas-tu rester dans ta chambre comme une lopette pendant que les autres garçons jouent sur le terrain de foot et deviennent des hommes ?

For a while there everybody thought Audis were like Christine in the Stephen King movie. The car **from hell** that took off when you stepped on the brake. (Joseph Wambaugh, *Finnegan's Week*)

Pendant un certain temps, tout le monde pensait que les Audis étaient comme Christine dans le film de Stephen King. La voiture démoniaque qui accélère quand tu appuies sur le frein.

His supervisor, he said, was 'the boss **from hell**', a screamer, not just insensitive but positively boorish, a bully, inconsistent, and stupid as well. (C.D. Saudek, *The John Hopkins Guide to Diabetes*)

Son superviseur, disait-il, était « le pire patron imaginable », un type qui hurlait, pas seulement insensible mais carrément grossier, un tyran, incohérent et stupide en prime.

You can stay out there **till hell freezes over**... if you think I'm letting you into my home ever again you've got another think coming. (Tom Sharpe, *Throwback*)

Tu peux rester dehors jusqu'à ce que les poules aient des dents. Si tu penses que je vais te laisser entrer chez moi encore une fois, tu te fais des illusions.

The Westies were hiring themselves out as Mafia subcontractors. And for things like murder and extortion, acts they might have committed anyway **just for the hell of it**, various members of the gang were now being well compensated. (T. J. English, *Paddy Whacked*)

Les Westies vendaient leurs services en tant que sous-traitants de la Mafia. Pour des meurtres et des extorsions – actes qu'ils auraient sans doute commis de toute manière simplement pour s'amuser – certains membres du gang étaient maintenant grassement payés.

9.8 Avec *damn / goddamn*

Il existe relativement peu d'expressions avec *damn*. Nous avons déjà vu plusieurs des plus courantes : *not be worth a damn* [ne rien valoir], *not give a damn* [s'en foutre], *be damned if...*, qui exprime une forte négation, et *well, I'll be damned*, qui exprime la surprise.

Even when a case is high priority, mitochondrial DNA analysis can take thirty to ninety days. There is no certainty that the results will be **worth a damn** because there is no such thing as a centralized and statistically significant mitochondrial DNA database. (Patricia Cornwell, *Trace*)

L'analyse de l'ADN mitochondriale peut prendre de trente à quatre-vingt-dix jours, même pour les cas hautement prioritaires. Elle n'offre aucune certitude que les résultats vaudront quelque chose parce qu'il n'existe aucune base de données d'ADN mitochondriale centralisée et statistiquement significative.

Consider how the word *philosophical* is used today: 'He's philosophical about his wife leaving him.' 'He's philosophical about losing his job.' The meaning of *philosophical* is '**doesn't give a damn**.' (P.J. O'Rourke, *The CEO of the Sofa*)

Voyez plutôt comment on utilise le mot « philosophie » de nos jours : « Il accepte le départ de sa femme avec philosophie, il prend la perte de son travail avec philosophie. » Être philosophique signifie « se foutre de tout ».

She hadn't spoken, either – it was her single, token gesture of defiance, this silence. She was **damned if** she was going to show her nerves by

Elle n'avait rien dit non plus. Ce silence était son unique geste symbolique de défi. Il était hors de question qu'elle montre sa

babbling like a girl. (Robert Harris, *Enigma*).	nervosité en bafouillant comme une petite fille.

– Excuse me, Mr. Brenner. Is this an interrogation? – Yes, sir. – **Well, I'll be damned.** – I hope not, Colonel. (Nelson DeMille, *The General's Daughter*)	– Excusez-moi, M. Brenner, est-ce que ceci est un interrogatoire? – Oui, Monsieur. – Ça alors, on aura tout entendu. – J'espère que non, mon colonel.

Bien entendu, *damn* est aujourd'hui un juron relativement inoffensif. *Goddam* (surtout US) est nettement plus fort, car il évoque le nom de Dieu. D'un point de vue rhétorique, le mot est également plus versatile : il permet, par exemple, les oxymores comme *a good goddam* et *good and goddam* ainsi que les constructions infixées comme *abso-goddam-lutely*.

If he wants something for his people, he gets it and he doesn't **give a goddam** how he gets it. (James Hadley Chase, *Like a Hole in the Head*)	S'il veut quelque chose pour les siens, il l'obtient, et se contrefout complètement de la manière dont il l'obtient.

Sara was learning so much about Massachusetts, and none of it worth **a good goddamn**. For instance, Massachusetts, forty-fifth of the states in size lost most of itself in 1819 when Maine was separated off and became its own state… (Donald E. Westlake, *Trust Me On This*)	Sara apprenait tant de choses sur le Massachusetts mais la plupart de ces informations ne valaient pas des clopinettes. Par exemple, le Massachusetts, quarante-cinquième des états de par sa taille, a perdu une grande partie de sa superficie en 1819 lors de sa séparation d'avec le Maine qui devint un état en soi.

I'm going to disgrace you to your family, and your fellow cops… And I'm gonna make **good and goddamn** sure your fellow inmates know you used to wear the uniform when they haul your ass to jail. (George Pelecanos, *Right as Rain*)	Je vais te couvrir de honte aux yeux de ta famille et de tes collègues flics. Et je vais m'assurer en long, en large et en travers qu'au moment où on te trainera en prison, tes copains détenus aient bien conscience que tu portais l'uniforme.

What if I did run you over – what're they gonna do, give me life in jail? I'm eighty-**goddam**-seven! (Denis Leary, *Why We Suck*)	Mettons que je t'écrase avec ma voiture. Et alors ? Que vont-ils faire ? Me mettre en prison à perpétuité ? J'ai quatre-vingt-sept ans, bordel !

Christ, if you think I wouldn't have been over-**goddam**-joyed to go back with the rest of them where you can have a drink of water without lifting out the centipedes... you have another think coming. (John Updike, *Coup*)

Mon Dieu, si vous pensez que je n'aurais pas été foutrement ravi de retourner avec les autres, là où on peut boire un verre d'eau sans déranger les mille-pattes, vous vous faites de drôles d'idées.

– You watch too much TV.
– Not as much as they do... I can guaran-**goddam**-tee you that.
(David Sedaris, *Dress Your Family in Corduroy and Denim*)

– Tu regardes trop la télévision.
– Pas autant qu'eux. Je peux te le garantir, bordel de merde.

9.9 Avec *finger*

Rester debout, assis ou allongé *with one's finger up one's arse*, c'est rester oisif ou inefficace dans des situations qui exigent l'action. Cette idée de base sous-tend l'expression vulgaire *get* ou *pull one's finger out*, une exhortation à se mettre sérieusement au travail ou à faire les efforts nécessaires pour réaliser la tâche prévue.

One morning you get to thinking how much nicer it'd be layin' in bed all day **with your finger up your ass** instead of goin' out in the goddam woods workin' yourself punchy! (Ken Kesey, *Sometimes A Great Notion*)

Un beau matin, tu te mets à penser à combien plus sympa ce serait de rester au plumard toute la journée à glander au lieu d'aller travailler dans la putain de forêt jusqu'à en avoir la tête qui tourne.

They don't like to hear about troops mutinying... But they like it even less when they hear that the officer in charge stood there **with his finger up his ass**, whistling *The Stars and Stripes Forever*. (Nelson DeMille, *Word of Honor*)

Ils n'aiment pas entendre parler de mutinerie des troupes. Mais ils aiment encore moins entendre que l'officier responsable se tenait là, les bras croisés, parmi les mutins, en train de siffler *La Bannière étoilée*.

London's *Daily Mail* reported that Prince Philip, while addressing a meeting of British industrialists, said: Gentlemen, I think it is about time we **pulled our fingers out**. (Max Cryer, *Who Said That First*)

Le *Daily Mail* de Londres a fait savoir que le prince Philip, lors d'un discours aux industriels britanniques, avait dit : « Messieurs, je crois qu'il est grand temps de cesser de déconner et de nous mettre au turbin. »

L'équivalent en langage corporel du bras d'honneur français implique aussi des doigts, un chez les Américains, deux chez les Britanniques. *Give someone the finger* (US) ou *flip the bird at someone* (US) revient à faire le geste le plus méprisant qui soit et, précisément pour cette raison, l'un des plus dangereux. Pour l'exécuter, il suffit d'étendre le majeur tout en repliant les autres doigts ; on élève alors la main jusqu'à hauteur d'épaule, plus ou moins, le dos de la main face à la personne (ou les personnes) qu'on vise à insulter, et on brandit le doigt le temps nécessaire. Des insultes peuvent accompagner le geste (*fuck you, shove it up your ass, sit on this and rotate*, etc) bien que cela ne soit nullement nécessaire.

Anger. I **gave the finger** to an ATM. You see, the ATM charged me a $1.75 fee for withdrawal. A dollar seventy-five? That's bananas... As Julie tells me, when you start making rude gestures to inanimate objects, it's time to work on your anger issues. (A.J. Jacobs, *The Year of Living Biblically*)

Colère. J'ai fait un bras d'honneur à un guichet automatique qui m'avait facturé 1,75 $ pour un retrait. Un dollar soixante quinze ? C'est débile. Ainsi que Julie me l'a fait comprendre, lorsqu'on commence à faire des gestes grossiers à l'égard des objets inanimés, il est grand temps de travailler sur ses problèmes de colère refoulée.

She screeched out of the driveway and then she stopped and looked back. She shouted, 'Fuck you, motherfucker!' She **gave me the finger**, and she roared away. You could hear the motor fade in the distance. Then the silence came back. (Laurie Pepper, *Straight Life*)

Sa voiture sortit de l'allée avec un crissement de pneus. Puis elle s'arrêta et regarda derrière elle. Elle cria, « Va te faire foutre, espèce d'enculé ! » Elle me fit un doigt d'honneur et démarra en trombe. On entendit le moteur s'éloigner au loin. Puis le silence revint.

There were a lot of gulls on the rocks, but Chet left them alone, and instead he **flipped the bird** at the Yemeni Army guys manning the machine gun. Chet needs some anger management classes. (Nelson DeMille, *The Panther*)

Un paquet de mouettes logeaient sur les rochers mais Chet les laissa tranquilles. Il préféra faire un bras d'honneur aux gars de l'armée yéménite derrière la mitrailleuse. Chet a besoin de suivre quelques cours de gestion de la colère.

Les Britanniques, quant à eux, *give two fingers* ou *make the V-sign*. Index et majeur sont étendus et les autres doigts repliés. Le dos de la main est à nouveau face à la personne à insulter ; les doigts tendus sont levés et baissés dans un mouvement de va-et-vient du poignet.

I don't chase launderers…There was one I chased, long ago, it's true… Put a lot of very expensive lawyers and accountants on to him, turned him inside out. Five years and several million quid of public money later he **gave me two fingers** in open court and walked out a free man. (John Le Carré, *Single and Single*)

John Lennon came out of the Speakeasy with Lulu on his arm and, as he did so, his beautiful hand-painted Rolls-Royce came around the corner. It pulled up outside the club, and as he got into it, he **gave** the police **the V-sign**… They just stood there paralyzed. (Eric Clapton, *Clapton*)

Je ne cours pas après les blanchisseurs d'argent. Je l'ai fait une fois, c'est vrai, mais il y a fort longtemps. J'avais embauché beaucoup d'avocats et de comptables très chers pour le coincer. Ils l'ont retourné dans tous les sens. Cinq ans et plusieurs millions de livres d'argent public plus tard, il me fit un bras d'honneur en plein tribunal avant de sortir libre comme l'air.

John Lennon sortit du Speakeasy avec Lulu sur le bras. En même temps, sa Rolls-Royce, magnifiquement décorée à la main, apparut au coin de la rue. Elle s'arrêta devant le club et, tout en montant dans la voiture, il fit un bras d'honneur à la police. Ils restaient là à regarder, comme figés.

Bibliographie

- Bryson, Bill : *Mother Tongue* (Hamish Hamilton, 1990)
- Burgen, Stephen : *Your Mother's Tongue: A Book of Invective* (Victor Gollancz, 1996)
- Burridge, Keith Allan and Burridge, Kate : *Forbidden Words: Taboo and the Censoring of Language* (Cambridge University Press, 2006)
- Crystal, David : *The Cambridge Encyclopedia of Language* (Cambridge University Press, 1987)
- Crystal, David : *The Story of English in 100 Words* (Profile Books, 2011)
- Dalzell, Tom (ed.) and Victor, Terry (ed.) : *The Concise New Partridge Dictionary of Slang and Unconventional English* (Routledge, 2008)
- Dalzell, Tom (ed.) : *The Routledge Dictionary of Modern American Slang and Unconventional English* (Routledge, 2009)
- Dalzell, Tom and Victor, Terry : *Sex Slang* (Routledge, 2008)
- Green, Jonathan : *The Penguin Slang Thesaurus* (Penguin 1988)
- Hughes, Geoffrey : *An Encyclopedia of Swearing* (M.E. Sharpe, 2006)
- Hughes, Geoffrey : *Swearing: A Social History of Foul Language, Oaths and Profanity in English* (Blackwell, 1991)
- Jay, Timothy : *Why We Curse: A Neuro-Psycho-Social Theory of Speech* (John Benjamins, 2000)
- Johnson, Sterling : *English as a Second F*cking Language* (St. Martin's Press, 1996)
- Kennedy, Randall : *Nigger: The Strange Career of a Troublesome Word* (Vintage, 2002)
- LjBung, Magnus : *Swearing: A Cross-Cultural Linguistic Study* (Palgrave Macmillan, 2011)
- McEnery, Tony : *Swearing in English: Bad Language, Purity and Power from 1586 to the Present* (Routledge, 2006)
- Mohr, Melissa : *Holy Sh*t: A Brief History of Swearing* (Oxford University Press, 2013)
- Morton, Mark : *The Lover's Tongue: A Merry Romp Through the Language of Love and Sex* (Insomniac Press, 2003)
- Munier, Alex : *The Big Black Book of Very Dirty Words* (Adams Media, 2010)
- Munro, Michael : *Pardon My English: An Exploration of Slang and Informal Language* (Chambers, 2007)
- Novobatzky, Peter and Shea, Ammon: *Depraved English* (Macmillan, 2009)
- Pinker, Steven : *The Stuff of Thought: Language as a Window into Human Nature* (Allen Lane, 2007)
- Rawson, Hugh : *A Dictionary of Euphemisms & Other Doubletalk* (Crown Publishers, 1981)

- Rawson, Hugh : *Wicked Words: A Treasury of Curses, Insults, Put-Downs, and Other Formerly Unprintable Terms from Anglo-Saxon Times to the Present* (Crown Publishers, 1989)
- Rouayrenc, Catherine : *Les Gros Mots* (Presses Universitaires de France, 1996)
- Saunders, Kevin W : *Degradation: What the History of Obscenity Tells Us About Hate Speech* (New York University Press, 2011)
- Sheidlower, Jesse (ed.) : *The F-Word* (Oxford University Press, 2009)
- Spears, Richard A : *Forbidden American English* (Passport Books, 1990)
- Spears, Richard A : McGraw Hill's *Essential American Slang Dictionary* (McGraw Hill, 2007)
- Spears, Richard A : *NTC Dictionary of American Slang and Colloquial Expressions* (NTC, 2000)
- Vigerie, Patricia : *Dictionnaire des gros mots* (Favre, 2004)
- Viz : *Roger's Profanisaurus: The Ultimate Swearing Dictionary* (Boxtree, 2002)
- Wajnryb, Ruth : *Expletive Deleted: A Good Look at Bad Language* (Free Press, 2005)

Films cités

- *44 Inch Chest* : Louis Mellis et David Scinto
- *American Beauty* : Alan Ball
- *American Werewolf in London, An* : John Landis
- *Barton Fink* : Ethan Coen et Joel Coen
- *Beautiful Girls* : Scott Rosenberg
- *Being John Malkovich* : Charlie Kaufman
- *Big Lebowski, The* : Ethan Coen et Joel Coen
- *Bonfire of the Vanities, The* : Michael Cristofer, d'après le roman de Tom Wolfe
- *Bring Me the Head of Alfredo García* : Sam Peckinpah et Gordon T. Dawson, d'après une histoire de Frank Kowalski et Sam Peckinpah
- *Casino* : Nicholas Pileggi et Martin Scorsese, d'après le livre de Nicholas Pileggi
- *Chasing Amy* : Kevin Smith
- *Clerks* : Kevin Smith
- *Con Air* : Scott Rosenberg
- *Cruel Intentions* : Roger Kumble, d'après le roman *Les Liaisons Dangereuses* de Laclos
- *Deconstructing Harry* : Woody Allen
- *Departed, The* : William Monahan, d'après le scénario *Mou gaan dou* d'Alan Mak et Felix Chong
- *Do the Right Thing* : Spike Lee
- *Dog Day Afternoon* : Frank Pierson, d'après un article de P.F. Kluge et Thomas Moore
- *Donnie Brasco* : Paul Attanasio, d'après le livre *My Undercover Life in the Mafia* de Joseph D. Pistone avec Richard Woodley
- *Fargo* : Ethan Coen et Joel Coen
- *Fear and Loathing in Las Vegas* : Terry Gilliam, Tony Grisoni, Tod Davies et Alex Cox, d'après le livre de Hunter S. Thompson
- *Full Metal Jacket* : Stanley Kubrick, Michael Herr et Gustav Hasford, d'après le roman *The Short Timers* de Gustav Hasford
- *Get Carter* : Mike Hodges, d'après le roman de Ted Lewis
- *Godfather, The* : Francis Ford Coppola et Mario Puzo, d'après le roman de Mario Puzo
- *Good Morning, Vietnam* : Mitch Markowitz
- *GoodFellas* : Nicholas Pileggi et Martin Scorsese, d'après le livre de Nicholas Pileggi
- *Grand Canyon* : Lawrence Kasdan et Meg Kasdan
- *Jackie Brown* : Quentin Tarantino, d'après le roman *Rum Punch* d'Elmore Leonard
- *Lethal Weapon* : Shane Black
- *Long Kiss Goodnight, The* : Shane Black
- *Love and Other Disasters* : Alek Keshishian

- *Misery* : William Goldman, d'après le roman de Stephen King
- *Naked* : Mike Leigh
- *Notting Hill* : Richard Kurtis
- *Patton* : Francis Ford Coppola et Edmund H. North, d'après le livre *Patton: Ordeal and Triumph* de Ladislas Farago et le livre *A Soldier's Story* d'Omar N. Bradley
- *Philadelphia* : Ron Nyswaner
- *Pulp Fiction* : Quentin Tarantino et Roger Avary
- *Raging Bull* : Paul Schrader et Mardik Martin, d'après le livre de Jake La Motta avec Joseph Carter et Peter Savage.
- *Reservoir Dogs* : Quentin Tarantino et Roger Avary
- *Sexy Beast* : Louis Mellis et David Scinto
- *Shampoo* : Robert Towne et Warren Beatty
- *Shining, The* : Stanley Kubrick et Diane Johnson, d'après le roman de Stephen King
- *Swimming With Sharks* : George Huang
- *Swingers* : Jon Favreau
- *Taxi Driver* : Paul Schrader
- *The Counsellor* : Cormac McCarthy
- *Trainspotting* : John Hodge, d'après le roman d'Irvine Welsh
- *True Lies* : James Cameron, d'après le scénario *La Totale !* de Claude Zidi, Simon Michaël et Didier Kaminka
- *Usual Suspects, The* : Christopher McQuarrie
- *When Harry Met Sally* : Nora Ephron

Index

A

A-rab / Ay-rab 161, 162
Abdul 161, 163
AC-DC 118, 119
ambidextrous 119
ambisextrous 119, 120
Argie 168, 169
arse 29, 32; arse about
151; get off one's arse
223-224; have one's head
up one's arse 222, 223;
kiss my arse! 221, 222; my
arse! 221, 222; not know
one's arse from one's
elbow / from a hole in the
ground 222, 223; (shove
it) up your arse! 221, 222;
talk out of one's arse 222
arse-end of nowhere 144
arse-kisser 139
arse-licker 139
arsehole 33; [homme
méprisable] 133
arsehole of the world /
earth / universe 144
arsewipe 66, 67
ass 29, 30, 32;[femmes,
sexe] 104; bust one's ass
223-224; cover one's ass
223-225; get one's ass in
gear 223-224; horse's ass
225; kick ass 223-224; lay
one's ass on the line 223-
224; pain in the ass 225;
take it up the ass 91, 92;
work one's ass off 223-224
ass man 47
asshole 32; [homme
méprisable] 133

B

B&D / BD 125, 126
backside 30
ball [baiser] 84, 85
ball-buster 226, 227
balls 38, 39; [non-sens]
142, 143; break / bust
one's balls 226; break /
bust someone's balls 226,
227; have a lot of balls
39, 227; have someone by

the balls 225, 226; make a
balls of something 147
balls up 147, 148
balls-aching 226
ballsy 39
bang 84, 85
barf 67, 68
bastard 132, 13; [situation
difficile] 145, 146
bazookas 48, 49
bazooms 48, 49
be all over someone 77
bean-eater 168, 169
beaner 168, 169
beat one's meat 94, 96
beaver: open-beaver 45
behind 30
bent 116
bi 118, 119
bit of all right 105, 107
bit of brown, a 91, 92
bit of fluff 105, 106
bit of stuff 105, 106
bit of the other 90, 91
bitch 129; [= situation
difficile] 145
BJ 80
bleeding 189, 190
bloody 189
bloody well 190, 191
blow one's load 82
blow someone 80
blowjob 80, 81
blue veiner 75
bog-roll 66, 67
bog(s) 64, 65
bogtrotter 164, 165
bogwog 164, 165
bohunk 166, 167
bollocks 38; [= non-sens]
142, 144; give someone
a bollocking 228; make
a bollocks of something
147, 149, 228; the dog's
bollocks 228
bone / boner 75, 76
bonk 84, 86
boob job 48
boobs 48
booger / bogey 69
boogie 155, 156
boom-boom house 123
booty 30

bottom 30
box 43, 44
boy 155, 158
bristols 49
broad 130, 131
Bronx cheer 58
brown nose / brown
noser 139
brown showers 126
bugger 91; [situation
difficile] 145, 146; bugger
about 151; bugger all
201; bugger off 203, 204;
bugger something up 147
buggered 201, 202; I'll be
buggered! 203
buggery 91
bull dyke 116, 117
bullshit 140, 141, 142
bullshit artist 140, 141
bullshitter 140, 141
bum 30
bum-bandit 112, 113
bumboy 112, 113
bumf / bumph 66, 67
bunnyfuck 92, 93
buns 31
bush 50
butch 117
butt 30
butt-fuck 91, 92

C

call girl 122
call of nature: answer a
call of nature 55
camel jockey 161
camelfucker 161
can [derrière] 30; [WC]
56, 64, 65
cathouse 123, 124
caught short 55, 56
cheeks 31
cheese: cut the cheese 57
chickenshit 152
Chink 163
chippy 131
chopper 36
chrissake / crissakes / for
chrissakes 176, 177
Christ 175; for Christ's
sake 175; for the love of

241

L

ladies' room 55
lay 107
leak 55
leg: get one's leg over 88
les / lesbo / lezzie 116
lick someone's arse / ass 139, 140
limey 170
Liverpool at home 71
loo 55
lunchbox 51, 52

M

make out 78, 79, 89
make water 56
man-in-the-boat 47
marbles 40
meat: beat one's meat 94, 96
melons 48, 49
men's room 55
mick 164, 165
minge 43, 44
mocky / mockie 159, 160
Montezuma's revenge 63
monthlies: have one's monthlies 70
motherfucker 136; [situation difficile] 145
motherfucking 189
muff 50, 51
muff dive 82, 83
muff-diver 117

N

nail 84, 86
nance / nancy boy 113
nigger 155
nignog 155, 157
Nip 163, 164
nonce 128
nooky / nookie 59, 90
number one / number two 55
nuts 40
nympho 125

O

oats: get one's oats 88, 89
ofay 170, 171

on the game 120, 121
one-night stand 93

P

pack fudge 91, 92
paddy 164, 165
painters: have the painters in 70, 71
Paki 155, 157
pansy 113, 114
pecker 37
pee 54
penny: spend a penny 55
perv / perve 124, 125
peter 35
piddle 54
piddle about 151, 152
piece of ass 105, 106
piece of cooze 105, 106
piece of shit 135
piece of tail 105, 106
pimp 122, 123
piss 53; piss about 151; piss against the wind 220, 221; piss off 203, 204; full of piss and vinegar 220, 221; not have a pot to piss in 220, 221; on the piss 219; piece of piss 220; piss someone off 218; piss something away 220, 221; piss-poor 152, 153; take the piss (out of someone) 220
piss artist 140, 141
pissed [en colère] 218; pissed [ivre] 218; pissed off 218; half-pissed 219; well-pissed 219
piss-up 219; couldn't organize a piss-up in a brewery 219, 220
pisser 145
pisshole 144
pissy 152, 153
play with oneself 94, 96
pogue 114, 115
poke 84, 85
Polack 166
ponce 113, 114
poo-poo 60
poof / pouf / poufe / poofter 111, 112
poon / poontang 90
poop 60

pootie 43, 44
posterior 30
pox 101, 102
poxy 189, 190
prat 133, 134
prick 36; [homme méprisable] 133, 134
pricktease / prickteaser 109, 110
private parts 51
privates 52
pro / pross / prosty 120
professional girl 122
pubes 50
puke 67, 68
pull one's wire 94, 96
pussy 46; [femmes en général, sexe] 104,105
pussy out 46
putz 37,38; [homme méprisable] 133, 134; pull one's putz 94

Q

queen 113, 114
queer 22
quickie 92, 93
quim 43; [femmes en général, sexe] 104,105

R

rag: be on the rag 70; have the rags up 70
raggedy-assed 153
raghead 160, 161
ralph 67, 68
ramrod 74, 75
randy / randy-arsed 72
raspberry: blow a raspberry 58
Rastus 155, 158
ream 91
rear 30
restroom 55
ride 84, 85, 87
ring 34
rise: get a rise 76
rod 36, 74
rough trade 115
round brown 34
rubber 100
rubber johnny 100
rug-muncher 117, 118

Imprimé par CreateSpace, Charleston, États-Unis
Dépôt légal : septembre 2015 / DLE-20150924-54529

www.ingramcontent.com/pod-product-compliance
Lightning Source LLC
Chambersburg PA
CBHW070347090426
42733CB00009B/1313